Auf der Suche
nach Theorie-Praxis-Modellen im Sport

Festschrift zum 65. Geburtstag von Prof. Dr. Otto Hanebuth

Auf der Suche nach Theorie-Praxis-Modellen im Sport

Herausgegeben von Jürgen Dieckert
und Karl-Heinz Leist

HOFMANN-VERLAG SCHORNDORF

Herausgegeben durch Unterstützung der Universität des Saarlandes, des Vereins der Freunde der Universität, des Sporttotos und Landessportverbandes Saar und des Deutschen Sportlehrerverbandes Saar.

Bestellnummer 384

Gesamtherstellung in der Hausdruckerei des Verlags.
Printed in Germany · ISBN 3-7780-3841-9

Inhalt

PROF. DR. OTTO HANEBUTH

Vorwort

Ein bunter Blumenstrauß ist diese Festschrift zum 65. Geburtstag von Otto HANEBUTH geworden! Wohl war geplant, daß alle Blumen in das Gebinde „Auf der Suche nach Theorie-Praxis-Modellen im Sport" passen und sich um die drei für das Wirken von Otto HANEBUTH wichtigen Bereiche Didaktik, Bewegungslehre und Methodik der Leibesübungen herumranken. Nun ist der Strauß doch vielfältiger geworden durch die Farbtupfer aus der Geschichte, Psychologie und der Rechtswissenschaft. Angesichts dieser Buntheit mußte auf eine systematische Gliederung verzichtet werden, obwohl ein einigermaßen geordnetes Arrangement versucht wurde. Auch die Längen der Blumen unterscheiden sich und haben sich gegen den vorgesehenen Schnitt gewehrt.

Der Blumenstrauß ist Ausdruck der hohen Anerkennung vieler Kollegen, Mitarbeiter und Schüler für HANEBUTHS wichtige Beiträge zur Weiterentwicklung von Sport und Leibeserziehung sowie der Sportwissenschaft nach dem Kriege. Diese Anerkennung dokumentiert sich auch in der großzügigen Bereitschaft der Universität des Saarlandes, des Vereins der Freunde der Universität, des Sporttotos und Landessportverbandes Saar und des Deutschen Sportlehrerverbandes Saar, die durch die Stiftung von namhaften Beträgen die Drucklegung dieser Festschrift ermöglicht haben. Nicht zuletzt hat auch der Verlag Karl Hofmann die Herausgabe großzügig besorgt.

Oldenburg, im Juli 1976 — JÜRGEN DIECKERT / KARL-HEINZ LEIST

JÜRGEN DIECKERT

OTTO HANEBUTH
Auf der Suche nach Theorie-Praxis-Modellen

Wenn heute in der Sportwissenschaft und in der Sportlehrerausbildung als Abkehr von Zeiten „unreflektierter Praxis" und „praxisferner Theorie" die Notwendigkeit des „Theorie-Praxis-Bezuges" betont wird, dann ist es angebracht, auf das Wirken und Werk von Otto HANEBUTH hinzuweisen. Seine Arbeit stand und steht in ständigem Suchen nach Theorie-Praxis-Modellen im Sport und in der Leibeserziehung. Als „Mann aus der Praxis" hat er immer den theoretischen Bezugsrahmen gesucht, Ordnungssysteme entdeckt oder entwickelt und neue Erkenntnisse in die Praxis von Turnen, Spiel, Sport und Gymnastik umgesetzt.

Man mag die Bezeichnung „Mann aus der Praxis" als eigenartig ansehen. Sie ist jedoch biographisch zutreffend und kennzeichnet den Lebensweg von Otto HANEBUTH und viele Impulse aus der Eigenrealisierung des Sports für seine wissenschaftliche Arbeit.

Otto HANEBUTH, am 11. September 1911 in Stendal geboren, war schon in jungen Jahren ein begeisterter und erfolgreicher Geräteturner, Leichtathlet und Handballspieler. Es wird berichet, daß er, um zu vermeiden, daß sein Name zu oft in der Zeitung stand, was unweigerlich gewisse schulische Konflikte zur Folge hatte, sich häufiger eines anderen Namens bedienen mußte. Seine sportliche Vielseitigkeit als Mehrkämpfer, Handballspieler und 60-m-Speerwerfer führte 1931 nach dem Abitur am Stendaler Realgymnasium zum Lehramtsstudium mit den Fächern Leibeserziehung, Erdkunde und Deutsch in Marburg. Das Sommersemester 1932 studierte er in Königsberg, das darauf folgende Wintersemester in Innsbruck. Nach Unterbrechung durch eine einjährige Wehrdienstzeit legte er 1937 sein wissenschaftliches Staatsexamen „mit Auszeichnung" ab. 1939 folgte die Promotion zum Dr. phil. mit der Dissertation „Die Bewegungsgestaltung im deutschen Geräteturnen". Bereis seit 1938 war er als wissenschaftlicher Assistent am Institut für Leibesübungen in Marburg tätig; das pädagogische Staatsexamen legte er 1940 ab. 1943 wurde HANEBUTH, der seit 1939 im Kriegsdienst stand, zum Studienrat ernannt.

Nach dem Kriege gründete HANEBUTH eine Privatschule für Gymnastik und Kinderturnen, daneben übernahm er einen Lehrauftrag am IfL in Marburg, bis er 1947 wieder in den Staatsdienst als Studienrat am Gymnasium Phillipinum zurückkehrte. 1949 erfüllte sich sein Wunsch, in der Sportlehrerausbildung tätig zu sein: er wurde Oberassistent am Institut für Leibesübungen der Universität Göttingen. Zwei Jahre später nahm er den Ruf auf die Dozentur für Leibeserziehung am Pädagogischen Institut Darmstadt/Jugenheim an. 1957 wurde er zum Direktor des neu gegründeten Instituts für Leibeserziehung der Universität des Saarlandes ernannt. Nach der Umwandlung in das Sportwissenschaftliche Instiut der Hochschule des Saarlandes erhielt Otto HANEBUTH 1971 den Titel des Professors. Da damit im Gegensatz zu anderen bundesdeutschen Universitäten noch nicht das Promotionsrecht für die Sportwissenschaft ausgesprochen ist, und ihm bislang die „ordentliche" Professur vorenthalten wurde, wird Otto HANEBUTH nach vielen Jahren wissenschaftlichen Arbeitens in den Funktionen eines Lehrstuhlinhabers ohne die letzte Anerkennung seiner akademischen Lehr- und Forschungstätigkeit in den Ruhestand versetzt!

Diese Tatsache ist Ausdruck einer noch andauernden fragwürdigen Bildungs- und Hochschulpolitik gegenüber der Sportwissenschaft. Sie betrifft nicht Otto HANEBUTH allein, sondern die gesamte ältere Generation der akademischen Leibeserzieher an Universitäten und Hochschulen, die nach dem Kriege in der Diskriminierung des Faches Sport gestanden haben, unter dem Druck von Vorurteilen arbeiten mußten, Benachteiligungen in Kauf nahmen, wissenschaftlich nicht anerkannt wurden und auch keine ausreichenden Möglichkeiten zu wissenschaftlicher Arbeit erhielten. Eigenartig muß es jedoch anmuten, daß Schüler und Mitarbeiter von HANEBUTH in jungem Alter und seit vielen Jahren durch Rufe an andere Universitäten und Hochschulen das Promotionsrecht erhalten haben, während ihrem akademischen Lehrer dieses wissenschaftliche Recht vorenthalten wird.

Trotz der Diskriminierung: Otto HANEBUTH gewann im In- und Ausland vielfache hohe Anerkennung mit seinen fünf z. T. mehrfach aufgelegten Buchveröffentlichungen und über 100 Zeitschriftenbeiträgen, seinen zahlreichen Vorträgen, seiner Mitarbeit bei Lehrgängen unter anderem in Belgien, Frankreich, Luxemburg, Niederlande, Österreich, Schweiz, vor allem jedoch wiederholt in den skandinavischen Ländern Dänemark, Finnland, Norwegen, Schweden und außerdem in Argentinien und Brasilien, durch die vielen für seine Arbeit und Wirkungsweise charakteristischen Lehrdemonstrationen bei Kongressen, Turnfesten, Gymnaestraden sowie durch seine ehrenamtliche Tätigkeit auf Bundesebene u. a. im ADH, ADL, DLV, DTB und ihren Ausschüssen. Diese Festschrift hat bewußt neben einer Bibliographie auch die wichtigsten Lehrdemonstrationen und die Mitarbeit in Verbänden zusammengestellt (siehe Seite 225 ff.)

Überblickt man die sportwissenschaftlichen Beiträge HANEBUTHS, so stellt man sowohl die Vielfalt der Fragestellungen als auch die Einordnung in ein integratives Gesamtkonzept von Leibeserziehung und Sport fest. Seine Arbeiten zur Bewegungslehre, zum Phänomen des Rhythmus in den Leibesübungen, seine didaktische Konzeption, die allgemeinen methodischen Prinzipien und die spezielle Methodik und Trainingslehre des Gerätturnens, der Gymnastik und der Leichtathletik, sie alle haben einen bestimmten Stellenwert in seiner Auffassung von Leibeserziehung und verstehen sich immer als Theorie-Praxis-Modell.

Das entscheidende Ereignis für HANEBUTHS wissenschaftliche Laufbahn war die Begegnung und Auseinandersetzung mit Rudolf Bode anläßlich seines Innsbrucker Semesters. Als „Mann aus der Praxis“ vermochte HANEBUTH nicht einzusehen, daß die von BODE gefundenen Bewegungsgesetze sich nur auf die von ihm begründete rhythmische Gymnastik beziehen sollten. Seine „Eigenrealisierung“ im Gerätturnen, aber auch in der Leichtathletik, legten die starke Vermutung nahe, daß die entdeckten Bewegungsgesetze in allen Leibesübungen nachweisbar seien. Diesen Nachweis führte HANEBUTH dann auch in seiner für die Entwicklung der Bewegungslehre historisch bedeutsamen Dissertation zur „Bewegungsgestaltung im Geräteturnen“. Gegenüber dem zu jener Zeit (1939) z. T. noch sehr starr und mechanistisch orientierten Kunstturnen entwarf HANEBUTH das Konzept einer „rhythmischen Turnkunst“. Erst 1964 kam er dazu, seine Erkenntnisse in dem Buch „Rhythmisches Turnen — eine sportliche Kunst“ zusammenzufassen. Die historische Entwicklung gab HANEBUTH Recht. Erstmals die japanischen Turnkünstler realisierten im Gegensatz zu den kraftstrotzenden, mechanistisch turnenden Russen das rhythmische Prinzip. Seitdem beherrscht es die turnerische Szene und ist auch in den anderen Leibesübungen zum Allgemeingut geworden. Das dokumentiert sich nicht nur in HANEBUTHS Schrift 1961 „Der Rhythmus in den Leibesübungen“, sondern auch in der Themenstellung „Das Rhythmische Prinzip in den Leibesübungen“ anläßlich des Wissenschaftlichen Kongresses des Internationalen Turnerbundes 1961 in Stuttgart, bei dem HANEBUTH auch eins der Hauptreferate gehalten hat.

Nicht nur diese neue Sicht der menschlichen Bewegung in sportlichen Vollzügen ist auf HANEBUTHS grundlegende Arbeiten zurückzuführen. Auch seine Entdekkung von Bewegungsverwandtschaften und Bewegungsfamilien sowie die daraus abgeleitete rhythmische Bewegungsschulung mit dem methodischen Prinzip der „rhythmischen Reihe“ hat die vielen Methodik-Lehrbücher entscheidend beeinflußt und geprägt. Ein Blick in die „Praxisbände“ von KOCH, MEUSEL, WIEMANN, DIECKERT u. a. kann das bestätigen.

Als spezifische Form der rhythmischen Lehrweise hat HANEBUTH zur Hervorhebung von Auftakt, Akzent und Abtakt einer Bewegung die „Lautiermethode“ eingeführt, die seitdem zum Grundbestand einer rhythmischen Bewegungsschulung gehört. Auch hier läßt sich die reflektierte Eigenrealisierung als Ausgangspunkt für eine Praxis-Theorie-Modell nachweisen. Aus der persönlichen Erfahrung des sebstbegleitenden stimulierenden Mitsingens beim Turnen wurde die akustisch-lautierende Fremdbegleitung als methodische Hilfe.

Entscheidenden Einfluß hatte HANEBUTH neben der Rhythmisierung des Geräteturnens und der Leichtathletik auf die Entwicklung der Männergymnastik. Während die Frauengymnastik besonders durch BODE und MEDAU schon Jahrzehnte das rhythmische Prinzip verwirklichte, exerzierten die Männer nach dem Kriege noch immer die aus den Ordnungs- und Freiübungen stammende Körperschule mit isolierten Gliederbewegungen. HANEBUTH ist es gelungen, eine ganzheitlich ansetzende rhythmisch-organische Männergymnastik zu entwickeln und zu verbreiten, die sowohl eine dienende Funktion für rhythmische Bewegungsvollzüge in der Leichtathletik, im Geräteturnen und in den Spielen hat als auch ihre Eigenständigkeit als Bewegungsausdruck in der Vielfalt rhythmischen Wechsels von Raum, Zeit, Kraft und Form bewahrt. In seiner 1964 in der 4. Auflage erschienenen „Grundschulung zur sportlichen Leistung“ ist ein umfangreiches Kapitel dieser neuen Gymnastik gewidmet. Zur Orientierung und Verstärkung rhythmischer Bewegungsweise in der Gymnastik setzt HANEBUTH gerne schwere, der männlichen Kraft entsprechende Handgeräte ein, wie Kugelhantel, den stark springenden Medizinball aus Gummi und den von ihm während seiner gymnastischen Privatschularbeit erfundenen Eisenring. Für ihn hat er auch 1967 das Büchlein „Gymnastik mit dem Eisenring“ geschrieben.

Das Theorie-Praxis-Denken HANEBUTHS spiegelt sich auch bei seiner Darstellung der beiden unterschiedlichen, aber sich integrativ einander ergänzenden methodischen Verfahren, den „formalen und freien Lehr- und Übungswegen“, wider. Gewiß, es handelt sich dabei um die seit der Reformpädagogik bekannten Prinzipien des lernschulmäßigen und arbeitsschulmäßigen Verfahrens. Aber HANEBUTH ist trotz Erich HARTE in den zwanziger Jahren, trotz der österreichischen Schulturnerneuerer GAULHOFER und STREICHER und trotz SEYBOLD-BRUNNHUBERS „Prinzipien der modernen Pädagogik in der Leibeserziehung“ der erste gewesen, der diese beiden Verfahren für die Lehrweise der Leibesübungen systematisch entwickelt und praktisch anwendbar gemacht hat. „Nur alle Wege führen zum Ziel“ resümiert HANEBUTH in seiner „Grundschulung zur sportlichen Leistung“, sowohl die formalen Lehrwege mit Hilfe verbaler, visueller, akustischer und taktiler Informationen als auch die freien, die durch eine jeweils andere Aufgabenstellung und einen unterschiedlichen Freiheitsgrad der Selbstentscheidung geprägt sind. Wenn heute mit dem Schlagwort „Kreativität“ die Entwicklung freier Bewegungsgestaltung gefordert wird, dann lohnt sich ein Blick in HANEBUTHS Schriften.

Großen Anteil hatte HANEBUTH an der Didaktik-Diskussion der sechziger Jahre. Sein Entwurf mit den vier Tätigkeitselementen „Spielen — Leisten — Kämpfen — Gestalten“ stand neben den Konzeptionen der mehr objektivistisch orientierten von PASCHEN und den anthropozentrisch begründeten von MESTER, BERNETT, SCHMITZ u. a. Es ist sicherlich nicht nur als Zufall zu bewerten, daß die vier ersten großen Kongresse für Leibeserziehung — ohne Beteiligung HANEBUTHS an der Kongreßvorbereitung — die Themen behandelten: Das Spiel (1958), Der Wetteifer (1961), Die Leistung (1964) und die Gestaltung (1967).

Versucht man ein vorläufiges Fazit über HANEBUTHS Werk und Wirken zu ziehen, dann läßt sich feststellen:

— HANEBUTH hat trotz der universitären Diskriminierung des Faches Leibeserziehung zu den Hochschullehrern gehört, die wesentlich zu Erkenntnissen der Sportwissenschaft durch Publikationen beigetragen haben,
— HANEBUTH ist es bei seinen Arbeiten immer um den Theorie-Praxis-Bezug ge-

gangen und um die Einordnung von Einzelerkenntnissen in ein Gesamtkonzept,

— Hanebuths Beiträge zur Bewegungslehre hatten innovativen Charakter und lösten die wissenschaftliche Diskussion aus,
— Hanebuths rhythmische Lehrweise hat trotz programmierter Instruktion und handlungstheoretischer Konzepte noch heute einen anerkannten Stellenwert in der fachspezifischen Methodik der Leibesübungen,
— Hanebuths Entwicklungsarbeit hat zu der heute allgemein betriebenen Männergymnastik geführt.

Viele Autoren wie Meinel, Fetz, Röthig, Wiemann, Leist haben sich bei ihren bewegungstheoretischen Arbeiten mit Hanebuth auseinandergesetzt. Methodiker wie Koch, Kirsch, Kruber, Meusel, Dieckert basieren bei ihren Beiträgen auf Erkenntnissen von Hanebuth. Didaktiker wie Bernett, Mester, Neumann, Paschen, Schmitz, Seybold, Stöcker haben Hanebuths Konzeption mitbedacht und zum Teil berücksichtigt. Ungezählte Sportstudenten und Teilnehmer an Lehrgängen sowie Zuschauer bei Lehrdemonstrationen haben Hanebuth bei der Darstellung seiner Theorie-Praxis-Modelle erlebt und für ihre Arbeit in der Schule oder im Verein wertvolle Anregungen und Impulse erhalten.
Hanebuths Beiträge sind ein wichtiger Markstein in der Entwicklung der Sportwissenschaft.

Alfred Geissler

Leibeserziehung oder Sporterziehung — eine zeitkritische Frage

Es ist eine Tatsache, daß im Bereich der Leibeserziehung neue Zielsetzungen gewollt sind und Sporterziehung aktuell wird. Im Namenswechsel der Zeitschrift „Die Leibeserziehung“ (Monatsschrift für Wissenschaft und Unterricht) zu „sportunterricht“ (Monatsschrift zur Wissenschaft und Praxis des Sports) wurde diese Entwicklung demonstrativ der Fachwelt vorgezeigt. Eine solche Begriffsänderung bedeutet auch den möglichen Wandel im Bildungsdenken, also auch im didaktischen Ansatz.

„Die didaktische Diskussion des vergangenen Jahrzehnts hat den Unterricht und seine Planung voll ins Bewußtsein der Lehrenden gebracht. Sie ist neben den herausfordernden pädagogischen Ansprüchen der Gesellschaft eine der wichtigsten Ursachen, die die gegenwärtigen Lehrplanrevisionen hervorrufen (1).“

Die konstruktiven Curriculumplanungen in der Sportdidaktik sind konsequente Weiterentwicklungen eines pragmatischen Unterrichtsdenkens, das sich vornehmlich am konkret Erlernbaren und an gesellschaftsrelevanten Zielen orientiert. – Was hat sich ereignet? Die didaktischen Modelle der sechziger Jahre werden in Frage gestellt, sie werden schon als Historie betrachtet, weil sie wie die noch älteren Modelle zu transfergläubig sein sollen und keine ausdifferenzierten lernzielorientierten Planungsgebilde sind. Vielleicht liegt hierin sogar ihre anregende kreative Stärke.

Eine Welle der Curriculumkonstruktionen ergießt sich auf den Markt der Lehrhilfenangebote. – Worum geht es? – Das neue didaktische Denken soll Boden gewinnen zum Segen einer effektiven und zeitgerechten Bildung und Erziehung. Der Lehrende soll lernen, das Wesentliche vom Unwesentlichen zu trennen, um sich ein klares Feld von Lernzielen zu erstellen. Das Curriculum ist ein rational durchkonstruiertes Lernzielfeld, das die Aufgaben des Unterrichts, die Lernziele, die Lernsequenzen und Lernschritte, die Inhalte, Medien, Materialien und Vermittlungstechnologien für einen „bestimmten Zeitraum als konsistentes System“ beschreibt und zur stets kontrollierten und strategisierten Realisierung auffordert.

S. B. Robinsohn definiert das Curriculum, wie folgt: „Ein Curriculum beschreibt die Aufgaben der Schule in der Form von strukturierten Lernerfahrungen, bezogen auf beabsichtigte Verhaltensresultate (2). – Bei der Lernzielverfolgung besteht also die Absicht Lernerfahrungen weiterzugeben, Verhaltungen zu motivieren, in der Hoffnung, die rechten Verhaltensresultate zu erreichen.

In den Hessischen Rahmenrichtlinien, Sport, von 1974 liegt uns ein vollständig didaktisch durchkonstruiertes Lernzielfeld schulischer Sporterziehung vor. Die curricularen Aussagen orientieren sich am Guilfordschen Persönlichkeitsmodell. Es werden motorische, kognitive und affektive Lernzielbereiche unterschieden. Es heißt: „Von dieser Modellgrundlage ausgehend, läßt sich Motorik als Ziel und Realisierungsbedingung für kognitive und affektive Lernziele für den Sportunterricht ausreichend voneinander abheben (3)."

Die schon in der Präambel formulierte Einsicht, die nicht-motorischen, also die kognitiven und affektiven Lernzielbereiche in diesen Richtlinien, seien geringer differenziert aufgeschlossen als die motorischen, besagt, daß die motorischen Reflexionen im curricularen Planen überwiegen. Der Unterricht scheint demnach vorwiegend auf den Erwerb sportmotorischer Fertigkeiten und Qualitäten ausgerichtet zu sein. Zwar rechtfertigen sich die Urheber der Richtlinien damit, daß sie nur einen geringen Umfang handlungstechnologischer Informationen über die Realisierung kognitiv-affektiver Lernziele besitzen.

Was an bekannten didaktischen Modellen der sechziger Jahre letztlich kritisiert wird, nämlich ihre zu geringe Operationalisierbarkeit, das tritt hier ebenfalls auf. Das Problem des Transfers sportlichen Handlungsbewußtseins (sportlicher Fairness u. dgl.) in eine bleibende und transformierte Persönlichkeitseigenschaft wird auch hier nicht zufriedenstellend gelöst. Der Sportunterricht bleibt – trotz aller angestellten Analysen und Planungen – in Wirklichkeit Vermittlungsinstitution sportlicher Fertigkeiten mit dem Ziel der besonderen Leistungssteigerung.

Seit Jahrzehnten wird versucht, das Bildungselementare in der Personen- und Gemeinschaftserziehung zu finden. Wiederum ist es nicht gelungen. Zwar tauchen Emanzipation und Sozialisation in Verbindung mit Kommunikation als moderne Termini für schon immer dagewesene Problemebenen auf, doch ist es den Erziehungswissenschaften bislang auch nicht gelungen, Handlungstechnologien für das Erlernen kognitiv-affektiver Verhaltenssubstanzen zufriedenstellend zu finden.

Mit anderen Worten: Motorisches ist gegenüber Kognitiv-affektivem mit größeren Erfolgschancen zu vermitteln. Dennoch haben die Urheber der Rahmenrichtlinien das Verdienst, einigen Kriterien ein besonderes Gewicht zu geben: „Auf das Prinzip der Bewußtheit soll im Sportunterricht mehr Gewicht gelegt werden – (Ausl. d. Verf.) –, die Bedeutung von Kenntnissen und von bewußten Erfahrungen über die Wirkung von gezielten Trainingsprozessen und ihre gesundheitliche Bedeutung" ist zu betonen. „Im Rahmen einer kritischen Reflexion über sportmotorische Lernziele sollte der Schüler befähigt werden, die durch den Sportunterricht intendierten Lernziele in bezug auf ihre Bedeutung für Personalisation und Sozialisation einzuschätzen und auf die Möglichkeit ihrer Realisation hin beurteilen zu können (4)."

„Entwicklung stabiler Interessen an sportmotorischen Aktivitäten durch bewußtes Erleben über die Schulzeit hinaus, Erwerb sport(art)spezifischen Rollenverhaltens (kooperatives Verhalten, faires Verhalten, Verhalten in Konfliktsituationen (5)."
Im Grunde wird ausgesagt: 1. Die Schüler sollen im Sportunterricht die Gelegenheit erhalten, einen Sinn und ein Bewußtsein für verantwortliches Verhalten ihrem eigenen Leibleben und dem anderer Wesen gegenüber zu entwickeln und zu entfalten. – 2. Sie sollen einen Sinn und ein Verantwortungsbewußtsein für die Entwicklung der eigenen und der fremden Fähigkeiten erwerben. – 3. Sie sollen einen Sinn und ein Verantwortungsbewußtsein für das eigene und das fremde Bewegungsverhalten in Bewegungssituationen zeigen lernen. – 4. Sie sollen einen Sinn, ein Bewußtsein und die Fähigkeit zum Kooperieren realisieren lernen (6).

In diesen vier didaktischen Ebenen spielen sich Emanzipation und Sozialisation durch Kommunikation ab.

Um die Lehr- und Lernsubstanz systematisch zu ordnen, wurden in den Hess. Rahmenrichtlinien innerhalb der Kategorien der motorischen, kognitiven und affektiven Lernziele noch die Kategorien: Richtziele, Grobziele und Feinziele gesetzt. – Richtziele sind Lernziele, die aufgrund ihrer Komplexität einen „geringen Grad an Eindeutigkeit" aufweisen (z. B. Technomotorik des Hochsprungs). – „Grobziele sind von Richtzielen abgeleitete Lernziele" mit „mittlerem Grad von Eindeutigkeit" (z. B. Wälztechnik, Floptechnik). „Feinziele sind Lernziele, die einen hohen Grad an Eindeutigkeit aufweisen" (z. B. Feinstform der Wälz- oder Floptechnik).

Diese Lernzielsystematik verrät geordnete Realisierungswege, scheint m. E. aber das Unterrichtsgeschehen zu kanalisieren, weil die Unterrichtsinhalte – als Lerninhalte – zwar konzentriert, dennoch Schrittchen für Schrittchen didaktisch breit vorgestellt werden. Diese Richtlinien könnten durchaus eine direkte Vorbereitungs- und Nachahmungsquelle des Lehrers für eine Unterrichtsstunde sein. Sie ersetzen in gewisser Weise manche Lehrbücher. Ob durch sie nicht eventuell eine Unterrichtskanalisierung von Amts wegen angedeutet ist?

Zudem wird die Lernsubstanz nach Ausbildungsstufen gegliedert (7):

Ausbildungsstufe I

Entwicklung der elementaren sportartspezifischen Fertigkeiten (im Zustand der Grobform) und des entsprechenden Eigenschafts- und taktischen Handlungsniveaus.

Ausbildungsstufe II

Entwicklung des Fertigkeitsniveaus der Ausbildungsstufe I zur Feinform, Erweiterung des Fertigkeitsbestandes (mindestens im Zustand der Grobform) sowie Verbesserung des entsprechenden Eigenschafts- und taktischen Handlungsniveaus.

Ausbildungsstufe III

Entwicklung des Fertigkeits- und taktischen Handlungsniveaus zur sportmotorischen Leistung unter den Wettkampfbedingungen der einzelnen Sportarten.

Die Ausdifferenzierung der Lernziele und Lerninhalte in Ausbildungsstufen stärkt den Verdacht, daß die Richtlinien primär sport- und leistungsorientiertes Verhalten im Unterricht realisiert sehen möchten.

Die Hessischen Rahmenrichtlinien manifestieren, als curriculare Planung, den Schulsport. Das Leibeserzieherische wird zugunsten des Sporterzieherischen zurückgedrängt. Das Sportpolitische wird gar zu transparent.

Aber sind denn die Strukturauffassungen zwischen Leibeserziehung und Sporterziehung Epochenunterschiede? – Kann die motorische Schulung als Fertigkeitserwerb überhaupt ein besonderes Kriterium sein?

Eine kurze Reflexion über beide Begriffe sei erlaubt. – Erst seit den zwanziger und dreißiger Jahren wird die Bezeichnung „Leibeserziehung" zum Inbegriff erziehenden und bildenden Lehrens und Lernens im Bereich der schulischen Leibesübungen. Darüber hinaus auch zur Funktionsbezeichnung im außerschulischen sportlichen Leben. Die Leibeserziehung wird zum Bildungsprinzip erklärt. C. Wildt deutet sie folgendermaßen: „Die Leibeserziehung ist ein wesentlicher Teil der Gesamterziehung und sichert dem Schüler im Leben der Schule den Bereich des Spiels und der freien Bewegung, sie fördert körperliche und geistige Zucht und weckt Freude an sportlichen Leistungen; sie verwendet verschiedene Formen der Leibesübungen in pädagogischer Absicht (8)."

Hier wird präzise artikuliert: Im Bereich des Spiels, der freien Bewegung und in den Formen der Leibesübungen werden persönliche Disziplin und sportliche Leistungsfreude intentional aktualisiert, was die Funktionalität derselben nicht ausschließt. Leibeserziehung ist ein gesamterzieherisches Unternehmen, das den Einzelmenschen als konkretes, vielseitig begabtes, gestaltliches Wesen in seiner Umwelt stets neu erkennt; eine Auffassung, die bereits in den zwanziger Jahren der Reformpädagogik praktiziert wurde.

Bernett interpretiert die Leibeserziehung – wo Sporterziehung jetzt aktuell ist – als „Entwicklung und Formung des Menschen in seiner leiblichen Seinsweise als einer existentiellen Grunderfahrung, einer Kategorie sachlicher Welterschließung und sozialer Kommunikation (9)".

Bernett sieht die Leibeserziehung in streng anthropologischer Sicht als Bildungsfunktion, wo die Grunderfahrung der leiblichen Seinsweise als Bedingung für die Erschließung der Umwelt und die Kommunikation mit ihr gilt.

Während Wildt die Einführung des Begriffs Sporterziehung für „sachlich unberechtigt" (S. 94) bezeichnet, macht Bernett den Vorschlag, den Begriff Leibeserziehung solange als „unentbehrlich" zu betrachten, bis die gesellschaftliche Verantwortung, d. h. auch die wissenschaftliche Verantwortung den Bezeichnungs- und Sinnwandel festlegt.

Warum dieser Wandel? – Beinhalten nicht beide Begriffe die gleiche Vorstellung? Nun, die Schmitzsche Aussage „Leibeserziehung realisiert sich durch Leibesübungen“ und die Seyboldsche „Leibeserziehung ist immer nur mit und durch Bewegung möglich“ — diese Aussagen sind für WARWITZ heute zu eng (10).

Er sagt: „Unter Einschluß der kognitiven Dimension des Erziehungsfeldes“ meint „Sporterziehung“ die erzieherische Auseinandersetzung mit dem Sport, seinen vielfältigen Ausformungen und Problemen in eigener Praxis und kritischer Reflexion. Der Sport dient als Ansatzpunkt und Medium des Bildungsprozesses. Die Sporterziehung zielt zunächst auf das eigene sportliche Sich-Bewegen, Tun, Handeln des Menschen ab, muß ihn aber darüber hinaus auch erkenntnismäßig befähigen, die psychomotorischen Aktivitäten in den größeren Zusammenhängen des Kulturphänomens und Gesellschaftsproblems Sport zu erkennen, zu beurteilen und zu gestalten (11).

Diese *eine* Aussage läßt im Rückblick auf die Hessischen Rahmenrichtlinien die Verwandtschaft zu diesen und den Auffassungswandel in unserem Erziehungsbereich deutlich werden.

Sporterziehung ist eben auf das Weltphänomen Sport hin orientiert. Die Menschen unserer Zeit leben auch in der Welt des Sports, ob sie es wollen oder nicht wollen. Sie sind konfrontiert und haben in irgendeiner Weise Antwort zu geben, ob durch eigenes absichtliches Tun und Handeln oder durch ein Mitläufertum als Betrachter und Zuschauer oder durch eine gefühlsmäßige bzw. präzisierte Gegnerschaft.

So wie in der Zeit des „Turnens“ zur „reinlichen Scheidung“ aufgerufen wurde, so wird jetzt zur grundsätzlichen Entscheidung über das angeschnittene Problem, das schon keines mehr zu sein scheint, aufgefordert.

Wir leben in einer Geschichtsphase, in der die Gesellschaftsphänomene über das Phänomen Individuum dominieren, daher wohl auch der Ruf nach Emanzipation. Sporterziehung besagt sehr verkürzt gesehen: Hineintauchen in die Sportwelt und in ihr schwimmen können.

Und Leibeserziehung? Sich auf sein Selbst im Ganzen der Welt – auch der Sportwelt – besinnen und seine Position der Aktivität finden.

Es gibt also zwei verschiedene Bildungsansätze, mithin auch didaktische Ansätze. Der eine ist vom Individuum zur gesellschaftlichen Umwelt hin und zurück orientiert (Kreisfunktion); der andere von der gesellschaftlichen Umwelt zum Individuum und zurück zur Umwelt.

Die Fertigkeitslastigkeit in den Hessischen Rahmenrichtlinien kann auf dieser Basis interpretiert werden: Perfektion im sportlichen Können, einschließlich Wissen, um im Sport zeitgerecht handeln und mithandeln zu können.

Die alten Richtlinien und Bildungspläne der Länder orientieren sich vornehmlich am Menschen: Was ist von den Inhalten des Lebens in der Gesellschaft und der übrigen Umwelt für den Einzelmenschen und für die Gesundheit bildungswert, was ist kind- und jugendgemäß?

An dieser Stelle wird die Unterschiedlichkeit vielleicht deutlich. Überspitzt gesagt: Sportkönner sind heute auch im politischen Feld des Sports notwendig. Daher alle rationale Planung. Die Leibeserziehung und der Sport nach dem Krieg war auf die Sicherung der Lebensexistenz des einzelnen ausgerichtet.

Noch ist die Entscheidung über den Bezeichnungswandel nicht gefallen. Wenn sich auch eine Vorwegnahme zeigt, z. B. in Sportpädagogik, Sportunterricht, Sportdidaktik, Schulsport, eine grundlegende wissenschaftliche Sicherung ist noch nicht vorhanden.

Bernett darf daher mit einigem Recht von der gesellschaftlichen Verantwortung sprechen (die zu entscheiden hat) und die Meinung vertreten, daß bis zur wissenschaftlichen Entscheidung der „eindeutige“ Begriff Leibeserziehung noch Gültigkeit hat.

ANMERKUNGEN:

1 Geissler, A.: Zur Genese der Lehrpläne. In: Haag (Hrsg.), Didaktische und curriculare Aspekte des Sports. Schorndorf 1972, 59.
2 Robinsohn: Zur Curriculum-Entwicklung im internationalen Vergleich. In: Speck, Probleme der Curriculumforschung. Münster 1969, 9.
3 Hessische Rahmenrichtlinien, Bd. III, S. 4.
4 ebd., S. 6.
5 ebd., S. 8.
6 Geissler: Was ist Leibeserziehung? Ratingen 1967, 37–44.
7 Hess. Rahmenrichtlinien, S. 11.
8 Bernett (Red.): Terminologie der Leibeserziehung, Schorndorf, 1968[4], 93.
9 Röthig (Red.): Sportwissenschaftliches Lexikon. Schorndorf, 1972, 140.
10 Warwitz, S.: Interdisziplinäre Sporterziehung. Schorndorf 1974, 10.
11 ebd., S. 10.

Hajo Bernett

Wege zu Kraft und Schönheit

Ein Ufa-Kulturfilm von 1925

Die „goldenen" zwanziger Jahre

Der heute fast vergessene und verschollene Kulturfilm der Ufa ist der Wiederentdeckung wert. Er bietet sich an als Objekt nostalgischer Gefühle, aber auch als historische Dokumentation von Gymnastik, Tanz und Körperkultur im Stadium schöpferischer Ausprägung.

Der unerhört lebendige Film ist in seiner Mischung von Ernst und Kuriosität, von Reformeifer und Stummfilm-Pathos, von künstlerischem Anspruch und Konzession an oberflächlichen Kino-Konsum ein typisches Erzeugnis der „goldenen Zwanziger". Er entsteht zu einem Zeitpunkt der innenpolitischen Beruhigung und außenpolitischen Entspannung, als es den Menschen nach Jahren der Not wieder vergönnt ist, sich intensiv dem Kulturleben zuzuwenden.

Diese Ansätze zu einer neuen Lebensqualität vollziehen sich im Rahmen der Konsolidierung der Weimarer Republik, die auch international an Selbständigkeit und Ansehen gewinnt und allmählich in die Weltpolitik integriert wird. Die Räumung des Ruhrgebiets und der Kölner Zone im Juli bzw. Dezember 1925 befreit von einer belastenden Dauerspannung. Nach dem Abschluß des die Westgrenzen garantierenden Vertrages vom Dezember 1925 schafft der „Geist von Locarno" ein Klima der Verständigung zwischen Deutschland und Frankreich. Am 8. September 1926 wird das Deutsche Reich einstimmig in den Völkerbund aufgenommen; bei seiner Antrittsrede in Genf schließt Außenminister Stresemann mit einem Wort Goethes: „Wir bekennen uns zu dem Geschlecht, das aus dem Dunkel ins Helle strebt."

Aber der politisch-kulturelle Aufstieg vermag die zerstörerischen Kräfte nicht zu bannen. Adolf Hitler wird 1924 aus der Festungshaft entlassen und veröffentlicht sein antidemokratisches Pamphlet „Mein Kampf". 1925 wird die NSDAP von neuem gegründet, die SA marschiert wieder. Die Politik des Ausgleichs stößt auf die massive Opposition der Deutsch-Nationalen. Nach systematischem Rufmord durch die politische Rechte stirbt der sozialdemokratische Reichspräsident Friedrich Ebert am 28. Februar 1925. Sein Nachfolger wird am 30. Januar 1933 dem Zerstörer der Republik zur Macht verhelfen.

Der zweifelhafte Nimbus der zwanziger Jahre knüpft sich im kollektiven Gedächtnis der Nation an die Vorstellung einer kulturellen Glanzzeit. Aber in diesen wenigen Jahren der politischen Entspannung und wirtschaftlichen Erholung, 1929 durch die Weltwirtschaftskrise abrupt beendet, liegen Glanz und Elend nahe beieinander. Der verklärende Goldschimmer erweist sich oft als Talmiglanz. Die Jahre sind von extremer Lebendigkeit, aber sie gebären Konstruktives und Zerstörerisches zugleich.

Ein Abglanz fällt auch auf den deutschen Sport, der sich 1924 erstmals zu einem „Deutschen Sportbund" zusammenschließt. Eindrucksvoll verlaufen die überragenden Feste dieser Jahre: die Arbeiter-Olympiade in Frankfurt (1925) und die Deutschen Kampfspiele des DRA in Köln (1926). Indem 1925 der Deutsche Gymnastik-Bund gegründet wird, erweitert sich der Kreis der konstituierenden Grundformen der Leibeserziehung: die Gymnastik tritt als „neue, selbständige Körperbildungsform neben Turnen und Sport".

Für das sich vertiefende Selbstverständnis des Sports spricht das gefestigte Bewußtsein seiner historischen, internationalen Dimension. 1926 erscheint in Leipzig ein unvergleichlich repräsentatives Werk: die von G. A. E. Bogeng herausgegebene „Geschichte des Sports aller Völker und Zeiten", im Vorwort des DRA-Präsidenten Theodor Lewald dem „großen völkerverbindenden Gedanken unserer Tage" gewidmet.

Die junge Rhythmus-Bewegung stabilisiert ihre geistigen Grundlagen. Rudolf Bode entdeckt die Lebensphilosophie von Klages und Palágyi; seine Schrift über „Das Lebendige in der Leibeserziehung" (1925) plädiert für die Ganzheit des Leiblich-Seelischen, für die rhythmisch gegliederte Totalbewegung, für den gesetzmäßigen Wechsel von Spannung und Lösung. Franz Hilker löst die Fixierung der Leibesübungen auf rationales Zweckdenken, auf das Prinzip der Anwendbarkeit. Seine „Reine Gymnastik" (1926) fordert die „Hinwendung von außen nach innen", das Freisetzen konstruktiver Kräfte, die Steigerung der Bewegungsqualität. Diese wegweisenden Gedanken bilden auch das Leitmotiv der 1926 begründeten Zeitschrift „Gymnastik".

Rudolf von Laban integriert „Gymnastik und Tanz" (1926), indem er die neue Gemeinschaftsform der „chorischen Bewegungskunst" entwickelt und daran die utopische Hoffnung auf eine neue rhythmische Epoche knüpft.

Durch die fortschreitende Ausdifferenzierung der Grundformen der Leibesübungen gewinnt die Deutung des modernen Sports neue Aspekte. Zu den geistvollsten Interpreten gehört Fritz Giese, der 1925 den „Geist im Sport" analysiert und ihn als Lebensform mit Spielcharakter darstellt.

Mit den Methoden der geisteswissenschaftlichen Hermeneutik beschreiben namhafte Pädagogen den Sport als Kulturerscheinung: In dem von E. Matthias und F. Giese herausgegebenen zweibändigen Werk „Männliche Körperbildung" (1926) erscheinen gewichtige Untersuchungen zum Stil und Erlebnisgehalt des Sports von Aloys Fischer, Karl Gaulhofer, Erich Klinge, Hermann Westerhaus.

Theorie und Praxis des Schulturnens erhalten Mitte der zwanziger Jahre neue

Impulse durch die bahnbrechenden Aufsätze Karl GAULHOFERS und Margarete STREICHERS zum „Natürlichen Turnen" und durch die Pädagogen der „Arbeitsschulbewegung".

Diese geraffte Überschau müßte die Ambivalenz der „goldenen Zwanziger" verfehlen, wenn sie den konstruktiven Leistungen nicht die Fragwürdigkeiten gegenüberstellen würde.

Nicht zufällig geraten die Entdecker einer „biozentrischen" Bewegungskultur in den ideologischen Bannkreis des Anti-Intellektualismus und in die Nähe der nationalsozialistischen Weltanschauung. Schon 1922 wird Rudolf BODE Mitglied der NSDAP; 1929 stößt er zu dem von Alfred ROSENBERG geleiteten „Kampfbund für deutsche Kultur". Weltoffenes Philosophieren verengt sich zur Ideologie des „Deutschen Tanzes", der „Deutschen Gymnastik".

Wolfgang GRAESER, der begeisterte Künder des „neuen Lebensgefühls", unterliegt in seiner erregenden Schrift „Körpersinn" (1927) der von Oswald SPENGLER inspirierten Versuchung, sein Ideal des „durchbluteten Menschen" am Typ des italienischen Faschisten zu orientieren.

Der Arbeitswissenschaftler und Sportphilosoph Fritz GIESE dokumentiert seine Sympathie mit dem Nationalsozialismus, indem er sein Nietzsche-Buch HITLER widmet.

Das Deutsche Turnen wird durch Edmund NEUENDORFFS Parole „Zurück zu Jahn — es gibt kein besseres Vorwärts!" (1926) auf den falschen Weg gebracht. Auch in den Sportverbänden zeigen sich Ansätze zu völkisch-„artgemäßer" Verengung: das Schlagwort vom „Deutschen Sport" beginnt zu zünden und zu verwirren. Antidemokratisches Denken breitet sich aus.

Fragen wir nach dem Fazit und seiner Widerspiegelung im Ufa-Film, dann ergeben sich folgende Gemeinsamkeiten mit Grundzügen der „goldenen" zwanziger Jahre:

1. Die Jahre der politischen Entspannung und Stabilisierung sind ausgefüllt mit vibrierender Lebendigkeit im Bereich der Bewegungskultur. Diese kreative Tätigkeit manifestiert sich am eindrucksvollsten in der Rhythmus-Bewegung, in ihrem Reformwillen, ihren praktischen Innovationen. Sie evoziert auch in anderen Bereichen des Sports und der Leibeserziehung das Streben nach rhythmischer Bewegungsqualität.
2. Die große Entdeckung dieser Jahre ist das Phänomen der entspannten „Hingabe" an unbewußt-rauschhaftes Empfinden, an das irrationale Erleben der zweckfreien Totalbewegung, an die dynamische Gestaltung des seelischen Ausdrucks.
3. Das epochale „neue Etwas" (GRAESER) des gesteigerten Lebens- und Körpergefühls drängt nach Bewegungsfreiheit, nach dem Ausbruch aus hemmenden Konventionen, nach Nacktheit; es weckt das Bedürfnis nach freiem Spiel der Kräfte in Licht, Luft und Wasser.

4. Erlebnisbedingte Reflexion gerät in Gefahr, sich zum ideologischen Bekenntnis zu verfestigen, — gekennzeichnet durch die absolute Verallgemeinerung eines Prinzips, durch die Abwertung der Gegenposition und ihre Bekämpfung. Die Tendenz zum Anti-Intellektualismus kommt politischen Mächten entgegen, die gleichfalls mit irrationalen Lebenswerten sympathisieren, aber letztlich die Reaktivierung primitiver Verhaltensweisen herbeiführen.

Die Konzeption der Ufa

Bei der Erkundung des Zusammenhangs zwischen dem Zeitgeist der „goldenen" Zwanziger und der Konzeption des Films gerät man womöglich auf Irrwege, wenn man darin ein typisches Ufa-Produkt zu sehen meint. Die Universum-Film AG gehört nämlich erst seit 1927 zum Wirtschaftskonzern Alfred HUGENBERGS, Führer der Deutsch-Nationalen Volkspartei, die sich 1931 mit „Stahlhelm" und NSDAP zur reaktionären „Harzburger Front" verbündet. Bis dahin ist sie ein auf schwachen Füßen stehendes Privatunternehmen unter jüdischem Einfluß. Der Kulturfilm von 1925 ist also kein Instrument antidemokratischer Propaganda der politischen Rechten, wie man gemeint hat.

Dennoch ist die Konzeption nicht frei von kulturpolitischen Tendenzen, die im Ressentiment politisch-militärischer Ohnmacht wurzeln. Ernst KRIEGER, Leiter der Kulturabteilung der Ufa, hat den Film ideologisch akzentuiert. Oskar KALBUS, Film-Historiker und Ufa-Programmatiker, bestätigt diese Motivation: „Die Schöpfer des Kulturfilms sind von einem Tendenzgedanken beseelt gewesen: Wiedergeburt der deutschen Volkskraft!" Ein Tendenzfilm also, der Sport als Wehrersatz versteht und die Körperkultur als ein „neues Ertüchtigungsmittel" propagiert, als einen Weg der Revitalisierung der Nation, die sich im „Daseinskampf der Völker" politisch behaupten soll (KALBUS). Im Finale des Films wird dieser Gedanke bildlich und wörtlich zum Ausdruck gebracht. In Zwischentiteln heißt es expressis verbis: ist nicht mehr das Militär der Kraftquell der Nation, dann ist es der Sport!

In Anbetracht solcher Aussagen mit Schlüsselfunktion ist man leicht geneigt, sich ganz auf Ideologiekritik einzustellen. Es bleibt jedoch zu bedenken, daß die Gleichung Sport = Wehrersatz keine Idee der Ufa-Kulturabteilung darstellt; sie ist vielmehr in aller Munde und gehört zum Standard der öffentlichen Argumentation des Deutschen Reichsausschusses für Leibesübungen (DRA).

Eine weitere Differenzierung des Ufa-Konzepts wird erkennbar, wenn man die Motivation des Regisseurs und des Drehbuch-Autors erfragt. Wilhelm PRAGER, seit 1907 Schauspieler an Berliner REINHARDT-Bühnen, ist von 1919—1945 Kulturfilm-Regisseur bei der Ufa. Seine bekanntesten Filmtitel weisen ihn als Liebhaber des Pferdesports aus. Nach Willy DÖRR, dem bekannten Olympiatrainer und Sportschriftleiter, ist PRAGER sogar ein „Bahnbrecher für die Ideen des Sports": Pionier des Fußballspiels und der Leichtathletik in München, Mitglied der vorbildlichen Rekord-Staffel des MTV, erster deutscher Trainer. Wir dürfen also davon ausgehen, daß PRAGER nicht nur den Weisungen der Ufa-Kulturabteilung gefolgt ist, sondern auch seine von KAUFMANN bezeugte „Sportbegeisterung" in das Werk projiziert hat.

Ähnlich verhält es sich mit dem Gestalter der medizinisch-orthopädischen Partien des Films, mit Dr. med. Nicholas KAUFMANN. Er ist seit 1919 medizinischer Mitarbeiter der Kulturabteilung, seit 1927 Produktionsleiter. Wie PRAGER dem Sport, so steht er der jungen Gymnastik-Bewegung nahe. Im Rahmen eines Buches über „Körper und Seele der Frau" (1927) profiliert er sich als Kenner der Hamburger HAGEMANN-Schule, die auf dem MENSENDIECK-System basiert. Bewegungsstudien von HAGEMANN-Schülerinnen bilden den Ausklang des besonders gelungenen 4. Teils.

Die Beweggründe und Ambitionen der Regie lassen sich also mit dem Begriff des Tendenzfilms nicht abdecken.

Auch dürfte die ideologieverdächtige Vokabel der „sauberen Mittel" nicht ausreichen, den Film als konservativ oder gar als reaktionär einzustufen. Es ist anzunehmen, daß die Ufa-Kulturabteilung dieses Reizwort ins Programm setzt, um dem zu erwartenden Protest vorzubeugen. Mit dem plakativen Merkmal der moralischen „Sauberkeit" distanziert sich die Ufa von der gängigen Porno-Welle, wie sie nach dem 1. Weltkrieg die Leinwand überschwemmt hat.

Die Ufa intendiert ein hohes wissenschaftliches und künstlerisches Niveau, ohne diesen Anspruch einlösen zu können. Immerhin bemüht sie einen ganzen Stab namhafter bildender Künstler: Fritz KLIMSCH (1870—1960), Arthur KAMPF (1864—1950), Karl EBBINGHAUS (1872-1950).

In der komplexen Konzeption des Films durchdringen sich also kulturpolitische, sportlich-gymnastische und künstlerisch-historische Motive.

Erfolg und Wirkung des Films

Als ehrgeizige Produktion professioneller Cineasten übertrifft der Film bei weitem die Wirkung seiner Vorläufer („Körperübungen im frühen Kindesalter", „Körperkultur und Körperschönheit", „Rhythmisch-harmonische Körperbildung"). Berichte von der Uraufführung im Berliner Ufa-Palast am 16. März 1925 melden einen triumphalen Erfolg. Kritiker erklären den unaufhörlichen Andrang aus der suggestiven Wirkung des reißerischen Titels, aus der Sensationslust des Boulevard-Publikums, das bei opernhaftem Aufwand, attraktiven Einlagen und Akt-Fotos auf seine Kosten komme. Schon am 28. April wird im Ufa-Palast die 100. Aufführung gefeiert, und am 28. Juni begeht man im festlichen Rahmen vor geladenen Gästen die 250. Berliner Aufführung. Die von der Ufa zusammengestellte Sammlung positiver Pressestimmen aus 26 Zeitungen verschiedener politischer Richtungen enthält eine Überfülle an Superlativen und die wiederkehrende Aufforderung an die Zeitgenossen, diesen Appell zur Lebensreform zu beherzigen.

Auch der sozialdemokratische „Vorwärts" begrüßt das „neue Ethos" kultivierter Körperlichkeit. Trotz mancher Vorbehalte schließen sich die Film-Zeitschriften der allgemeinen Zustimmung an.

Experten des Sports und der Leibeserziehung begründen den großen Publikumserfolg mit der Faszination und der appellierenden Kraft des Films. Man rühmt Wilhelm PRAGER, mit „Macht und Wucht" für die Leibesübungen geworben zu haben (DÖRR). Die Werbewirkung soll sich bis in das letzte Kleinstadt-Kino fortgepflanzt und breite Schichten sportlich aktiviert haben. In der führenden Fachzeitschrift für Leibeserziehung wird das „niedrige Niveau" des Films zunächst scharf kritisiert (HERMANN), aber schon 1926 registriert man ein wachsendes Verständnis für Körperkultur als hoffnungsvolles Zeichen der „Einverleibung" der filmisch gestalteten Ideale (STRAESSER).

Nicholas KAUFMANN bestätigt diese „segensreiche" Wirkung nicht ohne ideologische Befangenheit. Er spricht dem Welterfolg der Ufa gar eine außenpolitische Funktion zu: im Ausland für deutsche Kultur zu werben, „Schönheit und Kraft der deutschen Menschen" zu dokumentieren.

Nach Ansicht des Ufa-Propagandisten KALBUS sind die Erwartungen der Kulturabteilung weit übertroffen worden. Er schreibt dem „Tendenzfilm" das Verdienst zu, eine „Volksbewegung" eingeleitet und der „Schönheitsbewegung" zum Durchbruch verholfen zu haben. Der Rundfunk sendet ein tägliches Gymnastik-Programm; das Strandleben hat „ein neues Gesicht" bekommen.

Im Gegensatz zum weltoffenen Großstadt-Publikum fühlen sich konservativ-klerikale Kreise zum Protest herausgefordert. Abgeordnete des Zentrums, der Partei des politischen Katholizismus, bringen im Preußischen Landtag eine Anfrage ein, die gegen die „Lüsternheit" des Films argumentiert und ein Jugendverbot fordert. In einer Parallelaktion verlangt die Bayerische Regierung, unterstützt von Baden und Hessen, sogar den Widerruf der Zulassung.

Daraufhin befaßt sich die Film-Oberprüfstelle mit dem Vorwurf der Bayern, daß die filmische Propaganda für Nacktkultur die Sittlichkeit untergrabe. Indem sie die hygienischen, ästhetischen und sportlichen Intentionen der Regie würdigen, weisen die Prüfer die Vorwürfe zurück; sie widerrufen jedoch die Zulassung einiger Einstellungen aus dem „Urteil des Paris" und dem „Bad der Römerin". (Die Ufa hat diese Teile bereits vorsorglich in Selbstzensur beschnitten.) Die Entscheidung der Oberprüfstelle bestätigt die Seriosität des Films und das Prädikat „volksbildend".

Urheber des Streits sind Bayerns Turner, die unter Führung von Professor Martin VOGT, dem nachmaligen Leiter der Bayerischen Landesturnanstalt, dagegen protestieren, daß Turnvater JAHN in den Kontext des „entsittlichenden" Films einbezogen ist. Obgleich sie mit öffentlicher Störung drohen, wird die Münchner Erstaufführung zu einem großen Erfolg, auch für den anwesenden Wilhelm PRAGER.

Die verschiedenen Fassungen

Die in der Literatur beschriebenen und heute noch vorhandenen Fassungen sind nicht mehr eindeutig zu identifizieren. Die nachfolgende Inhaltsangabe umgreift das gesamte Archiv-Material, ohne es in die einzelnen Versionen zu zerlegen.
Wie Film-Zeitschriften melden, beginnt KAUFMANN schon 1925 mit der Arbeit an einer verbesserten Fassung, von der es 1926 heißt, daß sie zu 60% aus Neuaufnahmen bestehe, den sachlichen Informationsgehalt vermehre und tendenziöse Aussagen abschwäche.
Andeutungen der Berichterstattung ist zu entnehmen, daß die zweite Fassung den Kreis der Sportarten erweitert, der Hygiene und der Orthopädie mehr Raum gibt. Kritiker begrüßen die dramaturgische Straffung, den Verzicht auf Konzessionen an vordergründigen Publikumsgeschmack. Die Neufassung eliminiert kitschiges und überflüssiges Beiwerk, z. B. das umstrittene „Bad der Römerin", den posierenden Gerhart HAUPTMANN, die Hobby-Sportler aus Politik und Wirtschaft.
Dagegen vermag sich KAUFMANN von den tendenziösen Schluß-Akzenten nicht zu trennen. Der Anblick des militärischen Drills, verstärkt durch Turnfest-Monumentalität, legt die Annahme nahe, daß die nationalpolitische Motivation des Ufa-Konzepts noch als Relikt gegenwärtig ist.
Eine aus dem 1. und 4. Teil zusammengestellte Kurzfassung nennt als Regisseur nur Nicholas KAUFMANN. Dem speziell an rhythmischer Gymnastik Interessierten vermag auch dieser Torso etwas zu sagen.

Inhalt und Komposition

Die geraffte Inhaltsangabe fixiert in großen Zügen nur die wesentlichen Eindrücke des Films, dessen stoffliche Überladenheit schon von der Kritik beanstandet worden ist.
Die Gesamtkomposition wirkt uneinheitlich und diffus. Der Film gliedert sich in 6 Teile (auf 5 Rollen), aber nur im 3. und 4. Teil ist eine thematische Geschlossenheit erkennbar.
Ein dramaturgisches Prinzip verleiht dem 1. Teil eine gewisse polemische Spannung: die effektvolle Antithetik von Bildern leiblich-seelischer Kultur und körperlich-moralischer Verkümmerung. Es verliert jedoch an Wirkung, indem die negativen Typen städtischer Zivilisation zur Karikatur verzerrt werden.
Die anderen Teile sind nicht ohne innere Logik, aber doch nur additiv zusammengestellt.

Der 1. Teil konfrontiert der lächerlichen Betriebsamkeit und Nervosität des modernen Zivilisationsmenschen das Ideal menschlicher Vollkommenheit, verkörpert durch griechische Bildwerke. Aus der Polemik gegen den Sitzzwang der sterilen Schulstube entwickelt die Regie ein phantasievolles „lebendes Bild" des griechischen Gymnasiums, der sportlich belebten Palästra. In paralleler Konstruktion wird eine Museums-Szenerie vorgeführt: strahlende griechische Plastik – konsumiert durch ein bildungsbeflissenes, aber geistig indifferentes Spießer-Publikum.

Aktueller und weniger aggressiv erscheint der filmische Einblick in die Zwänge des Großstadt-Daseins, der Büro- und Fabrikarbeit. Authentische Bilder spiegeln die Armut an Licht, Luft und Bewegung, die motorische Monotonie genormter Arbeitsvorgänge.

Den körperlichen Folgen der reformbedürftigen Arbeitswelt konfrontiert die Regie den Typ des vitalen Sportlers, der sich durch Training bis ins Alter aktiv und fit erhält.

Der 2. Teil (auf der 1. Rolle) weist praktische Wege zur Erhaltung und Wiederherstellung der körperlichen Leistungsfähigkeit. Er beginnt mit Säuglingsgymnastik nach NEUMANN-NEURODE und orthopädischem Kinderturnen nach KLAPP. (Übungsstätte ist das 1913 erbaute Deutsche Stadion in Berlin.)

Die Regie des Mediziners KAUFMANN lenkt die Kamera bevorzugt auf die Wirbelsäule, den neuralgischen Punkt des Zivilisationsmenschen. Rationelle Wirkungsgymnastik schwedischer Prägung korrigiert drohende Haltungsschäden. Filmische Studien am Arbeitsplatz – verbunden mit Röntgenaufnahmen – schärfen den Blick für physiologisch falsche und richtige Bewegungen. Die Darstellung täglicher Entspannungs- und Frottierübungen bietet praktische Anleitung für jedermann.

Unter dem Gesichtspunkt der Entspannung wird eine Szene aus dem englischen Freizeitleben eingeblendet: ein turbulenter Bootskorso auf der Themse. Um den rationalen orthopädischen Ansatz theatralisch zu überhöhen, schließt die Regie den 2. Teil mit einer mythologischen Reminiszenz: Paris, Sohn des Königs Priamos, entscheidet die Schönheitskonkurrenz der Göttinnen zugunsten der vollkommenen Aphrodite.

Der 3. Teil gibt dem bis dahin vorwiegend medizinisch orientierten Film eine Wendung zum Ästhetisch-Expressiven, zum naturhaften und künstlerischen Tanz. Als retrospektiver Vorspann dient eine mythologische Waldlandschaft mit ekstatisch tanzenden Mänaden. Wenig überzeugenden Bildern ursprünglicher Tanzfreude bei Naturvölkern, bei Japanern, Burmesen und Bayern folgt ein Querschnitt durch Spitzenleistungen des modernen Ausdruckstanzes. Man erlebt Rudolf von LABAN und Mary WIGMAN bei der chorischen Gestaltung von Tanzdramen. Immer noch faszinierend wirken die damals weltbekannten Solotänzerinnen Caroline de la RIVA (trotz albern chargierender Musikanten) Bac ISHII, Jenny HASSELQUIST. Ästhetischer Höhepunkt ist der Ballett-Tanz der Tamara KARSAVINA in Slowmotion-Wiedergabe.

Mit dieser Revue elitärer künstlerischer Leistungen wird die Regie allerdings ihrem Prinzip untreu, „Wege zu Kraft und Schönheit" für jedermann aufzuzeigen.

Der 4. Teil wendet sich vom klassischen Kunsttanz den neuen Formen der tänzerischen, der rhythmischen und der funktionalen Gymnastik zu. Einem stimmungsvollen Auftakt, der die Vollkommenheit rhythmischer Naturvorgänge und der tierischen Bewegung in Zeitlupe einfängt, folgt ein repräsentativer Querschnitt durch die Arbeit führender deutscher Gymnastikschulen. Im Bilde erscheint der Portikus des Festspielhauses von Hellerau bei Dresden, Zentrum der von JAQUES-DALCROZE ausgehenden Rhythmus-Bewegung. Mädchen zeigen „Führen und Folgen" nach instrumenteller Bewegungsbegleitung. Frauen und Männer der BODE-Schule demonstrieren den rhythmischen Wechsel von Spannung und Lösung in den Elementarformen der gymnastischen Bewegung.

Der überflüssigen Einlage eines Grotesk-Tanzes der Niddy IMPEKOVEN folgt ein viel zu kurzer Einblick in die Gruppengestaltung Rudolf von LABANS und in die meditative Atem-Gymnastik der LOHELAND-Schule. Dagegen wird die vielseitige, aber effektbewußte Arbeit der Anna-HERMANN-Schule in aller Breite vorgeführt.

Den Höhepunkt dieses didaktisch durchdachten Teils bilden die präzisen Bewegungs- und Akt-Studien der an MENSENDIECK orientierten Hamburger HAGEMANN-Schule. Hier bewährt sich die Sachlichkeit und Dezenz der Kameraführung.

Der 5. Teil, in der Neufassung stark erweitert, entbehrt jeder Konzeption und jedes künstlerischen Anspruchs. Er will über die wichtigsten Sportarten informieren, wählt dazu aber den zweifelhaften Weg der Aneinanderreihung von Spitzenleistungen. Was den überlangen Streifen sehenswert macht, ist die fotografische Perfektion einzelner Szenen. Den erheiternden Abschluß bildet eine besondere Attraktion: Studenten und Lehrer der Deutschen Hochschule für Leibesübungen simulieren im Kostüm ihrer germanischen Vorfahren den sagenhaften Sprung des Königs Teutobod über 6 Pferde. Gefeierter Hauptdarsteller ist der deutsche Zehnkampfmeister Arthur HOLZ.

Der 6. Teil steht unter dem Motto „Luft, Sonne, Wasser". Sehenswert ist die damals aufkommende Männer-Gymnastik mit Handgeräten, Bällen und Balken. Die Kamera beobachtet die freie Schulgemeinde Wickersdorf bei ihrem spielerisch-gymnastischen Freiluft-Dasein.

Leider würzt die Regie die pädagogischen Eindrücke mit sensationellen Bildern vom Freizeitsport berühmter Zeitgenossen: Lord BALFOUR, Lloyd GEORGE, J. D. ROCKEFELLER, Benito MUSSOLINI, Gerhart HAUPTMANN u. a. m.

Eine rechte Kino-Einlage bildet die filmische Rekonstruktion des Bades einer vornehmen Römerin. Trotz der Mitwirkung seriöser Kunsthistoriker entartet das von der Zensur zerzauste Zwischenspiel teilweise zur Farce. Der zweifelhaften Episode folgt ein letztes Erinnern an eine Tendenz des Films: Soldaten ertüchtigen sich für die Nation, eingeblendete Massen-Freiübungen deutscher Turner und das Portrait des Turnvaters appellieren an vaterländisches Bewußtsein.

Zur Interpretation

Obgleich der Film heute als vergessen, als Kuriosum und als Rarum gilt, hat Siegfried KRACAUER ihn im Rahmen seines Standardwerkes zur deutschen Filmgeschichte einer Gesamtinterpretation gewürdigt. KRACAUERS „psychologische" Filmgeschichte analysiert die seelische Disposition, die kollektiven Wünsche und Ängste der Deutschen nach dem 1. Weltkrieg. Unter diesem Aspekt interpretiert er „Wege zu Kraft und Schönheit" als typischen Ufa-Kulturfilm, der dem innerlich paralysierten Publikum eine heile Welt vorspiegelt, statt einer Lösung der bedrängenden sozialen Probleme aber nur die Flucht in Eurhythmie anbietet und sich den politischen Aufgaben der jungen Republik bewußt entzieht.

Diese ebenso gewagte wie faszinierende Auslegung hat Zustimmung gefunden und ist bisweilen unkritisch kolportiert worden. Veranstalter von zeitgeschichtlichen Film-Seminaren haben mit KRACAUERS Interpretationsmuster sogar eine „präfaschistische" Funktion des Films nachweisen wollen.

Ohne KRACAUERS souveränen Weitblick schmälern zu wollen, ist doch die Frage aufzuwerfen, ob die undifferenzierte Einordnung in den Komplex des Ufa-Kulturfilms nicht zu einem vereinfachenden Pauschalurteil geführt hat. Der spürbare Aufschwung von Körperkultur und Freiluftleben, den der Film ausgelöst hat, wird auch von KRACAUER nicht übersehen. Diese historische Tatsache unterscheidet „Wege zu Kraft und Schönheit“ von anderen Ufa-Kulturfilmen der zwanziger Jahre, die belehren, unterhalten oder auch durch Vorspiegelung von der ungeliebten Politik ablenken sollen. Hier wird keine heile Welt vorgetäuscht. Der Zuschauer wird mit Abbildern seiner physischen Kümmerlichkeit konfrontiert und zum „Erkenne dich selbst!“ aufgerufen (HERMANN). Ist das künstlerische Niveau dieses Appells auch zu bezweifeln — von einem Ausweichen vor den dringlichen Aufgaben der Zeit kann keine Rede sein. Eher trifft das Gegenteil zu: der Film will den an unverbindlichen Kino-Konsum gewöhnten Zeitgenossen aufrütteln und aktivieren, ein neues Körperbewußtsein wecken, hemmende Konventionen überwinden, mit Tabus brechen, Verantwortlichkeit evozieren. Der Versuch konservativer Kreise, den Film der Zensur auszuliefern, spricht für dessen vorwärtsweisende Potenz. Daß dieser emanzipatorische Impetus trotz unzulänglicher Mittel de facto die gesellschaftliche Wirklichkeit verändert hat, macht die kulturhistorische Bedeutung des Films aus.

Aus dieser Überzeugung ergibt sich auch die Empfehlung, „Wege zu Kraft und Schönheit“ als zeitgeschichtliches Dokument von neuem zu entdecken. Abstrahiert man von mancher Verstiegenheit und Lächerlichkeit, kann man den Film als eine Manifestation des neuen Lebens- und Körpergefühls betrachten, das nach Aussage sensitiver Zeitgenossen zum Profil der „goldenen“ Zwanziger gehört. Einzigartig ist die Dokumentation der Arbeit deutscher Gymnastik-Schulen, der filmische Einblick in die differenzierende Ausgestaltung der funktionalen und der rhythmischen Richtung.

Der Film ist authentischer Ausdruck der anfangs skizzierten geistigen Lebendigkeit der zwanziger Jahre, aber er vermag trotz emanzipatorischer Impulse die nationalistische Befangenheit nicht abzustreifen: auch in der versachlichten Neufassung werden zuletzt die verführerischen Vorstellungen von Volks- und Wehrkraft mit einer Gloriole umgeben.

Der Film ist auch ständig in Gefahr, einer anhaltenden Versuchung dieser Epoche zu unterliegen: die Unterbewertung des Leiblichen nicht nur zu korrigieren, sondern ihr eine Ideologie des Anti-Intellektualismus entgegenzustellen. So signalisiert er auch schon das kommende Schicksal einer Generation, die zwar „aus dem Dunkel ins Helle strebt“, aber auf dem Wege zu Kraft und Schönheit in ein Dilemma gerät, weil sie die ideologisch-politischen Implikationen nicht zu reflektieren vermag.

LITERATUR:

DÖRR, Willy: Wege zu Kraft und Schönheit. Ein glänzender Werbefilm für die Leibesübungen. In: Sport und Sonne 1925, Nr. 2.

DÖRR, Willy: Die sportliche Tat. In: Sport und Sonne 1925, Nr. 3.

Hermann, Ernst: Der Film ‚Wege zu Kraft und Schönheit'. In: Die Leibesübungen 1925, H. 13.

Kalbus, Oskar: Film, Sport und Körperkultur. In: Sport und Sonne 1927, Nr. 1.

Kaufmann, Nicholas: Film und Sport. In: Start und Ziel 1926, Nr. 12.

Kracauer, Siegfried: From Caligari to Hitler. A psychological History of the German Film. Princeton 1947.

Osborn, Max: Der nackte Mensch im Film. In: Sport und Sonne 1925, Nr. 3.

Straesser, Ch.: Neue Wege zu Kraft und Schönheit. In: Die Leibesübungen 1926, H. 23.

FILM-ZEITSCHRIFTEN:

Der Film, Berlin, Jg. 1925.
Die Filmwoche, Berlin, Jg. 1925.
Kinematograph, Berlin, Jg. 1925.
Lichtbildbühne, Berlin, Jg. 1925.
Reichsfilmblatt, Berlin, Jg. 1925.

VERLEIH-KOPIEN:

Bundesarchiv Koblenz, Filmarchiv, Am Wöllershof 12, 54 Koblenz. 35 mm, Länge 2539 m. Verleih-Kopie 16 mm, Länge 1030 m.

Deutsches Institut für Filmkunde, Schloß Bieberich, 6202 Wiesbaden-Bieberich. 35 mm, Länge 2540 m.

Filmkundliches Archiv, Berrenrather Str. 423, 5 Köln 41. 16 mm, Kurzfassung (Teil 1 und 4).

Detlef Krauss

Verbandsmacht und Vereinsrecht

Überlegungen zur Verrechtlichung des Sportbetriebes am Beispiel saarländischer Verbandssatzungen

Die Mitwirkung eines Juristen bei der Herausgabe eines sportwissenschaftlichen Sammelbandes mag einiges Befremden auslösen. Sport und Recht und also Sportwissenschaft und Rechtswissenschaft stehen sich hierzulande noch so fern, daß selbst der Wunsch, an der Ehrung eines verehrten Universitätskollegen mitzuwirken, für sich allein die Beteiligung kaum ausreichend legitimiert. Der Sport, so scheint es, ist seinem Wesen nach eine „rechtsfreie" Tätigkeit. Wozu also Überlegungen zur „Verrechtlichung" des Sportbetriebes?

I.

Daß sich der Sport auch heute noch weitgehend als „rechtsfreie" Betätigung versteht, hat zahlreiche Gründe. Der eine dürfte in der laienhaften Verkennung des juristischen Instrumentariums und damit in der Fehleinschätzung rechtlicher Ziele und Möglichkeiten liegen, vor allem in der durchaus falschen Vorstellung, eine Verrechtlichung des Sports bedeute allemals eine Verstaatlichung. Natürlich stehen – und das führt auf einen zweiten Grund – hinter solchen pauschalen Vorbehalten oft genug ganz handfeste Hausmachtinteressen der großen Sportverbände und ihrer Funktionäre. Verbandsmacht gedeiht am besten in einem weitgehend rechtsfreien Raum – nicht weil dem Recht Machtansprüche fremd oder prinzipiell dubios wären, sondern weil rechtliche Macht jedenfalls der Rechtsidee nach stets begrenzte und kontrollierte Macht ist.

Ein dritter Grund liegt in dem oft beschworenen Wesen des Sports. Dieser Gegenstand erscheint dem Juristen seit jeher ausgesprochen diffus. Am Ende ist es eine nachgerade metaphysische Grundlegung sportlicher Betätigung, die sich juristischem Reglement zu widersetzen scheint. Der Jurist registriert nicht ohne eine gewisse Ratlosigkeit, daß – wie es in der Satzung eines großen saarländischen Sportvereines heißt – Inhalt und Zweck sportlicher Betätigung neben Sport und Spiel auch die „Pflege ... von Sportgeist und Kameradschaft" nicht nur zur körperlichen, sondern auch zur „sittlichen Ertüchtigung" einschließt. Dieses hochgesteckte Ziel macht ihn verlegen; mit Mitteln juristischer Rationalität läßt es sich in der Tat wohl kaum erreichen. Diese Einsicht stärkt die weitverbreitete Auffassung, daß dem Sport eine Dimension verlorengeht, wenn er sich rechtliche Fragen oktroyieren läßt. Und eben das scheint außerrechtliche Autorität, die sich ihre eigenen Gesetzlichkeiten gibt, nicht nur zu legitimieren, sondern nachgerade zu fordern.

Ein weiteres kommt hinzu. Traditionsgemäß versteht sich der Sport – und nicht nur der Fußballsport – als die „herrlichste Nebensache der Welt". Solche „Nebensachen" aber entziehen sich einer Rechtsordnung, deren ausgesprochenes Ziel es ist, allein Konflikte von erheblicher sozialer Relevanz zu regeln und dabei den Privatbereich des Individuums tunlichst zu meiden.

Mit der Zeit aber hat die in der Tradition des vorigen Jahrhunderts verwurzelte Überzeugung, sportliches Geschehen vollziehe sich in einem eigenen Regeln des Fairplay unterliegenden rechtsfreien Raum, in dem sich alle anstehenden Strukturprobleme ebenso wie die anfallenden Konflikte immer noch am besten ohne Juristen im Geiste sittlich fundierter Sportkameradschaft lösen ließen, doch die Patina des Unzeitgemäßen angesetzt. Der Sport hat sich längst zu einem überaus problematischen Gegenstand des Rechts entwickelt. Dabei haben nicht etwa die Juristen, sondern die Sportverbände selbst den Sportbetrieb „problematisiert". Die im sogenannten Bundesligaskandal hervorgetretene Tatsache, daß ein Verband Arbeitsverhältnisse Dritter löst, Berufsverbote ausspricht und insgesamt eine Allmacht an den Tag legt, die der öffentlichen Hand oder dem Staat in analogen Situationen bei weitem nicht zur Verfügung steht, ist allein schon Anlaß genug für rechtliche Überlegungen (1). Noch deutlicher aber wird die rechtliche Dimension des „Skandals" angesichts der Unfähigkeit der Sportinstitutionen, mit ihren Problemen nach den hausgemachten Regeln des Sportbetriebes allein fertig zu werden. Nichts hat letztlich die Diskussion um den Bundesligaskandal schneller „verrechtlicht" als die durch das Rechtsgefühl diktierte Forderung nach Transparenz und Berechenbarkeit der Entfaltung beträchtlicher Verbandsmacht.

Im übrigen aber war dieser „Skandal" nicht etwa der Anlaß, sondern allenfalls eine besonders deutliche Markierung einer allgemeinen „Rationalisierung" des Phänomens Sport. Motor dieser Entwicklung war zunächst eine mehr oder weniger radikale Ideologiekritik am Gebrauchsmuster aller möglichen Geistigkeitsvorstellungen. Die Disziplinierung durch die mannigfachen und niemals entmythologisierten Anforderungen der „Sportkameradschaft" und die damit verbundene Aktivierung individueller Leistungsbereitschaft erschienen als ein Abbild der industriellen Leistungsgesellschaft (2), der Sport schließlich nur als eine Verdoppelung der Arbeitswelt (3). Ganz unabhängig aber von solchen ebenso kühnen wie interessanten Vergleichen wurde allenthalben deutlich, daß der permanente Appell an Sitte, Charakter und Anstand im Sportbetrieb jedenfalls auch immer dazu diente, eine Verbandsmacht zu stärken, die handfeste, von Geist und Idee des Sports längst losgelöste Interessen in durchaus eigenwilliger und autoritärer Weise vertrieb.

Natürlich sind es gerade diese mit dem Sport verbundenen Interessen selbst, die immer drängender auch Rechtsfragen aufwerfen. Sie wurzeln einmal im Individualbereich des Sportlers. Tatsächlich kommt ja der ideologiekritische Vergleich mit der Berufs- und Arbeitswelt nicht von ungefähr. Der Trainings- und Wettkampfaufwand eines Leistungssportlers (gerade auch im Amateurlager) ist längst ein Teil seiner beruflichen Planung und Entfaltung geworden. Der Leichtathlet, der Berufssoldat wird, um trainieren zu können, die Athletin, die als Konsequenz ständiger Trainings- und Wettkampfbelastung an den Bedingungen des Hochschulzugangs scheitert, mögen hier für viele stehen. Daß sie mit ihren Problemen der Berufswahl den Bereich des „Nebensächlichen" und „Privaten" nolens volens längst verlassen haben, ist sicher.

Darüber hinaus ist der Sport auch als wirtschaftlicher, gesellschaftlicher und allgemeinpolitischer Faktor zum Rechtsproblem ersten Ranges geworden. Seine wirtschaftliche Bedeutung kommt allein schon in einer umfassenden Vermarktung durch die Zubehörindustrie und zahlreiche Dienstleistungsgewerbe zum Ausdruck. Die gesellschaftliche Dimension erfaßt den Gesichtspunkt der Volksgesundheit (Trimm dich) ebenso wie den einer sinnvollen Gestaltung ständig wachsender Freizeit. Schließlich hat der Sport auch beträchtliche politische Bedeutung erlangt. Die Aufnahme internationaler Sportbeziehungen zwischen einzelnen Nationen ist häufig genug eine diplomatische Beziehung im Vorfeld staatlicher Aktivität; und das sportliche Abschneiden einer Nation bei großen internationalen Vergleichen hat die Dimension nationaler Probleme erreicht. Diese öffentlichen Interessen machen den Sport zu einer Aufgabe des Gemeinwesens, deren Größe sich an staatlichen Subventionen von beträchtlichem Ausmaß ablesen läßt.

Aus den geschilderten individuellen und öffentlichen Interessen aber folgt auch die rechtliche Bedeutung des Sports. Und mit dieser rechtlichen Bedeutung ist die Rechtsordnung aufgerufen, „ein sozial mächtiges Subsystem sich ... einzugliedern" (4).

Eine ganz andere Frage ist es, auf welche Weise die Rechtsordnung dieser Forderung nachkommen kann und soll. Eine Antwort auf diese Frage kann hier nicht einmal andeutungsweise versucht werden. Die Untersuchung beschränkt sich vielmehr auf zwei Teilaspekte. Sie erörtert zunächst die Möglichkeit einer „Verstaatlichung" des Sports (II). Danach stellt sie die Frage, in welcher Weise das Vereinsrecht zu einer verstärkten Disziplinierung der Verbandsmacht und hier vor allem zu einer Begrenzung der Verbandsgerichtsbarkeit führen kann und soll (III). Schließlich skizziert sie in wenigen Strichen die Richtung einer möglichen Rechtsentwicklung (IV).

II.

Zur Frage einer Verstaatlichung des Sportbetriebes liefert das Saarland verblüffendes Anschauungsmaterial. Während die Sportvereine und die ihnen übergeordneten Verbände (die Landesfachverbände und Spitzenverbände einerseits, die Landessportbünde und der DSB andererseits) ihre Rechtsfähigkeit aus der Rechtsform des eingetragenen Vereins herleiten, ist der Landessportverband des Saarlandes (LSVS) durch Verordnung vom 29. 11. 1949 (Amtsblatt des Saarlandes vom 31. 12. 1949, Nr. 92 S. 1255) als Körperschaft des öffentlichen Rechts gegründet worden.

Mit dieser Besonderheit scheint gegenüber herkömmlichem Verständnis eine grundsätzlich neue und andersartige Auffassung vom Wesen des Sports verbunden zu sein. Machen wir uns klar, worauf dieser Anschein beruht. Der eingetragene Verein des Privatrechts (der sogenannte Idealverein) und die Körperschaft des öffentlichen Rechts sind zunächst beide mitgliedschaftlich organisierte und vom Wechsel der Mitgliedschaft unabhängige rechtsfähige Verbände, die sich in ganz ähnlicher Weise eine Satzung geben, ihre Angelegenheiten selbst verwalten und durch satzungsmäßig berufene Organe als sogenannte juristische Personen handeln. Sie unterscheiden sich dagegen vor allem durch die unterschiedliche Zweckbestimmung. Der eingetragene Verein wählt seine Aufgaben und Ziele im Rahmen religiöser, wissenschaftlicher, künstlerischer, geselliger, aber auch politischer Betätigung, bleibt dabei aber stets im Bereich individueller Gestaltungsfreiheit des Bürgers. Er grenzt sich zu anderen körperschaftlichen Organisationsformen in zweifacher Weise ab: Er verfolgt – was im vorliegenden Zusammenhang nicht weiter interessiert – keine (ausschließlich) wirtschaftlichen Ziele, und ihm bleiben — das ist für uns das Entscheidende — öffentliche Gemeinschaftsaufgaben vorenthalten. Demgegenüber gehört es zum Wesen der öffentlichen Körperschaft, daß sie ein Stück Staatsverwaltung wahrnimmt (5).

Dieser einmal privat-„idealen“, einmal hoheitlichen Zweckbestimmung entsprechend unterscheiden sich der rechtsfähige Verein und die Körperschaft des öffentlichen Rechts in ihrer Entstehung, ihrer Abhängigkeit vom Staat und in den ihnen zur Zweckverwirklichung zur Verfügung stehenden Mitteln. Der Verein konstituiert sich – in einem privatrechtlichen Gründungsakt – durch die vertragliche Einigung der Gründungsmitglieder über die Verbindlichkeit einer Satzung; er erhält im Anschluß daran die Rechtsfähigkeit gleichsam automatisch durch die (bei Vorliegen der gesetzmäßigen Voraussetzungen zwingend vorgesehene) Eintragung in das Vereinsregister. Demgegenüber entsteht die Körperschaft des öffentlichen Rechts durch staatlichen Hoheitsakt und nur durch ihn.

Im weiteren Verlauf ist das Handeln des Vereins durchaus staatsfrei, eine Rechtsaufsicht findet so wenig statt wie eine Überprüfung der Vereinsverwaltungsakte durch die Verwaltungsgerichte. Demgegenüber gehört die Staatsaufsicht abermals zum Wesen der Körperschaft des öffentlichen Rechts.

Dem entspricht schließlich die unterschiedliche Art und Weise des körperschaftlichen Handelns. Während der Verein nach außen hin stets rechtsgeschäftlich tätig wird und auch seine satzungsgemäßen Verwaltungsakte im Innenverhältnis nur deshalb verbindlich und durchsetzbar sind, weil sich die Mitglieder im Rahmen der Satzung privatautonom an künftige Rechtsakte gebunden haben, ist das Handeln der Körperschaft des öffentlichen Rechts jedenfalls zu einem wesentlichen Teil „hoheitlich“, die hoheitlichen Ziele können (auch) mit Zwangsmitteln verwirklicht werden.

Diese Besonderheiten: der öffentliche Zweck, der Entstehungsakt, die Staatsaufsicht und die hoheitlichen Mittel weisen die Körperschaft des öffentlichen Rechts als ein Organ mittelbarer Staatsverwaltung aus. Der Staat, der bestimmte soziale Aufgaben solchen Körperschaften überträgt, bringt damit seinen Willen zum Ausdruck, diesen Sozialbereich „zu disziplinieren und funktionell an den Staat heranzuziehen" (6).

Es fragt sich, ob eine solche Eingliederung des Sports in den Bereich der Staatsaufgaben verfassungsrechtlich überhaupt zulässig ist.

Diese Frage wird derzeit (noch) überwiegend verneint. Dabei mögen die Begründungen – allein schon angesichts der Verschiedenartigkeit der Landesverfassungen, in deren Regelungsbereich der Sport als Erscheinung des kulturellen Lebens in erster Linie gehören würde – im einzelnen variieren. Fest steht wohl, daß eine staatliche Reglementierung des Sports dem Subsidiaritätsgedanken, wonach der Staat jedenfalls historisch staatsfreie Sozialbereiche nur dann an sich ziehen darf, wenn die regulierenden Kräfte der Gesellschaft zur Regelung der Gemeinschaftsaufgaben nicht mehr ausreichen, widersprechen würde. „Es wäre", so faßt STERN die Verfassungslage in der BRD zusammen, „nicht nur ein Bruch mit der den Sportgedanken schlechthin prägenden Grundvorstellung vom unpolitischen Wesen des Sports, sondern ein Verstoß gegen die grundgesetzliche Ordnung, wenn der Hoheitsverband sich anschickte, das Sportwesen ganz oder teilweise dem rechtlich-öffentlichen Funktionskreis zu inkorporieren und auf diesem Wege den Sportler in eine Art „besonderes Gewaltverhältnis" zum Staat mit spezifisch öffentlich-rechtlichen Pflichtbindungen einzuordnen" (7).

Damit scheint die Struktur des renommierten LSVS gegen geltendes Verfassungsrecht zu verstoßen. Tatsächlich aber zeigt eine kurze Analyse der Satzung und der Verbandsrealität, daß dieser Vorwurf einfach deshalb nicht zutrifft, weil der LSVS ungeachtet der Feststellung in § 1 seiner Satzung in Wahrheit keine Körperschaft des öffentlichen Rechts ist. Zwar spricht der hoheitliche Begebungsakt für diese Annahme. Auch das Element der Staatsaufsicht tritt in der Satzung in hinreichendem Maße hervor: Bei der Wahl des Präsidenten und des Vizepräsidenten (§ 6 Abs. 5), bei Satzungsänderungen und natürlich auch bei der Auflösung des LSVS (§ 11 Abs. 7) und bei der Verabschiedung des Haushaltsvoranschlages ist die Zustimmung bzw. die Genehmigung des Ministers erforderlich; im übrigen hat (gemäß § 7 Abs. 5) der geschäftsführende Vorstand dem Minister Protokollabschriften zuzuleiten usw. Dagegen steht dem LSVS keinerlei hoheitliche Zwangsbefugnis zu, er handelt – und das spricht entscheidend gegen die Annahme einer Körperschaft des öffentlichen Rechts – in allen Punkten wie ein eingetragener Verein.

In der Tat läßt sich die Organisationsform des Verbandes heute nur noch historisch erklären. Der hoheitliche Begebungsakt datiert aus einer Zeit, als es das Ziel jeder saarländischen Regierung sein mußte, zur Bestimmung eines politischen Standortes zwischen Frankreich und Deutschland so viele gesellschaftliche Kräfte wie nur irgend möglich zu sammeln und an die Autorität und den politischen Willen des Gemeinwesens zu binden. Daß diese historisch bedingte körperschaftliche Struktur trotz einer gewissen verfassungsrechtlichen Anrüchigkeit heute noch beibehalten und in Anspruch genommen wird, hat – abgesehen von fürsorgerischen Aspekten gegenüber den Angestellten des LSVS – offensichtlich mindestens einen Grund, der im vorliegenden Zusammenhang bemerkenswert erscheint: dadurch bleibt nämlich der gesamte Bereich der Sportsubvention wenn nicht in öffentlicher Hand, so doch unter verstärkter öffentlicher Kontrolle.

Das zeigt vor allem ein Blick in das Sportwettengesetz vom 8. Juni 1951. In § 1 dieses Gesetzes hat sich der Staat das Alleinrecht zur Veranstaltung fast aller Sportwetten vorbehalten. Er hat den Betrieb eines sogenannten Wettotalisators einer Saarland Sporttoto GmbH übertragen. Der Aufsichtsrat dieser Gesellschaft besteht gemäß § 2 Abs. 2 aus 4 Vertretern der Regierung und 3 Vertretern des Landessportverbandes, entsprechend sind die Gesellschaftsanteile 4 zu 3 verteilt. Bei dieser Aufteilung wird durch die öffentlich-rechtliche Struktur des LSVS der Einfluß der öffentlichen Hand bei der Vergabe von Lotto-Toto-Geldern in gewisser Weise komplettiert, zumal der LSVS als Körperschaft des öffentlichen Rechts satzungsgemäß auf die Beachtung der öffentlich-rechtlichen Haushaltsbestimmungen verpflichtet worden ist (§ 15 Abs. 1).

Aus der Tatsache, daß der Landesgesetzgeber auch im Saarland an der privatrechtlichen Selbstverwaltung des Sportbetriebes offensichtlich nichts ändern wollte und demzufolge dem LSVS den Einsatz hoheitlicher Zwangsmittel vorenthalten hat, ergibt sich, daß der als Körperschaft des öffentlichen Rechts titulierte Verband in Wahrheit als privatrechtlicher Verein unter besonderer Staatsaufsicht anzusehen ist. Eine solche Mischform, die bei zunehmender Grenzverwischung zwischen privatem und öffentlichem Recht keine Seltenheit mehr darstellt, ist angesichts der satzungsmäßig fundierten und in der Praxis befolgten Abstinenz des Staates gegenüber der Regelung des Sportbetriebes wohl noch verfassungsgemäß. Gleichwohl bleibt ein Unbehagen ob der gewählten Organisationsform. Allein schon die geschilderten Aufsichts- und Kontrollmöglichkeiten haben einen hoheitlichen Disziplinierungseffekt, der dem Sozialbereich Sport traditionsgemäß nicht zukommt. Und gewiß könnte eine schlecht beratene Landesregierung, die die ihr satzungsgemäß zugeschriebenen Rechte voll ausschöpft und etwa einem gewählten Präsidenten ihre Zustimmung versagt, einen echten Rechtskonflikt auslösen. Insgesamt ist daher das saarländische Beispiel jedenfalls nicht nachahmenswert. Wie immer eine Verrechtlichung des Sportbetriebes aussehen könnte, vor einer Organisation nach öffentlich-rechtlichem Muster und damit vor einer Disziplinierung durch den Staat sollte unser Gemeinwesen sich hüten.

III.

Der Sportbetrieb und die Verbandsmacht des Sports sind demnach nur privatrechtlich zu organisieren und zu kontrollieren. Das scheint auf eine Zementierung des Status quo hinauszulaufen – denn das Privatrecht und hier vor allem das Vereinsrecht gilt natürlich auch heute schon und gibt dem Sportbetrieb sein Gepräge.

So verweisen denn auch allzu viele Verantwortliche auf seiten des Sports und der Justiz darauf, daß in der Organisation und in der Machtentfaltung der großen Sportverbände ja doch „formaljuristisch" alles in Ordnung sei. Grundlage dieser fragwürdigen Überzeugung ist die Tatsache, daß eben auch die Verbände als eingetragene Vereine konzipiert sind, daß sie den Voraussetzungen des Vereinsrechts entsprechen (sonst würden sie ja nicht ins Vereinsregister eingetragen) und daß sie im übrigen nur jene Vereinsautonomie in Anspruch nehmen, die das Privatrecht dem Verein nun einmal zubilligt.

1. Rechtsform

An dieser Auffassung ist zunächst richtig, daß auch die Sportverbände die Rechtsform und die rechtlichen Möglichkeiten des eingetragenen Vereins für sich beanspruchen können. Ein Verband ist nicht anders mitgliedschaftlich organisiert als jeder Sportverein, nur daß seine Mitglieder nicht „natürliche", sondern (in aller Regel ausschließlich) „juristische" Personen sind. Ein Fußballverein ist als e. V. der korporationsrechtliche Zusammenschluß vieler natürlicher Personen – der Sportler also. Der übergeordnete Landesverband ist als e. V. der korporationsrechtliche Zusammenschluß vieler juristischer Personen – der rechtsfähigen Sportvereine nämlich. Der den Landesverbänden übergeordnete Regionalverband ist der korporationsrechtliche Zusammenschluß einiger juristischer Personen – der rechtsfähigen Landesverbände nämlich (und nicht etwa irgendwelcher Sportvereine oder gar irgendwelcher Sportler). Der DFB schließlich ist ein e.V. wie alle Untergliederungen auch: Sein Mitgliederbestand rekrutiert sich aus den Regional- und den Landesverbänden (und abermals nicht aus irgendwelchen Sportvereinen oder Sportlern). Und so finden sich an der Spitze einer Verbandshierarchie qualitativ dieselben Rechtsformen und dieselbe Rechtsmacht wie an der Basis. Der DFB unterliegt demselben Vereinsrecht wie der einzelne Sportverein, seine Vereinsautonomie und seine Vereinsmacht scheinen auf dieselbe Weise legitimiert wie die des kleinsten Fußballvereins — und auf dieselbe Art rechtlich diszipliniert. Doch scheint es nur so. In Wahrheit ist nicht zu übersehen, daß sich in den Verbandsgliederungen zur Spitze hin der ursprüngliche und im Vereinsrecht vorausgesetzte Zusammenhang zwischen der Verbandsmacht und den von dieser Macht betroffenen Personen immer mehr verflüchtigt. Was schließlich als Verbandsmacht erscheint, ist oftmals nicht mehr Ausdruck des Willens und der Zwecksetzung der Kollektive an der Basis, die sich zu Verbänden ja nur zusammengeschlossen haben, um ihre Zwecke besser verwirklichen und ihren Willen noch präziser zum Ausdruck bringen zu können, sondern eine verselbständigte, weitgehend anonyme Macht, die ihrerseits disziplinierend gegen die Basis wirkt.

Die Gefahr einer übermäßigen Machtkonzentration an der Spitze und einer sachwidrigen Machtausübung von oben her scheint freilich durch das Vereinsrecht selbst gebannt zu werden. Denn das BGB akzeptiert Vereinsmacht nur auf der Grundlage einer rechtsgültigen Vereinssatzung, und es geht dabei davon aus, daß die Satzung selbst der verobjektivierte Wille der betroffenen Vereinsmitglieder ist. Folglich kann es keine Vereinsmacht über Nichtmitglieder geben. Daraus scheint zu folgen, daß nach dem Willen des BGB z. B. die Verbandsmacht des DFB niemals einzelne Spieler oder selbst einzelne Vereine treffen kann – weil und solange diese nicht Mitglieder des DFB sind. Wie aber sollte es dann im Bereich des Fußballsports zur Entwicklung anonymer Verbandsmacht gerade über Vereine und Spieler kommen können?

Indessen: Ganz so arglos konnte und kann der Gesetzgeber nicht argumentieren. Denn juristisch ist es möglich, daß die Vereine an der Basis die Vereinsmacht über ihre Mitglieder jedenfalls in Grenzen auf übergeordnete Verbände übertragen und sich selbst dieser Verbandsmacht unterwerfen. Das BGB geht offensichtlich davon aus, daß die Entstehung von Verbandsmacht so lange zu tolerieren ist, wie die Betroffenen den Entstehungsvorgang durchschauen und beeinflussen können.

Gerade in diesem Punkt aber liegt es in der Realität des Sportbetriebes im argen. Denn die im Vereinsrecht verankerten Forderungen nach Transparenz und Beeinflußbarkeit der Entstehung und Ausübung von Verbandsmacht sind im Bereich des Sports bei weitem nicht verwirklicht worden. Das mag am Beispiel der Satzung des Saarländischen Fußballverbandes (SFV) demonstriert werden.

2. *Verbandsgerichtsbarkeit*

Bekanntlich beanspruchen die Fußballverbände auf Landes-, Regional- und Bundesebene als Teile ihrer Verbandsmacht jedenfalls in den Grenzen des von ihnen organisierten Sportbetriebes eine sogenannte Verbandsgerichtsbarkeit, in deren Rahmen beispielsweise bei sportlichen Vergehen im Spielbetrieb – zumeist nach Maßgabe besonderer Rechts- und Strafordnungen – Verbandsstrafen gegen Vereine und Spieler verhängt werden. Diese Verbandsgerichtsbarkeit muß, wenn sie rechtlich Bestand haben will, in zweifacher Hinsicht abgesichert sein (8). Sie muß zunächst in der Verbandssatzung selbst festgelegt sein. Dann gilt sie unmittelbar für alle Mitglieder des betreffenden Verbandes. Die Verbandsgewalt des DFB zur Ahndung von Verstößen im Spielbetrieb der Bundesliga gilt z. B. unmittelbar – d. h. kraft eigener Satzung – (nur) für die einzelnen Regional- und Landesverbände als Mitglieder. Kommt der SFV einer Auflage des DFB nicht nach, kann er demnach nach Maßgabe der Satzung des DFB durch Zwang zur Erfüllung der Auflage angehalten werden. Ein unmittelbarer Zugriff etwa auf den FC Saarbrücken oder einen Spieler dieses Vereins entsteht demgegenüber nicht – denn weder der FCS noch gar eines seiner Mitglieder ist Mitglied des

DFB. (Das sind gemäß § 6 der DFB-Satzung eben nur die Regional- und Landesverbände.) Um den Rechtsorganen des DFB unmittelbaren Zugriff auf den FCS und seine Spieler zu ermöglichen, bedarf es demnach einer weiteren Kompetenzzuweisung. Diese kann nur vom FCS selbst ausgehen und ist in ganz verschiedener Weise denkbar. Am nächstliegenden ist es, daß sich der FCS als Verein der Gerichtsbarkeit des DFB unterwirft und zugleich seine eigene Vereinsgewalt dem DFB in dem durch den Spitzenverband geforderten Rahmen überträgt. Die Unterwerfung des Vereins und die partielle Übertragung der Vereinsgewalt müssen im einzelnen in der Satzung des FCS verankert sein. Einzelheiten mögen auf sich beruhen. Wichtig ist hier die Feststellung, daß eine sogenannte mittelbare Verbandsgerichtsbarkeit, eine Gerichtsbarkeit also nicht nur gegenüber den eigenen (Verbands- oder Vereins-) Mitgliedern, sondern auch gegenüber deren Mitgliedern (bzw. den Mitgliedern dieser Mitglieder usw.), nur möglich ist, wenn sie in doppelter Weise durch die Satzung des die Gerichtsbarkeit ausübenden Verbandes *und* die Satzung des Vereins, der entweder selbst (als juristische Person) oder in der Person eines Mitgliedes betroffen ist, abgesichert ist. Dagegen genügt es nicht, wenn ein Verband Gerichtsbarkeit über Nichtmitglieder lediglich in Anspruch nimmt. Denn Satzungsbestimmungen zu Lasten Dritter, auch zu Lasten der mittelbaren Verbandsangehörigen, sind nicht rechtens.

Diese Grundsätze des Vereinsrechts sind sowohl vom DFB als auch vom Regionalverband Südwest e. V. beachtet worden. Deren eigene Satzungen weisen genau aus, in welchem Rahmen diese Verbände Verbandsgerichtsbarkeit ausüben. Mehr noch waren die Verbände bestrebt, ihre Verbandssatzungen mit den Satzungen ihrer Mitgliederverbände abzustimmen. Entscheidend aber ist, daß DFB und Südwest-Verband offensichtlich dafür gesorgt haben, daß jedenfalls die Vereine an der Basis, denen gegenüber die Ausübung der Verbandsgerichtsbarkeit praktisch bedeutsam werden kann (im Rahmen der vom DFB bzw. vom Südwest-Verband als Vereinseinrichtung betriebenen 1. und 2. Bundesliga nämlich), entsprechende Unterwerfungs- und Übertragungsklauseln in ihre eigenen Satzungen aufgenommen haben. Erst durch diese doppelte Verankerung in der Verbandssatzung und an der Basis der Vereinssatzungen haben sie ihre Verbandsgerichtsbarkeit in der juristisch erforderlichen Weise abgesichert – wobei hier einmal außer acht gelassen werden soll, daß das System der Lizenzverträge das Grundprinzip juristisch alsbald wieder erheblich modifiziert.

An das Grundmuster des Vereinsrechts für gültige Verbandssatzungen – vor allem an die doppelte satzungsmäßige Verankerung der Verbandsgewalt – hat sich dagegen der SFV nicht gehalten. Der SFV nimmt in Satzung, Rechts- und Strafordnung eine umfassende Verbandsgerichtsbarkeit über Vereine und Spieler in den Grenzen und dem Zuständigkeitsbereich des saarländischen Spielbetriebes in Anspruch. Diese Gerichtsbarkeit ist für alle (Fußball-) Vereine selbst, für die juristischen Personen also, unproblematisch, denn diese Vereine sind ausnahmslos Mitglieder des SFV. Einer besonderen Unterwerfung der Vereine unter die Gerichtsbarkeit bedarf es also nicht. Um jedoch auch die Fußballspieler selbst – die Mitglieder der Vereine im SFV – zur Verantwortung ziehen zu können, müßten nach dem Prinzip der doppelten satzungsmäßigen Verankerung die Vereine ihre Gerichtsbarkeit über ihre Mitglieder an den SFV übertragen bzw. in ihren Satzungen (mit Wirkung gegen alle Vereinsmitglieder) die Gerichtsbarkeit des SFV auch über die Spieler anerkannt haben. Die Satzung des SFV sieht eine solche Unterwerfung auch ausdrücklich vor. § 12 S. 3 Ziffer 2 bestimmt:

Durch die Aufnahme des Vereines in den SFV unterwerfen sich der Verein und seine Mitglieder der Satzung, den Ordnungen sowie den Entscheidungen, die der SFV und seine Organe treffen und den Weisungen, die der SFV erteilt.

Nur hat es der SFV ganz offensichtlich versäumt, auf den Erlaß einer entsprechenden Bestimmung in den Satzungen der Mitglieds-Vereine hinzuwirken. Jedenfalls habe ich in den Satzungen von 5 großen saarländischen Fußballvereinen nicht den geringsten Hinweis auf eine Übertragung eigener Vereinsgerichtsbarkeit auf den SFV oder aber eine Anerkennung der Verbandsgerichtsbarkeit gefunden. Es ist nachgerade auffällig, daß etwa § 4 der Satzung des FCS (der sich in anderen Vereinssatzungen gleichlautend wiederfindet) zwar eine ins einzelne gehende Beziehung zwischen Verein und Spielern zu den Gerichtsbarkeiten des DFB und des Südwest-Verbandes herstellt, dagegen die Gerichtsbarkeit des SFV mit keinem Wort erwähnt. Die Gerichtsbarkeit des SFV ist demnach vereinsrechtlich nicht hinreichend begründet.

Für dieses merkwürdige Desinteresse des SFV an einer ausreichenden Verankerung seiner Vereinsgerichtsbarkeit in den Satzungen der Mitgliedsvereine gibt es eine naheliegende Erklärung. § 12 der Satzung des SFV geht nämlich davon aus, daß nicht nur die Fußballvereine, sondern auch deren Einzelmitglieder Vereinsmitglieder des SFV sind. Wäre das richtig, dann hätte die Gerichtsbarkeit des SFV tatsächlich ein ausreichendes Fundament: die Satzung des SFV würde dann ja unmittelbar (und nicht erst auf dem Umweg einer Anerkennung in den Vereinssatzungen der Basis-Vereine) auch für die Spieler gelten; es wäre originäre Verbandsgewalt (und nicht nur übertragene Vereinsmacht), die der SFV auch gegenüber seinen Spieler-Mitgliedern ausüben könnte.

Indessen ist die Annahme, daß alle Mitglieder eines saarländischen Fußballvereins durch ihren Vereinsbeitritt auch Mitglieder des SFV werden, nicht haltbar. Zwar ist es vereinsrechtlich nichts Ungewöhnliches, daß juristische und natürliche Personen nebeneinander Mitglieder eines Vereins sind. Auch der Umstand, daß nach der Vorstellung des SFV die Spieler nicht nur selbst und also unmittelbar, sondern durch ihren Verein gleichsam noch einmal „mittelbar" Mitglieder des SFV werden, ist nichts Besonderes – auch der SFV selbst ist beispielsweise neben „seinem" Regionalverband Südwest selbst Mitglied des DFB. Indessen scheitert eine echte SFV-Mitgliedschaft der Spieler kurz gesagt daran, daß es einen Erwerbsautomatismus, wie ihn § 12 Abs. III Satz 1 der SFV-Satzung offenbar voraussetzt, nicht gibt, vor allem aber auch daran, daß die Rechtsstellung, die die Satzung des SFV den Spielern einräumt, in Wahrheit keine mitgliedschaftliche Stellung ist.

Um eine Mitgliedschaft des SFV zu erwerben, müßte ein Spieler entweder auf seinen Antrag hin unmittelbar durch das zuständige Verbandsorgan aufgenommen werden oder aber mit seinem Beitritt in einen Sportverein zugleich dem SFV beitreten. Die erste Form des Vereinsbeitritts ist in der Satzung des SFV nicht vorgesehen; auf dem „normalen“ Weg einer Aufnahme des Verbandes erwerben gem. § 12 Abs. 2 der Satzung nur die Vereine ihre Mitgliedschaft. Die Satzung des SFV geht denn auch davon aus, daß der Spieler schon durch die Aufnahme in seinen Verein auch die Einzelmitgliedschaft im SFV erwirbt. Eine solche Rechtsfolge aber könnte allenfalls dann eintreten, wenn die Satzung des Basisvereins selbst einen solchen automatischen Beitritt seiner Mitglieder vorsehen würde. In richtiger Einschätzung dieses Minimalerfordernisses verlangt § 12 der SFV-Satzung denn auch von seinen Mitglieds-Vereinen, daß deren Satzungen den „automatischen“ Beitritt der Vereinsmitglieder zum SFV vorsehen müssen. Lassen wir dahingestellt, ob es für den Erwerb der Einzelmitgliedschaft ausreichen würde, wenn die Vereinssatzungen diesem Ansinnen des SFV nachkommen und eine entsprechende Bestimmung in ihre Satzungen aufnehmen würden. Denn tatsächlich fehlt in den erwähnten Satzungen von 5 großen saarländischen Fußballvereinen dieses Minimalerfordernis abermals. Die Spieler erwerben demnach eine Mitgliedschaft im Verband auch nicht auf die in der SFV-Satzung vorgesehene Weise.

Noch bedeutsamer aber ist die Feststellung, daß § 12 Abs. 1 der Satzung gar nicht meint, was er sagt. Denn in Wahrheit kann keine Rede davon sein, daß der SFV neben den Vereinen auch deren Einzelmitglieder als wirkliche Verbandsmitglieder aufnehmen will. Ein solcher Wille wäre der Satzung nur dann zu entnehmen, wenn den Spielern nicht nur die Pflichten-, sondern auch die Rechtsstellung eines Mitglieds zugewiesen würde. Die Probe aufs Exempel liefern die Regeln über die Willensbildung des Vereins. Es ist regelmäßig das Recht eines jeden (volljährigen) Vereinsmitgliedes, an dieser Willensbildung, und sei es auch nur mittelbar durch Wahl stimmberechtigter Vertreter o. ä., mitzuwirken. Von einem solchen Recht der „natürlichen“ Personenmitglieder weiß die Satzung des SFV nichts. Nun kann freilich das Stimmrecht einzelner Mitglieder ausgeschlossen werden. Das aber bedarf wiederum einer ausdrücklichen Satzungsvorschrift. Die Satzung des SFV aber regelt die Rechtsstellung der natürlichen Einzelmitglieder überhaupt nicht, sie unterschlägt sie einfach. Der Verbandstag als die gesetzlich vorgesehene Mitgliederversammlung versteht sich ausdrücklich nur als „die Vertretung und Versammlung aller Vereine (!) zur Besprechung und Beschlußfassung über alle Angelegenheiten des SFV ...“ (§ 21 Abs. 1). Von einer zweiten Mitgliedergruppe, die bei dieser Beschlußfassung ebenfalls repräsentiert oder vertreten würde, verlautet nichts.

Dagegen läßt sich nicht etwa einwenden, die natürlichen Personen würden selbstverständlich durch ihre Vereine vertreten. Die Vereine nehmen als juristische Person im Verband lediglich die Stellung *eines* Mitglieds ein, sie sprechen für sich, nicht aber für andere Einzelmitglieder. Sie sind so wenig Vertreter eines ihrer Vereinsmitglieder, wie etwa der Regionalverband Südwest im Bundestag des DFB als „Vertreter" des SFV fungiert. (Dieser ist vielmehr selbst Mitglied des DFB und in dieser mitgliedschaftlichen Stellung durch *eigene* Delegierte vertreten; die Delegierten des Regionalverbandes Südwest wiederum vertreten nur den Südwest-Verband als einzelnes Mitglied.)

Tatsächlich ergibt eine Satzungsauslegung in allen Punkten, daß sich der SFV (wie alle anderen Sportverbände auch) als ein korporativer Zusammenschluß vieler Sportvereine – und gerade nicht natürlicher Personen – versteht. Die gegenteilige Versicherung des § 12 Abs. 1, die im Kontext der Satzung völlig isoliert bleibt, ist nichts weiter als der Versuch, die Verbandsgewalt durch die Autonomie der Mitgliedsvereine hindurch auf die sporttreibenden Vereinsmitglieder zu erstrecken. Ein solcher einseitiger Durchgriff (ohne entsprechendes „Entgegenkommen" der Vereinssatzungen also) ist nicht zulässig. Auf die vom SFV vorgesehene Weise läßt sich Verbandsgewalt nicht begründen.

Es gibt andere Möglichkeiten, Sportgerichtsbarkeit zu installieren. Eine von ihnen haben der DFB und die Regionalverbände bei der Einführung der Bundesligen realisiert: die der vertraglichen Unterwerfung von Nichtmitgliedern unter eine bestehende Verbandsgewalt nämlich. Das System der Lizenzvergaben beruht auf dem einfachen Gedanken, die Bundesligavereine und die Bundesligaspieler, die dem DFB und den Regionalverbänden überaus fernstehen, weil sie nicht deren Mitglieder sind, durch vertragliche Anerkennung den Verbandsstatuten zu unterwerfen, im übrigen durch zusätzliche Vereinbarung die Bindung an die Verbände noch zu verstärken. (Genau besehen sind die Verbände jedenfalls mit Bezug auf die Bundesligaspieler auf diese Möglichkeit der Einzelvereinbarung zwingend angewiesen. Denn der übliche Weg einer Übertragung von Vereinsgewalt auf die Verbände führt hier nicht weiter, weil die Bundesligaspieler – vorwiegend aus Gründen, die in den Bedingungen des „Idealvereins" liegen, im übrigen auch steuerlicher Art sind – nicht Mitglieder ihrer Vereine, sondern nurmehr deren Angestellte sind.)

Andere Verbände haben dieses Prinzip vertraglicher Unterwerfung lange vor dem DFB praktiziert. Die Durchführung ist vergleichsweise einfach: Mit dem Antrag auf Startgenehmigung unterwirft sich der Antragsteller ausdrücklich den Bedingungen und der Gerichtsbarkeit des Verbandes, der die Wettkämpfe organisiert, im Startpaß wird diese Unterwerfung dann noch einmal bestätigt. Der SFV hat diese Möglichkeit nicht aufgegriffen; zu sehr hatte er offensichtlich darauf vertraut, daß seine Konstruktion der Einzelmitgliedschaft aller fußballspielender Sportler „greift".

Freilich ist auch eine stillschweigende Unterwerfung unter externe Verbandsmacht nicht ausgeschlossen. Man könnte daran denken, daß sich jeder Sportler in Kenntnis der Tatsache, daß der Sportbetrieb von einem Verband gesteuert und diszipliniert wird, das Regelwerk des Verbandes anerkennt und diese Anerkennung eben durch seine Teilnahme am Wettkampfbetrieb schlüssig zum Ausdruck bringt. Meines Erachtens aber ist eine solche Konstruktion – die die Sportverbände von juristischen Skrupeln weitgehend freistellen würde – nicht möglich. Dagegen spricht zunächst einmal, daß der einzelne Fußballspieler das Reglement des Verbandes so wenig kennt (und so wenig durchschauen kann), daß der bloße Wunsch, sich am Fußballsport zu beteiligen, kaum als eine derart umfassende Zustimmung verstanden werden kann. Vor allem aber würde diese Konstruktion voraussetzen und sanktionieren, was als das bedenkliche Ergebnis einer Fehlentwicklung gerade verhindert werden soll: daß sich nämlich die Verbandsmacht als etwas in sich Fertiges von der Basis der sporttreibenden Vereine loslöst und den Vereinen und Spielern als organisierter und verselbständigter Sportbetrieb gegenübertritt. Der Sport ist – einmal abgesehen von einzelnen Verbandseinrichtungen, wie es etwa die Bundesligen darstellen – eben nicht generell eine Einrichtung der Verbände, an der sich Vereine und Sporttreibende zu Verbandskonditionen beteiligen dürfen, sondern Angelegenheit der Vereine und ihrer Mitglieder selbst – eine Angelegenheit freilich, die nur in einem Verband betrieben werden kann und daher den Zusammenschluß zu Verbänden fordert. Die Verbandsgewalt gründet jedoch prinzipiell in der Autonomie der Vereine. Eben deshalb sind die Vereine an der Basis an so wichtigen Fragen wie einer Sportgerichtsbarkeit auf Verbandsebene satzungsmäßig zu beteiligen. Nur durch die Verankerung an der Basis ist gewährleistet, daß dem Sport seine gesellschaftliche Funktion im Privatbereich des Bürgers erhalten bleibt. Nichts anderes als eine solche Bewegung zurück in den Individualbereich und eine Aktivierung persönlicher Verantwortung der Sportler soll zunächst auch die „Verrechtlichung" des Sportbetriebs leisten. Wer demgegenüber auf die regulierende Kraft irgendeines Sportgeistes vertraut, überantwortet den Sport allzu leicht den Mechanismen gesellschaftlicher Kollektivierung, Kommerzialisierung und damit immer auch gesellschaftlicher Manipulierung und Ausbeutung.

IV.

Der Prozeß der „Verrechtlichung" des Sports wird sich nicht damit begnügen können, die Verbandsmacht auf die unangefochtenen Grundsätze des geltenden Vereinsrechts zurückzuführen. Vielmehr wird sich das Vereinsrecht selbst den Bedingungen eines durch Verbandsmacht gestalteten und reglementierten Sportbetriebs anpassen müssen. Damit stellen sich zwei weitere Aufgaben. Zunächst einmal geht es darum, die Grenzen legitimer Verbandsaktivität neu zu bestimmen und sich dabei um einen sachgerechten Ausgleich zwischen Gruppenrecht einerseits und individueller Freiheit andererseits zu bemühen. Dieses Problem läuft auf die Zentralfrage hinaus, „ob das rechtsstaatliche Bekenntnis nicht verlangt, daß der grundrechtliche Individualschutz auch gegenüber innergesellschaftlichen Verbänden gewährleistet sein muß, sofern diese über Zwangs- und Machtmittel verfügen, die denen staatlicher Kompetenzträger nicht nachstehen". Die Antwort auf diese Frage besteht in einer Übertragung bestimmter verfassungsrechtlicher Mechanismen und Garantien aus dem Bereich des Öffentlichen auf den Privatbereich; unter diesem Gesichtspunkt wären z. B. alle Verbandssatzungen daraufhin zu untersuchen, ob ihre Rechts- und Verfahrensordnungen rechtsstaatlichen Minimalerfordernissen genügen.

Nicht weniger wichtig aber ist eine Aktualisierung des Gerichtsschutzes gegenüber bestehender Verbandsmacht. Freilich sind einer richterlichen Kontrolle von vornherein enge Grenzen gesetzt. Der schwerfällige Justizapparat wäre gar nicht in der Lage, die vielfältigen Probleme des Sports sachgerecht – und vor allem termingerecht – zu lösen. Es kann also nur darum gehen, den Schutz des einzelnen Sportlers und des „Basisvereins" durch die Möglichkeit gerichtlicher Kontrolle einzelner belastender Maßnahmen der Verbandsmacht vor allem im Bereich der Disziplinar- und Strafgewalt zu verstärken. Derzeit lassen die Verbände nichts unversucht, um den Einfluß der Justiz satzungsmäßig soweit wie irgend möglich auszuschalten. Aber die Mittel, derer sie sich bedienen – vom Ausschluß des Rechtswegs bis hin zu pauschalen Schiedsgerichtsvereinbarungen – sind überaus fragwürdig; es ist an der Zeit zu überprüfen, ob sie rechtlichen Bestand haben.

Einer derartigen „Verrechtlichung" des Sportbetriebs sollte der Sport selbst aufgeschlossen gegenüber stehen. Denn sie läuft nicht, um es noch einmal zu sagen, auf eine Verstaatlichung hinaus – sie entwickelt im Gegenteil die sozialen Bedingungen, unter denen der Sport sich selbst überlassen bleiben kann.

ANMERKUNGEN:

1 Ausführlich WESTERMANN, H. P.: Die Verbandsstrafgewalt und das allgemeine Recht. Zugleich ein Beitrag zur juristischen Bewältigung des „Bundesliga-Skandals". Bielefeld 1972.

2 Vgl. etwa PLESSNER: Soziologie des Sports. In: Deutsche Universitätszeitung 1952, H. 22.

3 HABERMAS: Soziologische Notizen zum Verhältnis von Arbeit und Freizeit. In: Festschrift für Erich Rothacker. Bonn 1958, 219 ff., 227 ff. – VINNAI: Fußballsport als Ideologie. Frankfurt 1970, 17 ff.

4 WESTERMANN: a. a. O., 11.

5 Grundlegend zur Körperschaft des öffentlichen Rechts FORSTHOFF: Lehrbuch des Verwaltungsrechts, 1. Band Allgemeiner Teil. München 1973[10], insbes. 487 ff., 490.

6 FORSTHOFF: a. a. O., 487.

7 STERN: Die Grundrechte der Sportler. In: F. C. SCHROEDER u. a. (Hrsg.), Sport und Recht. Berlin 1972, 143.

8 Zur Gesamtproblematik SCHLOSSER: Vereins- und Verbandsgerichtsbarkeit. München 1972.

Peter Röthig

Rhythmus als ästhetische Kategorie der Bewegung

1. Fachwissenschaftlicher Standort

Der wissenschaftliche Aufschwung im Fach hat — wie wir heute feststellen können — nicht gerade zur Entdeckung ästhetischer Phänomene im Sport geführt. Zwar identifiziert und systematisiert die Bewegungsforschung sogenannte Bewegungsqualitäten, die alle eine gewisse Affinität zu ästhetischen Kategorien besitzen, ihr methodologischer Ansatz jedoch, der sich primär auf das empirisch Erfaßbare stützt, versperrt geradezu den Blick für ästhetische Betrachtungen. Der erkenntnistheoretische Ansatz im Bereich der Bewegungsforschung sollte deshalb nicht auf das empirisch Erfahrbare und Erklärbare begrenzt bleiben, weil sich darin das Faktische nicht vollständig ausweisen kann. Bereits die Tatsache, daß sportlichen Bewegungen ein ästhetisches Erlebnis und ästhetisches Urteil zukommt, welches sich mit mathematischen Proportionen nicht erfassen läßt, verweist auf etwas Gegebenes auch dann, wenn es empirisch nicht gegriffen werden kann.

Sportwissenschaftliche Erkenntnisse über die menschliche Bewegung bleiben unvollständig, wenn ästhetische Dimensionen nicht mitgesehen werden. Denn zu den unterschiedlichen Realitäten von Bewegung gehört neben den physikalischen, den psychologischen und den psychischen Realitäten, die in unterschiedlichen Graden gemessen und vermessen werden können, eine ästhetische Realität. Sie zu erfassen bedeutet allerdings, sie introspektiv zu interpretieren; und jeder Introspektion haftet Subjektivität an.

2. Ästhetische Realität bei sportlichen Bewegungen

Wenn wir davon ausgehen, daß der sportlichen Bewegung eine ästhetische Realität zukommt, so ist zu fragen, wie diese erzeugt und wodurch sie als Norm konstitutiv wird. Ist beispielsweise der ästhetische Wert einer sportlichen Bewegung abhängig von subjektiv intendierten Normvorstellungen, oder kann dieser Wert als eine bestimmte Beschaffenheit einer sportlichen Bewegung charakterisiert werden, die im Sinne einer ästhetischen Objektivation zu begreifen ist, oder bildet sich am Ende ein solcher Wert erst im Wechselspiel von ästhetischer Empfindung und Erscheinung heraus.

Die Ästhetik selbst gibt auf solche und ähnliche Fragen viele Antworten. Sie reichen von einer völlig formalen und normfreien Definition des Ästhetischen, etwa als einem visuellen oder akustischen Wahrnehmungsprozeß, bis hin zu einer objektiven Bestimmung von Gesetzmäßigkeiten des Kunstschönen z. B. im „goldenen Schnitt“ (vgl. GIFFHORN, 1972, u. a.).

Was wir jedoch als ästhetische Realität bei sportlichen Bewegungen ausmachen können, ist weder die bloße Wahrnehmung von motorischen Abläufen noch eine allgemein-normative, invariante Fixierung des Schönen; es sind vielmehr die in den motorischen Aktionen auftretenden Effekte, Produkte oder Expressionen, die mehr oder weniger lustvoll gefallen und als schön empfunden werden können. Da nun keine intersubjektiven Vereinbarungen darüber bestehen, was zu gefallen hat, muß wohl danach gefragt werden, wodurch etwas gefällt, wovon eigentlich Schönheit der Bewegung ausgehen kann.

3. Erklärungsmodelle der Bewegungs-Ästhetik

Die Wissenschaften bieten dafür mehrere Erklärungsmodelle an. Seitens der Bewegungstheorie wird — wie etwa bei K. MEINEL, F. FETZ, G. SCHNABEL u. a. — davon ausgegangen, daß die Bewegungsharmonie, also gute Gesamtkoordination, technische Vollkommenheit und zweckmäßige Angepaßtheit an die Bewegungsaufgabe, ein Indiz für Schönheit, Leichtigkeit und Eleganz der Bewegung ist (MEINEL, 1960, 233; FETZ, 1972, 65). Für MEINEL wird durch die Bewegungsharmonie geradezu ein ästhetisches Urteil geprägt. Ähnlich äußert sich GORSKIJ (S. 22), wenn er in der durch Körperkultur und Sport vollzogenen Vervollkommnung der physischen Fähigkeiten des Menschen ein ästhetisches Erlebnis entdeckt.

In den Anfängen der Gymnastiktheorie und des „natürlichen Turnens“ von GAULHOFER und STREICHER wird die biologische oder organische Bewegung und die körpergemäße oder körpergesetzliche Bewegung zum Maßstab für Schönheit und Vollkommenheit. Bei HANEBUTH soll durch die „fortlaufenden Veränderungen aller Form-, Kraft- und Zeitmaße in einem ganzheitlichen, zusammenschwingenden Sichbewegen“ . . . das „ . . . erstrebenswerte Ziel . . .“ des menschlichen Bewegungsverhaltens erfüllt werden (HANEBUTH, 1964, 41).

Anthropologische Interpretationen (KLEIST, BUYTENDIJK, PORTMANN, WEIZSÄCKER, u. a.) sehen in der Beseelung der Bewegung, im Logos der idealen Bewegung, mit der sich — wie BUYTENDIJK (S. 362) sagt — „die Natur selbst übertrifft, indem der Leib tut, wozu eigentlich nur der Geist fähig wäre“, die Verwirklichung von Grazie und Anmut.

Die philosophische Ästhetik — etwa KANT, SCHILLER, HEGEL, MARCUSE u. a. — erkennt in der Überwindung des Antagonismus von Sinnlichkeit und Intellekt, von Lust und Vernunft (z. B. in der sog. „Urteilskraft“ bei KANT, im „Spieltrieb“ bei SCHILLER, im „sinnlichen Schein der Idee“ bei HEGEL oder im „repressionsfreien Raum“ bei MARCUSE) eine Stufe menschlichen In-der-Welt-Seins, auf der sich Ästhetisches ereignet und auf der sich Schönheit, Wahrheit, Freiheit, Lust, Sinnlichkeit, Kunst entfalten kann.

4. *Struktur — als Prinzip von Rhythmus und Ästhetik*

In den skizzierten Ansätzen läßt sich übereinstimmend der Gedanke einer inneren Ordnung, einer inneren Rationalität erkennen, die wir Struktur nennen wollen, in Anlehnung an M. Bouet, der von „symbolischen Strukturen" spricht. Ästhetisches ist demnach Strukturhaftes, und die Schönheit einer Bewegung ist das gewünschte oder überraschende Ergebnis der individuellen Gestaltung solcher Strukturen. Der ästhetische Prozeß in der Bewegung bzw. im Bewegungsverhalten vollzieht sich im Gestaltungsprozeß und das heißt, daß die Bestandteile eines Bewegungsablaufs so strukturiert und angeordnet werden, daß über die individuelle Lösung ästhetische Anmutungen oder Informationen vermittelbar sind. Sobotka bezeichnet solche Bewegungen als „Formbewegungen".

Die Bedeutsamkeit solcher Strukturprinzipien im Bewegungsverhalten läßt sich am Beispiel einer rhythmischen Bewegung einsichtig machen. Eine Bewegung ist als eine rhythmische zu charakterisieren, wenn sie strukturiert ist; denn Rhythmus ist Gliederung, ist Ordnung und Struktur, und wenigstens in diesem Punkte stimmen die verschiedenen Definitionen von Rhythmus überein. Eine Struktur der rhythmischen Bewegung wird nun primär dadurch hergestellt, daß die zeitlichen Verhältnisse der Bewegung geordnet und gegliedert sind. Demnach wäre Rhythmus zu beschreiben als die ... „dynamische Gruppierung, Gliederung und Akzentuierung von Bestandteilen eines Ablaufs, dessen Ordnung von einem angeforderten und/oder vom Individuum selbst gewählten Zeitschema bestimmt wird (Röthig, 210).

Aus dieser Rhythmusdefinition sind für die Problematik der Ästhetik drei wesentliche Aspekte ableitbar:

1. Eine rhythmische Bewegung läßt sich aufgrund ihrer Strukturen, ihrer inneren Rationalität, vom Individuum herstellen, geradezu gestalten, weil Rhythmus in die Bewegung intendiert, in ihr begriffen und erlebt werden kann. Struktur aber ist eine Objektivation einer inhärenten Vernunft, ohne die Ästhetisches nicht verwirklicht werden könnte.

2. In diesem Vorgang der rhythmischen Bewegung bilden die motorischen, emotiven und kognitiven Anteile eine Ganzheit, und diese Ganzheit ist gleichsam das Charakteristikum der spezifischen Leistung, die sich in ihr vollzieht. Eine rhythmische Bewegung wird durch sich zur Leistung und nicht etwa dadurch, daß ein Maßsystem diese im Nachhinein bestätigt.
   Auch das aber wäre eine Forderung von Ästhetik, denn die Schönheit einer Bewegung entsteht aus dem Zusammenspiel aller Fähigkeiten und Kräfte und sie wird durch den Prozeß der Gestaltung inhaltlich begriffen und lustvoll erlebt.

3. Das Festhalten an diesem Gedanken führt zu einer weiteren Überlegung, nämlich der, daß wir in der rhythmischen Bewegung Ordnungen entdecken, die zweckmäßig sind, ohne von außen gesetzten Zwecken und Leistungszielen folgen zu müssen und die gesetzmäßig sind, ohne durch Gesetze und Regeln bestimmt zu sein. Darin aber entdecken wir ein weiteres Postulat des Ästheti-

schen; denn die „ästhetische Existenz" (Bense, 22), die sich in der Schönheit einer Bewegung manifestiert, verwirklicht sich im Freisein von Trieb und Zwang, in einem repressionsfreien Raum — wie Herbert Marcuse sagt (S. 174) — indem eine andere, vielleicht neue Sinnhaftigkeit entdeckt und gestaltet werden kann.

Die eingangs gestellte Frage, wie und wodurch eine ästhetische Dimension in der sportlichen Bewegung sichtbar wird, können wir jetzt dahingehend beantworten, daß nur im Einklang von lustvoller Empfindung und erkennender Vorstellung im Prozeß der individuellen Gestaltung von Bewegungsstrukturen ein ästhetischer Wert herstellbar wird.

5. *Didaktischer Hinweis*

Betrachtungen über die ästhetische Dimension sportlicher Bewegung erhalten einen zusätzlichen Sinn, wenn sie in pädagogischen Überlegungen weitergeführt werden. Es ist deshalb zu fragen, was aus dem Gesagten als Auftrag für eine Bewegungserziehung formuliert werden kann.

Zwei wesentliche Aufgaben müßten erfüllt werden, wenn die Bewegungserziehung ästhetischen Anforderungen genügen wollte:

1. Bewegungserziehung muß Anstöße zur Selbstaktualisierung des Bewegungsverhaltens, zur Originalität der Bewegungsführung und zur Variation erworbener Bewegungsmuster geben, und
2. Bewegungserziehung muß ihren Auftrag darin sehen, daß der Mensch durch das Entdecken und Begreifen von Strukturen und Ordnungen des Bewegungsablaufs und durch das Gestalten dieser Ordnungen, individuelle Ausdruckskraft in seinem motorischen Verhalten entwickelt.

Beide Forderungen enthalten eine Vielzahl didaktischer Probleme, auf deren Darstellung wir hier verzichten. Werden solche Ansprüche jedoch im Grundsatz erfüllt, so wird der Mensch in weit höherem Maße für den ästhetischen Sinn seiner Bewegungen sensibilisiert werden können.

LITERATUR:

Adorno, Th. W.: Ästhetische Theorie. Frankfurt a. M. 1973.

Bense, M.: Aesthetica. Baden-Baden 1965.

Bouet, M.: Phänomenologie und Ästhetik des Sports. In: Grupe, O. u. a. (Hrsg.). Sport in unserer Welt – Chancen und Probleme. Wiss. Kongreß München 1972. Berlin/Heidelberg/New York 1973, 594.

Bünner/Röthig: Grundlagen und Methoden rhythmischer Erziehung. Stuttgart 1971.

Buytendijk, F. J. J.: Allgemeine Theorie der menschlichen Haltung und Bewegung. Berlin/Göttingen/Heidelberg 1956.

Fetz, F.: Bewegungslehre der Leibesübungen. Frankfurt a. M. 1972.

Giffhorn, H.: Kritik der Kunstpädagogik. Köln 1972.

Gorskij, L. P.: Die Stellung von Turnen und Sport im System der gesellschaftlichen Werte. In: Grupe, O. u. a. (Hrsg.) Sport in unserer Welt – Chancen und Probleme. Wiss. Kongreß München 1972. Berlin/Heidelberg/New York 1973, 19 ff.

Hanebuth, O.: Der Rhythmus in den Leibesübungen. Frankfurt a. M. 1961.

Hanebuth, O.: Rhythmisches Turnen — eine sportliche Kunst. Frankfurt a. M. 1964[4].

Hegel, G. W. F.: Ästhetik, Bd. I + II, 1842.

Lenk, H.: Sport in philosophischer Sicht. In: H. Baitsch u. a. (Hrsg.) Sport im Blickpunkt der Wissenschaften. Berlin/Heidelberg/New York 1972.

Marcuse, H.: Triebstruktur und Gesellschaft. Frankfurt a. M. 1955.

Meinel, K.: Bewegungslehre. Berlin 1960.

Röthig, P.: Rhythmus und Bewegung. Schorndorf 1970[2].

Röthig, P.: Sportwissenschaftliches Lexikon. Schorndorf 1976[3].

Schiller, F. v.: Die ästhetische Erziehung des Menschen. In einer Reihe von Briefen, 1793/94.

Sobotka, R.: Formgesetze der Bewegungen im Sport. Schorndorf 1974.

Dieter Peper

Überlegungen zum Problem der Katharsis im Sport

1. Sozialpsychologische Wirkungen des Sports als vorwissenschaftliche Annahmen

Neben den Hauptbegründungen für das Sporttreiben wie „Sport macht Spaß“ und „Sport ist gesund“ — Aussagen, die möglicherweise auch zu relativieren sind, aber hier nicht weiter betrachtet werden sollen — waren Annahmen über sozialhygienische Wirkungen des Sports seit jeher weit verbreitet. Dabei reicht die Palette der Behauptungen über charakterbildende Wirkungen, Transfer von Tugenden auf andere Lebensbereiche, entlastende Triebverdrängungen in Form von Sublimation und Kompensation, Abfuhr überschüssiger Energien, Ablenkung und Entlastung von existentiellen Problemen bis hin zur Resozialisation Strafgefangener. Eine solche Fülle sozialpsychologisch relevanter, scheinbar gesicherter Tatbestände muß nachdenklich stimmen, zumal wenn die meisten solcher Thesen in einem pauschalen Aussagegewand ungebrochen von Sportlehrergeneration zu Sportlehrergeneration weitertradiert werden.

Positive Einflüsse auf Gesundheit und Persönlichkeit des Sportlers sollten nun wiederum keineswegs pauschal in Abrede gestellt werden, jedoch ist eine differenzierte, wissenschaftlich begründete Betrachtung der einzelnen Phänomene und deren theoretische Grundlegung zu fordern. Erfolgversprechende Ansätze in dieser Richtung sind in der heutigen Sportwissenschaft nicht zuletzt durch die immer stärkere Einbeziehung empirischer Untersuchungen erkennbar.

Eine der Auffassungen über „befreiende“ Wirkungen des Sports bezieht sich auf die Aggressionsthematik und wird hier meist unter dem Schlagwort „Katharsis“ behandelt. Mit diesem Problem will sich die folgende Darstellung befassen.

Anlaß ist die in der sporttheoretischen Literatur vorherrschende Auffassung, der Sport sei ein hervorragend geeignetes Mittel, Aggressionen in ritualisierten Kampfformen abzubauen bzw. zu kanalisieren. Diese Auffassung wird bis heute sowohl im populärwissenschaftlichen Bereich als auch in der sportrelevanten Literatur – von einigen neueren Ansätzen der Forschung abgesehen — unreflektiert tradiert.

Sie ist meist verknüpft mit triebtheoretischen Annahmen (Freud, Lorenz). Dem Sport werden damit kompensatorische und kathartische Wirkungen zugeschrieben. Neuere Auffassungen bestreiten dagegen derartige sozialhygienische Wirkungen.

Die Meinungsunterschiede ergeben sich ganz offensichtlich aus den je unterschiedlichen Standpunkten, die wiederum sehr verschiedene pädagogische Konsequenzen implizieren. Damit ist der Theorienstreit mehr als nur eine akademische Frage geworden.

2. *„Katharsis" auf der Grundlage unterschiedlicher Aggressionstheorien*

Da in der letzten Zeit mehrere Übersichtsartikel über die verschiedenen Aggressionstheorien und ihre Anwendung im Sportbereich erschienen sind (Volkamer 1972a; Denker, 1973; Pilz/Schilling/Voigt, 1973; Sprenger, 1974; Friedeman, 1976) erübrigt sich eine eingehende Darstellung, die sich an dieser Stelle auch aus Platzgründen verbieten würde. Es soll nur soweit auf die jeweiligen Ansätze verwiesen werden, wie es für das Verständnis der nachfolgenden Gedanken erforderlich scheint.

2.1.

Offenbar im Gefolge von triebtheoretisch orientierten Aggressionstheorien wurden Katharsisauffassungen auf sportliche Zusammenhänge übertragen. Hiernach drängt der Stau spontan gebildeter Aggressionsenergien nach Entladung. Eine Möglichkeit des Abbaues von Affektstau und Triebentladungen in sozial ungefährlicher Form wurde auf der Basis der triebtheoretischen Position dem Sport zugeschrieben, insbesondere dem ritualisierten Kampf- und Wettkampfverhalten (z. B. Lorenz, 1963; Eibl-Eibesfeldt, 1970, 91; Plessner, 1967).
Diese pauschale Annahme impliziert gleichzeitig eine Langzeitwirkung für die Kontrolle aggressiven Verhaltens: Sport als Ersatz für Kriege (Lorenz, 1963; Cagigal, 1972); d. h. hier wird die Minderung einer überdauernden Aggressionsdisposition postuliert.

2.2.

Von der Soziologie wurden ähnliche Auffassungen übernommen. Ein bekanntes Beispiel ist die Kompensationstheorie von Plessner (1967): In der durch Arbeit frustrierten Gesellschaft entsteht ein kompensatorisches Bedürfnis nach Ableitung von Affektenergien, das sich vorwiegend im Sport auswirken kann. Damit ist Sport das Produkt der Industrialisierung, indem er Gelegenheit zur Abreaktion gibt. Die theoretische Basis wird nicht explizit deutlich, neben psychoanalytischen Einflüssen ist hier aber wohl eher die Auffassung reaktiver Aggressionsmechanismen anzunehmen, wie sie etwa von der Frustrations-Aggressions-Theorie dargestellt werden. Linde/Heinemann (1968) fanden in einer empirischen Überprüfung keine Bestätigung der Plessnerschen Thesen, allerdings weist diese Studie mindestens im aggressionsthematischen Teil deutliche Mängel auf.

2.3.

Empirische Einzeluntersuchungen (meist amerikanische) versuchen, bestimmte Bedingungen für das Auftreten oder die Verminderung von Aggression im Sport zu erfassen und auf der Grundlage der F-A-Hypothese oder auf dem Hintergrund lerntheoretischer Überlegungen zu überprüfen. Hierbei wird die Katharsis-Hypothese allerdings überwiegend als widerlegt oder gar als nicht mehr diskutabel dargestellt. Diese Auffassung wird auch sogleich pauschal für den Sport übernommen (vgl. PILZ/MOESCH, 1975). Nach KORNADT (1973a, 4) stellt jedoch die populäre Dichotomie Katharsis/Lernen eine grobe Simplifikation dar.

Nach NAUL und VOIGT (1973, 426) bestimmt die Frustrations-Aggressions-Hypothese heute im wesentlichen die Aggressionsforschung im Sport. Im Vordergrund stand zunächst die Katharsis-These, die nach verschiedenen vorwiegend projektiven Verfahren geprüft wurde. Die Ergebnisse sind im großen und ganzen widersprüchlich.

Nach NAUL/VOIGT wechselte daher das Interesse vom Katharsis-Problem mehr in die Richtung der Frage „Wie frustrationsresistent sind Sportler?“ oder „Gibt es Unterschiede in den Sportdisziplinen?“

Einzelne vorhandene empirische Untersuchungen geben bisher keine eindeutige Antwort, Fragestellung und Methoden unterscheiden sich stark, so in den Untersuchungen über Fouls im Fußballspiel (VOLKAMER, 1971, 1972 b) und im Basketballspiel (NABER, 1972) oder in der amerikanischen Studie von HUSMAN (1955), die sehr divergierende Ergebnisse hinsichtlich der Frage der Aggressionsbereitschaft nach sportlicher Aktivität ergab.

Die Meßverfahren beruhen im wesentlichen auf projektiven Methoden (TAT, word association test etc.). In mehreren italienischen Untersuchungen von ANTONELLI (1962, 1963) wie auch in einer deutschen (NAUL/VOIGT, 1973) wurde der ROSENZWEIG-PFT benutzt, der jedoch eher auf spezifische Richtungen und Arten der Aggression Antwort gab als auf die Katharsis-These.

Die meisten Untersuchungen stellen den Zusammenhang bestimmter äußerer Bedingungen, etwa Wettkampf- und Trainingssituation, Sportart usw. einerseits und Aggressionsäußerung andererseits her. D. h. Situation und Reaktion werden miteinander in Beziehung gesetzt. Das Ergebnis sind Korrelationen zwischen verschiedenen Variablen auf der Situations- und der Reaktionsseite.

Zusammenfassend läßt sich feststellen:

Die psychoanalytische Ansicht des Abbaues von Affektstau ist nach heutigen Erkenntnissen eine zu stark vereinfachende theoretische Annahme, selbst wenn im Handlungsaufbau an bestimmten Entscheidungsstellen genetisch bedingte Teil-Mechanismen tatsächlich eine Rolle spielen sollten. Eine triebtheoretisch begründete Katharsis-Hypothese ist zudem nach WERBIK (1974, 62) empirisch nicht falsifizierbar.

Andererseits sind aber auch behavioristische und neobehavioristische Ansätze auf Bedingungen und verwendete Methoden zu prüfen. S-R-schematische Untersuchungen lassen offenbar ihrerseits wesentliche Elemente außer acht: das Erleben

der frustrierenden Situation und die hierdurch ausgelöste Zielerwartung und Zielverwirklichung.
Das Ergebnis der genannten Einzeluntersuchungen besteht, wie gesagt, in Korrelationen von Variablen der Situations- und der Reaktionsseite. Das Erlebnis und die Interpretation der frustrierenden Situation als Zwischengrößen zwischen Reiz und Reaktion im Sinne intervenierender Variablen werden im allgemeinen außer acht gelassen. Die Interpretation der Situation spielt offenbar eine wichtige Rolle, sie ist determiniert durch affektgefärbtes Erleben und kognitive Einordnung der Frustration und daraus entstehende unterschiedliche Zielerwartungen. Die Unterstellung von Absichten des Partners, insbesondere hinsichtlich der Willkürlichkeit oder Ungerechtfertigkeit von als frustrierend erlebten Maßnahmen, hat ebenfalls eine wichtige Funktion.
Situations-Interpretation und Zielerwartung im Zusammenhang mit Handlungs-Antizipation als intervenierende Konstrukte lassen sich nicht mehr in den theoretischen Zusammenhang einer triebtheoretisch orientierten Energieaktivierung und auch nicht in S-R-schematische Funktionsmechanismen einbauen. Hier bieten sich eher motivationstheoretische Ansätze an.
Hierzu werden vor allem zwei Variable eingeführt, die in den bisherigen Untersuchungen zu kurz kamen: die Interpretation der Situation und die motivationale Zielsetzung. Zunächst unabhängig vom Methodenproblem drängt sich die Frage auf, ob Katharsis nicht doch unter bestimmten Bedingungen auftreten kann, insbesondere, ob motorische Aktivität eine spezifische Bedingung für Katharsis darstellen kann.
Für eine empirische Überprüfung wäre zunächst der leider sehr unterschiedlich gebrauchte Katharsis-Begriff innerhalb einer bestimmten theoretischen Voraussetzung operational zu definieren. Insbesondere ist dabei die Vermischung kathartischer Langzeit- und Kurzzeit-Effekte zu vermeiden: eine Differenzierung, die man in der einschlägigen Literatur meist vergeblich sucht. Erst KORNADT (1973a, 4) weist auf die Notwendigkeit der Unterscheidung hin.
Eine experimentelle Überprüfung der Katharsis-Problematik im Sport bedarf einer Eingrenzung der Fragestellung auf überprüfbare Zusammenhänge, ebenso wie einer theoretischen Begründung, die zugleich Definitionsgrundlage für die Verwendung des Begriffes „Katharsis“ sein muß. Nachdem psychoanalytische und ethologische Konzepte ebenso wie die Frustrations-Aggressions-Theorie und behavioristische Ansätze als monkausale Erklärungstheorien zurückgewiesen wurden, gilt es dem komplexen Phänomen Aggression und Katharsis ein komplexes theoretisches Erklärungsmodell zuzuordnen. So fordern z. B. PILZ/SCHILLING/VOIGT (1974, 84) „ein multikausales Erklärungsmodell, um dem breiten Spektrum aggressiven Verhaltens gerecht zu werden“. Sie entwickelten daher ein lern- und rollentheoretisch begründetes Modell des Dominanzverhaltens, in dem Sozialisationserfahrungen, soziale Normen, Rollenanforderungen und Rollenerwartungen wichtige Variablen darstellen. Hier wird ein komplexer Sachverhalt gleichsam aus so-

ziologischer bzw. sozialpsychologischer Sicht betrachtet, der eigene theoretische Ansatz versucht eher eine individualpsychologische Begründung: Aggressives Verhalten wird interpretiert als Ergebnis motivationaler Handlungsstrukturen. Hierbei gewinnen affektive und kognitive Faktoren der Situationseinschätzung (etwa Handlungsantizipation und Antizipation von Konsequenzen) eine gewichtige Bedeutung.

3. *Motivationstheoretische Begründung*

„Vom behavioristischen Standpunkt aus" müssen nach HECKHAUSEN (1963, 9) „alle Erklärungsbegriffe, die das ablaufende Verhalten von der zeitlich vorausliegenden Zielerreichung abhängig machen, finalistisch und damit unwissenschaftlich erscheinen. Sobald man jedoch einräumt, daß *künftiges* Geschehen *kognitiv* und *emotional vorweggenommen* werden kann, so determinieren Erwartungen das Verhalten nicht weniger kausal als irgend etwas" (Hervorhebungen durch Verf.). Damit ordnet HECKHAUSEN das Motivationsgeschehen nicht mehr als Triebreduktion ein. Das homeostatische Motivationsmodell, das alles Verhalten von Trieb- und Spannungsreduktion abhängig macht, wird fragwürdig (S. 6), „nicht die energetisierenden, sondern die steuernden, ordnenden, integrierenden Aspekte stellen danach das Eigentliche der Motivation dar". Unter diesem Steuerungsaspekt wird zunehmend „die Bedeutung kognitiver und emotionaler Faktoren als zentraler Einflußgrößen oder vermittelnder Variablen (intervening variables)" deutlich (S. 7). Verstärkung oder Abschwächung kann „Auslösung und Ablaufen bedingter Reflexketten, schwerlich aber zielgerichtetes Verhalten erklären" (S. 7). So werden motivierende Zwischenprozesse angenommen, die in Erwartungen vom Typ der Hoffnung und der Furcht bestehen (S. 8).

Mit MCCLELLAND u. a. (1953) wird Motivation als Diskrepanz zwischen augenblicklicher und erwarteter Situation angenommen. In einem solchen Diskrepanzmodell kann nun durch mannigfache Rückkopplungen zwischen der Erfahrung und Bewertung von Ist- und Soll-Werten das Verhalten gesteuert werden (vgl. HECKHAUSEN, 1963, 10).

In einem von KORNADT (1973 b) entwickelten Handlungsstrukturschema wird nun Aggressivität unter Einbeziehung genetischer Faktoren in diesem Sinne als Motiv verstanden. Durch gelernte cues und/oder Frustration ausgelöste Ärgeraffekte können zu einer kognitiven Interpretation des Affektes selbst und der Situation führen. Zielvorstellungen werden hierbei ausgelöst und mit erfahrungsabhängigen Handlungsschemata verglichen. Innerhalb solcher kognitiv-affektiven Prozesse, die nicht rational bewußt sein müssen, bilden sich Erwartungen hinsichtlich der Erreichbarkeit oder Nicht-Erreichbarkeit der Zielvorstellungen. Zielerwartung als vorweggenommene Zielerfüllung bildet damit ein wesentliches Element des Aggressionsmotivs. Es liegt daher nahe, aggressive Handlungen unter Berücksichtigung des Handlungsziels einzuteilen.

4. *Problemstellung für eine empirische Untersuchung*

Eine experimentelle Überprüfung des Katharsis-Problems muß auf eine spezielle Fragestellung eingeengt werden. Hier sollen einige theoretische Voraussetzungen, Aussagen zur Spezifizierung eines Untersuchungsthemas und schließlich einige Haupthypothesen dargestellt werden.

„Katharsis" soll in diesem Zusammenhang nicht im ursprünglichen Sinn als Prozeß der Abreaktion unterdrückter oder verdrängter Strebungen und Emotionen im Sinne eines „Reinigungsvorganges" verstanden werden, sondern als der Effekt, der bei Erreichung des Aggressionszieles als Desaktivierung auftritt. D. h. wenn unter bestimmten Bedingungen (Frustration, Ärger) eine *aggressive* Zielerwartung aufgebaut, ihre Erfüllung antizipiert und dann realisiert wird, und wenn sich nach dieser Zielerreichung eine Minderung der Aggressionsbereitschaft (Desaktivierung) ergibt, dann wird dieser Effekt als Katharsis verstanden. Er ist vermutlich mit positiver Affektänderung verbunden.

Beispiel: Ein Fußballspieler wird durch mehrere Fouls in seinen Aktivitäten behindert. Körperlicher Schmerz und/oder Verärgerung über vermeintliche oder tatsächliche Unfairneß des Gegners löst bei ihm seinerseits aggressives, d. h. den Regeln widersprechendes Verhalten aus. Bei Zielerreichung (dem Gegner Schmerz zufügen, Gleiches mit Gleichem vergelten) könnte normales Regelverhalten wieder aufgenommen werden.

Die Verwendung des Begriffes Aggressionsziel bedarf einer Erläuterung. Wie bereits angedeutet, lassen sich aggressive Handlungen nach der Bestimmung der Handlungsziele unterscheiden:

a) Eine Handlung, die ein aggressives Ziel und damit eine schädigende Absicht selbst zum Inhalt hat, ist durch ein *Aggressionsziel* bestimmt;
b) eine Handlung, die sich aggressiver Mittel bedient, um dadurch ein außerhalb der Aggressionsabsicht liegendes Ziel, im Sport meistens aus dem Leistungsbereich, zu erreichen, ist bestimmt durch ein *Leistungsziel.*

Die entsprechenden Formen aggressiven Verhaltens ergeben sich hiernach als:

a) (emotional ausgelöste) reaktive Ärgeraggression,
b) instrumentelle Aggression.

Durch diese Unterscheidung, die vermischte Formen natürlich nicht ausschließt, bestimmt sich die Art der Tätigkeit, die bei einer entsprechenden Untersuchung als Grundlage der Beobachtung dienen soll.

Im vorliegenden Fall soll Katharsis nur auf die unter a) benannte Aggressionsart bezogen werden im Sinne von Desaktivierung aggressiven Verhaltens nach Erreichen des Aggressionszieles gemäß der obigen Definition. Desaktivierung als Minderung der Aggressionsbereitschaft bedeutet wahrscheinlich gleichzeitig eine (positive) Affektänderung.

Allein durch den Aspekt der Affektänderung ist der hier definierte Katharsisbegriff noch verknüpft mit der ursprünglichen Bedeutung im Sinne triebtheoretisch

orientierter Abreaktion von Emotionen. Das Erreichen eines Leistungszieles mit dem Mittel instrumenteller Aggression sollte dagegen nicht als Katharsis bezeichnet werden, da der Begriff damit noch mehr ausgeweitet würde und auch seiner ursprünglichen Bedeutung als Affektveränderung entkleidet würde.
Beim Auftreten instrumenteller Aggression ist also das Handlungsziel ein Leistungsziel, bei der aggressive Verhaltensformen ohne Frustration, auch ohne Emotionen auftreten können und als solche konditionierbar sind.
Bei ärgerinduzierter Aggression steht das Aggressionsziel als Handlungsziel im Vordergrund, es kann mit größeren Emotionen verbunden sein und folgt mit größerer Wahrscheinlichkeit auf Frustrationen.
Dabei ist nicht ausgeschlossen, daß Aggressionsziele und Leistungsziele vermischt auftreten können und in dieser Form konditionierbar sind. Vor allem dann, wenn ärgerinduzierte Aggression mit dem Leistungsmotiv verknüpft ist, z. B. wenn Leistungszielerwartungen frustriert werden.
Bei der Frage, ob es zu Aggression kommt, spielt die *Bedeutung* der Handlungsfolgen für das Individuum eine wichtige Rolle. Neben der kognitiven Interpretation der Gerechtfertigkeit oder Ungerechtfertigkeit der Frustration ist sicher auch die Erfolgsbeurteilung der antizipierten Handlungsziele sowie die Abschätzung relevanter Normen im individuellen und gesellschaftlichen Bereich von Bedeutung.

Zusammenfassend seien noch einmal folgende Hypothesen genannt:

1. Aggression ist zu unterscheiden nach Nichtbeteiligung und Beteiligung von Ärger (Wut, Zorn). Man erhält so zwei Klassen aggressiven Verhaltens: instrumentelle Aggression und ärgerinduzierte Aggression. Beide Arten unterscheiden sich durch unterschiedliche Handlungsziele. Erstere hat außeraggressive Ziele, letztere hat ihr Ziel in der aggressiven Handlung selbst.
2. Affektaktivierung in Form von Ärger gilt als eine der Bedingungen für das Auftreten aggressiver Handlungen.
3. Frustration ist wegen ihrer spezifischen Verknüpfung mit Ärgeraktivierung geeignet, die Wahrscheinlichkeit des Auftretens aggressiver Handlungen zu erhöhen.
4. Katharsis wird erwartet bei ärgerinduzierter Aggression, wenn die Zielerwartung erfüllt wird. Hierbei ist Ärgererregung über Frustration besser kontrollierbar als über gelernte cues.
5. Bei erregten Zuschauern von Sportwettkämpfen kann Katharsiswirkung unmittelbar nicht erwartet werden, es sei denn durch stellvertretende oder symbolische Zielerreichung. Ärgeraffekte können auch durch Identifikationserlebnisse ausgelöst werden, die dann eine eigenständige Aggressionsmotivation im Zuschauer aufbauen. In diesem Sinne sind auch bei Zuschauern kathartische Prozesse denkbar, schwierig ist jedoch die Kontrolle der Zielvorstellungen.

6. Motorische Aktivität, z. B. im Sport, erleichtert möglicherweise das Auftreten von Katharsis durch den Einsatz physischer Mittel bei der Zielerreichung.

5. *Die Katharsis-Hypothese und ihre experimentelle Überprüfung*

Nach Werbik (1974, 62—65) gibt es zwei Versionen der Katharsis-Hypothese. Die erste und allgemeinere besteht in der vereinfacht dargestellten Aussage:
Die Wahrscheinlichkeit des Auftretens von Aggression (A_2) nach vorhergehender Aggression (A_1) ist geringer als die Wahrscheinlichkeit des Auftretens von Aggression ohne vorhergehende Aggression ($\overline{A_1}$)

$$p(A_2 \mid A_1) < p(A_2 \mid \overline{A_1})$$

Aufgrund der nicht zu präzisierenden Bedingungen kann diese Form nicht in eine empirisch falsifizierbare Aussage überführt werden.
Version 2 lautet:
Die Wahrscheinlichkeit des Auftretens von Aggression (A_2) nach vorhergehender Provokation (P) und der Möglichkeit aggressiver Handlungen (gegen den Provokateur) (A_1) ist geringer als die Wahrscheinlichkeit des Auftretens von Aggression nach vorheriger Provokation ohne Möglichkeit aggressiven Handelns (gegen den Provokateur) ($\overline{A_1}$) $$p(A_2 \mid P, A_1) < p(A_2 \mid P, \overline{A_1})$$
Für eine Untersuchung kristallisieren sich 3 Verhaltenssegmente einer Handlungssequenz heraus:
Provokation bzw. *Frustration*, verbunden mit Ärgererregung und Aufbau eines Aggressionsziels, *Erreichen oder Nichterreichen eines Aggressionszieles* und Kontrolle der *Residualaggression* als Maß für Katharsis. Für den eigenen Untersuchungsansatz ergibt sich daraus in formalisierter Form, die folgende Haupthypothese mit den Elementen: Frustration (F), Aggressionszielerreichung (AZ) vs. Nichtzielerreichung ($\overline{AZ}$) und Residual-Aggression (A_R):

$$H_1: p(A_R \mid F, AZ) < p(A_R \mid F, \overline{AZ})$$

Für H_0 gilt dementsprechend: Die Wahrscheinlichkeiten unterscheiden sich nicht signifikant.

Das Problem der Katharsis bei Zuschauern sollte als Sonderproblem zunächst ausgeklammert werden, ebenso bleibt die im sportlichen Bezug an sich wichtige instrumentelle Aggression in unserem Ansatz außer Betracht. Die Komplexität des Problems wird deutlich, wenn folgende Aspekte zusätzlich bedacht werden müssen: Verschiebung von Aggression, symbolische, bzw. Phantasie-Aggression, Desaktivierung durch „Ablenkung" oder „Abklingen" (Zeitfaktor!), Desaktivierung durch Überlagerung anderer Motivgruppen („Mitleid", „Hilfsbereitschaft"), Aggressionshemmung etwa durch Schuldgefühle oder soziale Normen.

Für die Überprüfung der Katharsis-Hypothese auf dem angedeuteten theoretischen Hintergrund wurden die folgenden Untersuchungs-Hypothesen aufgestellt:

1. Die Wahrscheinlichkeit des Auftretens von aggressiven Verhaltenstendenzen in nicht frustrierten Gruppen (Kontrollgruppen) ist geringer als in frustrierten Gruppen.
2. Die Wahrscheinlichkeit des Auftretens von Residual-Aggression in Gruppen mit motorischer Kraftentfaltung ist geringer als in Gruppen mit Geschicklichkeitsaufgaben.
3. Die Wahrscheinlichkeit des Auftretens von Residual-Aggression in Gruppen mit Zielerreichung ist geringer als in Gruppen ohne Zielerreichung.
4. Die Wahrscheinlichkeit des Auftretens von Residual-Aggression in Gruppen mit Aggressionszielerreichung ist geringer als in Gruppen mit Leistungszielerreichung.

Die Prüfung dieser Hypothesen wurde an ca. 200 Schülern im Alter von 15 Jahren durchgeführt. Versuchsplan, Durchführung, Auswertung und Ergebnisse des Experiments werden demnächst veröffentlicht.

LITERATUR:

ANTONELLI (1962, 1963): nach NAUL/VOIGT (1973), 426.

CAGIGAL, J. M.: A few suggestions concerning aggression in sport as play. Vortrag auf dem wissenschaftlichen Kongreß der Olympischen Spiele, München. Maschinenschriftlich, vgl. Sport in unserer Welt – Chancen und Probleme (hrsg. v. O. Grupe), Berlin 1973, Fußnote S. 425.

DENKER, R.: Sport und Aggression. In: Sport in unserer Welt — Chancen und Probleme (hrsg. v. O. Grupe), Berlin 1973, 417–425.

EIBL-EIBESFELDT, I.: Liebe und Haß. München 1970.

FRIEDMAN, R.: Aggression bei Sportlern. Jugend und Sport (1976) 1, 7–11.

HUSMAN, B. F.: Aggression in boxers and wrestlers as measured by projective techniques. Research Quarterly (1955) 26, 421–425.

KORNADT, H.-J.: Toward a motivation theory of aggression and aggression inhibition. Vortrag auf dem Intern. Kongreß „Origins and Determinants of Aggressive Behavior", Monte Carlo/Monaco. Maschinenschriftlich (1973 a).

KORNADT, H.-J.: Aggressions-Handlungs-Modell mit genetischen Aspekten. Unveröffentlichte Darstellung, mitgeteilt anläßlich einer Lehrveranstaltung (1973 b.)

LINDE, H./HEINEMANN, K.: Leistungsengagement und Sportinteresse. Schorndorf 1968.

LORENZ, K.: Das sogenannte Böse. Zur Naturgeschichte der Aggression. Wien 1963.

MCCLELLAND, D. C./ATKINSON, J. W./CLARK, R. A./LOWELL, E. L.: The achievement motive. New York 1953.

NABER, F.: Verteilung der Fouls während der Dauer eines Basketballspiels. In: Experimente in der Sportpsychologie (hrsg. v. Volkamer). Schorndorf 1972, 66—69.

NAUL, R./VOIGT, H.: Zur Diagnostik der Aggression im Sport. In: Sport in unserer Welt — Chancen und Probleme (hrsg. v. O. Grupe), Berlin 1973, 426.

PILZ, G./SCHILLING, G./VOIGT, H.: Welchen Beitrag vermag die Sportpsychologie zur Aggressionsforschung zu leisten? In: Sportpsychologie – wofür? (hrsg. v. Schilling/Pilz) Basel 1974, 83–109.

Pilz, G./Moesch, H.: Der Mensch und die Graugans. Eine Kritik an Konrad Lorenz. Frankfurt a. M. 1975.

Plessner, H.: Spiel und Sport. In: Sport und Leibeserziehung (hrsg. v. O. Grupe), München 1967, 17–27.

Sprenger, J.: Zum Problem der Aggression im Sport. Ein kritischer Überblick zum gegenwärtigen Forschungsstand. Sportwissenschaft (1974), 231–257.

Volkamer, M.: Zur Aggressivität in konkurrenzorientierten sozialen Systemen. Eine Untersuchung an Fußball-Punktspielen. Sportwissenschaft (1971) 1, 33–64.

Volkamer, M.: Sport als aggressives Verhalten – aggressives Verhalten im Sport. In: Die Leibeserziehung, 21 (1972 a) 12, 409—415.

Volkamer, M.: Untersuchungen zur Aggressivität bei Fußballspielen. In: Experimente in der Sportpsychologie (hrsg. v. Volkamer) Schorndorf 1972 b, 57—66.

Werbik, H.: Theorie der Gewalt. Eine neue Grundlage für die Aggressionsforschung. München 1974.

Konrad Paschen

Zur Lage des Sportunterrichts

In den letzten Jahren ist an den bundesdeutschen Universitäten ein erstaunlicher Durchbruch der Sportwissenschaft gelungen. Nach fünfzigjährigem Ringen der Institute für Leibesübungen um akademische Anerkennung sind an vielen Universitäten Lehrstühle eingerichtet, Modelle einer interdisziplinären Sportwissenschaft in selbständigen Fachbereichen entworfen und teilweise schon verwirklicht worden. Fast gleichzeitig verschwand der traditionelle Begriff Leibeserziehung aus der Diskussion und wurde durch Schulsport und Sportunterricht ersetzt, erstaunlicherweise auch in der DDR (Sporterziehung statt Körpererziehung).

Beide Ereignisse sind Symptome eines Umbruchs, der nicht auf den Sport beschränkt ist, auch nicht auf Schulen und Universitäten. Wir wollen diesen Umbruch hier nicht thematisieren und auch nicht zu deuten versuchen, vor allem weil der Sport in dieser Veränderung nur eine Randposition einnimmt. Allerdings sind die Auswirkungen dieses allgemeinen Umbruchs am Sport besonders markant. Die politische Bedeutung der sportlichen Massenorganisationen und das große Interesse der Massenmedien und damit der Öffentlichkeit an ihren Veranstaltungen sind plötzlich aktuell geworden und werden grundsätzlich diskutiert. Zuerst haben die politischen Parteien den Stellenwert des Sports erkannt und spezielle Sportprogramme entwickelt. Auch die Kirchen und neuerdings die Gewerkschaften bekunden Interesse am Sport und nehmen Stellung. Schließlich geben auch die Universitäten dem gesellschaftlich bedeutenden Phänomen Sport Raum in Forschung und Lehre. Gleichzeitig beginnt die Curriculumdiskussion über neue Lehrpläne für Schulen und erfaßt auch den Schulsport. Unser Problem hier ist der Gesamtzusammenhang dieser Veränderungen und die Rolle der Erziehungswissenschaft in der Diskussion um den Sport.

I. Sportwissenschaft

Beginnen wir mit der Sportwissenschaft. Bisher ist die Ausbildung der Sportlehrer für Gymnasien in den Instituten für Leibesübungen an den Universitäten von Pädagogen geleistet worden, denen einige Sportmediziner zur Seite standen. Im Mittelpunkt des Studienplanes standen sportpraktische und sportmethodische Kurse und begleitende sporthistorische, sportpädagogische und sportmedizinische Vorlesungen und Seminare. Im Laufe der Jahrzehnte hatte sich eine einfache Theorie der Leibeserziehung entwickelt, die im wesentlichen pädagogisch fundiert war. Nach 1960 kamen didaktische Probleme ins Gespräch, die nur unvollkommen in die Ausbildung integriert werden konnten. Gleichzeitig faßte eine Bewegungslehre Fuß an den Instituten, die stärker von der Physik als von der Pädagogik bestimmt war. Die neue Entwicklung seit 1968 tendiert auf breite Fächerung sportrelevanter Wissenschaften an den Instituten. So sind inzwischen Lehrstühle und Dozenturen für Sportpsychologie, Sportsoziologie, Sportpädagogik und Sportmedizin geschaffen worden. Die neue Sportwissenschaft versteht sich als interdisziplinäre Einheit, die durch das gemeinsame Forschungsfeld Sport verbunden ist. Bisher ist es nicht gelungen, diese Einzelwissenschaften zu integrieren. Der Hamburger Versuch, das Institut nicht nach Wissenschaften, sondern nach speziellen Forschungsfeldern wie Gesundheit, Freizeit, Unterricht und Curriculum zu gliedern, muß sich erst in der Praxis bewähren. Jedenfalls ist festzustellen, daß im Laufe der neuen Entwicklung die Erziehungswissenschaft ihren dominierenden Einfluß in der Sportlehrerausbildung verloren hat.

II. Erziehungswissenschaft

Diese Entwicklung ist kein Zufall. Die deutsche Pädagogik und Erziehungswissenschaft befindet sich auch in einem entscheidenden Umbruch. Sie stand bis vor kurzem unter dem Einfluß bedeutender geisteswissenschaftlicher Persönlichkeiten, denen es um eine philosophisch-anthropologische Grundlegung von Bildung und Erziehung ging. Diese heute etwas abwertend als „bildungstheoretisch" bezeichnete Pädagogik zog Psychologie und Soziologie als Hilfswissenschaften an sich. Pädagogische Psychologie und Soziologie verstanden sich zunehmend als Erfahrungswissenschaften und entwickelten Methodologien zur empirischen Erforschung der Wirklichkeit. In der deutschen Erziehungswissenschaft gab es seit der Reformpädagogik auch Ansätze zur Empirie, die sich aber nicht entwickeln konnten.

Mit dem Einbruch der amerikanischen Lern- und Curriculumtheorien und der Kybernetik in den sechziger Jahren begann nun auch in der deutschen Pädagogik ein Umschwung. Wissenschaftstheoretische Diskussionen traten in den Vordergrund. Die Forderungen nach Empirie, nach Verifikation der Hypothesen und nach Operationalismus in der Definition von Lern- und Erziehungszielen fanden plötzlich Gehör. Damit gerieten Psychologie und Soziologie immer stärker in das Einzugsfeld pädagogischer Probleme, unterstützt durch die Auseinandersetzungen im Gefolge der Studentenrevolte. Das Versäumnis der deutschen Pädagogik auf diesem Felde führte zu einem Dilemma, das die Erziehungswissenschaft nicht so bald überwinden wird. Sie muß aus Mangel an eigenen Arbeiten auf die Ergebnisse psycho- und soziologischer Erhebungen zurückgreifen, deren pädagogische Relevanz nicht immer gesichert ist. Eigene Erhebungen erfordern sehr viel Zeit und Mitarbeiter, so daß für längere Zeit keine Ergebnisse zu erwarten sind. Andererseits erfordert die neue Curriculumdiskussion empirische Absicherung ihrer Hypothesen. Die Diskussion wird weiter erschwert durch die Tatsache, daß die Soziologie beherrscht wird von den Methoden und Axiomen der Frankfurter Schule. So ist es kein Wunder, daß in der neuen Sportwissenschaft die Pädagogik nicht mehr im Mittelpunkt steht. Diese neue Situation wird sich bald auf den Schulsport auswirken.

III. Der Schulsport

Der Schulsport, der Sportunterricht an den Schulen, steht und fällt mit den Lehrern, ihren Qualifikationen und ihrer Einstellung. Der Lehrer steht im Schnittpunkt der Interessen und Erwartungen der Schüler auf der einen und der Interessen und Forderungen der Gesellschaft, des Staates und des organisierten Sports auf der anderen Seite. In die tägliche Schularbeit des Lehrers wirken Lehrpläne und Curricula nicht zwingend hinein, besonders dann nicht, wenn ihm ein gewisser Entscheidungsspielraum belassen wird, wie es auch heute noch gefordert wird. Die Vermittlung der Lehrplanforderungen in die aktuelle Situation des Unterrichts liegt in der Hand des Lehrers und kann von außen nur schwer gesteuert und kontrolliert werden. Die persönliche Einstellung des Lehrers zum Sport, zu den Schülern und zum Sportunterricht wird damit zu einem wichtigen Faktor, der bei vielen Lehrern invariabel ist. Ebenso wichtig sind die entsprechenden Einstellungen der Schüler, Faktoren, die im Kindes- und Jugendalter noch variabel sind. Die Sportlehrerausbildung muß daher bewirken, daß der zukünftige Lehrer seinen Beruf nicht als Status, sondern als Prozeß versteht, der ihn zwingt, durch Selbstkritik und Lernprozesse seine Einstellungen ständig zu überprüfen.

Mit diesen Überlegungen soll dargestellt werden, daß die moderne Curriculumtheorie vielleicht zu stark auf Lernziele, Methoden und Qualifikationen gerichtet ist und die Bedeutung der einzelnen Lehrer- und Schülerpersönlichkeit zu gering veranschlagt. Auch der beste Lehrplan ist keine Garantie für guten Unterricht. Andererseits sind Richtlinien und Lehrpläne nötig, weil Lehrer und Schüler Hilfe für ihre Entscheidungen brauchen. In der gegenwärtigen Curriculumdiskussion, gerade auch im Sport, gewinnt der kritische Beobachter den Eindruck, daß zu viel vom Curriculum erwartet wird.

Mit der geschilderten Einschränkung, unter dem Gesichtspunkt der Selbstbestimmung und Mündigkeit des Lehrers und des Schülers, wollen wir die bisherigen Bemühungen um Ziele, Inhalte und Formen des Sportunterrichts kurz umschreiben.

Der Turnunterricht des 19. Jahrhunderts mit seiner nationalistischen Zielsetzung bot wenig Möglichkeiten zur Selbstfindung und -bestimmung. Das freie Turnen der Hasenheide war auf Geräteturnen mit Freiübungen eingeengt worden und unterwarf Schüler und Lehrer einem harten Drill in festgelegten Formen. Die Leibeserziehung nach dem ersten Weltkrieg bot dem einzelnen mehr Raum zur Entfaltung, erweiterte den Formenkreis erheblich, gab aber dem Lehrer autoritäre Führung, wenn auch unter dem Deckmantel der Sportkameradschaft. In der Zeit des Nationalsozialismus wurde die Leibeserziehung voll politisiert, wie auch der Sport, und beide ganz in den Dienst der Partei und des Staates gestellt.

Nach 1945 wurde die Leibeserziehung zunächst verboten. Erst nach der Währungsreform 1948 konnte sie allmählich wieder in das Programm der Schulen übernommen werden. Mit der Wiedereinführung setzte — zuerst bei den Lehrern — eine grundsätzliche Diskussion über ihre Ziele und Aufgaben auf breiter Front ein, die bis heute nicht abgeschlossen ist. Zum ersten Male in ihrer Geschichte wurde die Leibeserziehung nicht von oben und außen bestimmt und begründet, sondern von den Betroffenen offen diskutiert. In der ersten Phase dieser Diskussion wurde die menschliche Bewegung als konstituierendes Merkmal des Sports und der Leibeserziehung erkannt und artikuliert, eine Interpretation, die heute selbstverständlich geworden ist. 1960 begann die zweite Phase, als didaktische bezeichnet, in der es um gesellschaftliche Stellung, um Stukturanalyse, um Inhalte und Methoden ging, insgesamt auf höherem wissenschaftlichem Niveau als je zuvor. Etwa gleichzeitig meldete sich auch der Deutsche Sportbund als Mitsprecher in dieser Fachdiskussion und stellte seine Forderungen. Aufgrund seiner gesellschaftlichen Machtposition konnte er im materiellen Bereich viel für die Schule tun, konnte andererseits auch seine Forderungen weitgehend durchsetzen, die aber der didaktischen Diskussion im Kreise der Schulen und Hochschulen wenig entsprachen.

IV. Curriculum-Probleme

Mit der aus den USA importierten Curriculumtheorie und im Laufe der Studentenrevolte wurden alle Probleme neu aufgeworfen und die Diskussion durch sehr kritische Beiträge verschärft, teilweise zerstört. An dieser Stelle stehen wir heute. Auf vielen Ebenen wird über Sport und Schulsport nachgedacht und diskutiert. Da ist die Bundesregierung, die zusammen mit dem Deutschen Sportbund eine Sportkonferenz berufen hat. Im Sportbund bestehen eine Reihe von Ausschüssen, die sich mit dem Schulsport befassen. In enger Zusammenarbeit mit der Ständigen Konferenz der Kultusminister wirkt der Sportbund mit bei der Arbeit der Sportreferenten der Länder. Die Länder haben ihrerseits Curriculumkommissionen eingesetzt. Daneben arbeiten die Institute für Leibesübungen an den Hochschulen an den Problemen des Schulsports; das neue Bundesinstitut für Sportwissenschaft soll diese Arbeiten koordinieren. Und schließlich gibt es eine starke Willensbildung in Fragen des Schulsports in den relevanten Lehrerorganisationen. Unglücklicherweise besteht wenig Verbindung zwischen diesen vielen Gremien. Die Arbeit wird weiter erschwert durch die Bildungshoheit der Bundesländer.

Bisher haben nur die Länder Hessen und Hamburg neue Lehrpläne vorgelegt, die wenigstens teilweise curricularen Forderungen entsprechen. In Hessen arbeiteten in den Curriculumkommissionen Wissenschaftler, Lehrer und Verwaltungsbeamte zusammen, in Hamburg für den Sport nur Lehrer und Vertreter der Schulverwaltung. Nach der Curriculumtheorie sollten die Aufgaben und Ziele der Schule und die allgemeinen Lernziele von Kommissionen erarbeitet werden, die außer Wissenschaftlern und Lehrern auch Vertreter aus Politik und Wirtschaft, aus den großen gesellschaftlichen Gruppen und aus der Elternschaft zusammenfassen. Aus der Erkenntnis, daß Lehrplanprobleme große politische Bedeutung haben, sollten die Grundentscheidungen nicht mehr allein den Fachleuten überlassen bleiben. Diese Forderung ist bisher nicht erfüllt worden.

Die Hamburger „Richtlinien und Lehrpläne" von 1973 werden daher auch als vorläufige Verbesserung der alten Richtlinien interpretiert, und es werden zwei weitere Schritte zur Revision angekündigt. Immerhin hat das Hamburger Amt für Schule bereits einen Katalog der „Allgemeinen Lernziele" der Schule veröffentlicht, der endgültig zu sein scheint. Nach amerikanischem Vorbild werden die Ziele in kognitive, affektive und psychomotorische gegliedert. Während in den USA bisher nur die kognitiven und affektiven Lernziele wohlgeordnet in Taxonomien zusammengefaßt wurden, weil man für die psychomotorischen noch kein gliederndes Prinzip finden konnte, haben die Hamburger auch eine psychomotorische Taxonomie veröffentlicht, die für den Sportunterricht wesentliche Bedeutung besitzt. Allerdings sind die Hamburger Sport-Lehrpläne bislang nicht nach Lernzielen organisiert. Der Hessische Sportlehrplan ist eindeutig von der Biomechanik her bestimmt, also von einer Wissenschaft, die den Menschen als lebendige Maschinen betrachtet.

In der modernen, wissenschaftlichen Revision der Lehrpläne liegt die Gefahr von Reduktionen, auf die schon Robinsohn hingewiesen hat. Die Tendenz, alle unterrichtlichen und erzieherischen Prozesse rational erfassen zu wollen, stößt auf Grenzen, die unüberwindlich scheinen. Aus den Vereinigten Staaten ist bekannt, daß in den jahrzehntelangen Bemühungen um die Curriculum-Revision der knognitive Bereiche dominierend ist, die Schule also vorwiegend als Vermittlungsstelle von kognitiven Lernprozessen verstanden wird. In dieser Entwicklung ist der künstlerische, emotionale und sportliche Bereich zurückgefallen und reduziert auf machbare und kontrollierbare Lernprozesse. Dabei spielte auch die Forderung nach operationalen Lernzielen eine große Rolle. Viele der übergreifenden allgemeinen Lernziele, auch im Sport, lassen sich nicht operationalisieren, das heißt: so beschreiben, daß der Lernerfolg objektiv überprüft werden kann. Wie sollen Emanzipation, Kommunikationsfähigkeit, Kreativität und faires Verhalten objektiv getestet werden? Dagegen läßt sich die persönliche Fitness objektiv feststellen. In vielen amerikanischen Bundesstaaten ist heute Fitness das oberste Lernziel der physical education geworden.

V. Reduktionen im Schulsport

Die Reduktion des Humanen, die ständig steigende Einschränkung der individuellen Entfaltungsmöglichkeiten, ist ein beunruhigendes Symptom der nachindustriellen Gesellschaft in Ost und West. Auch im Sport und Schulsport treten reduktive Tendenzen auf. Einige Beispiele mögen diese Behauptung stützen.

Manche Sportfunktionäre möchten den Schulsport auf Talentsuche und -förderung reduzieren. Auf dem Freizeitkongreß des Deutschen Turner-Bundes hat ein Hamburger Arzt gefordert, den Sportunterricht auf Gesundheitserziehung zu reduzieren. Die progressiven Sporttheoretiker wollen den Sport auf Reproduktion der Arbeitskraft reduzieren. In der DDR ist durch Dekret die Sporterziehung in den Schulen auf je eine, später zwei Sportarten reduziert worden. Marxistische Pädagogen reduzieren alle Erziehung auf Sozialisation, auch im Sportunterricht. Die Methodikdiskussion hat sich auf die Frage nach autoritärem oder sozialintegrativem Unterrichtsstil reduziert. Der Kampf um die Sportlehrerausbildung hat sich zeitweise auf das Problem der „Eigenrealisierung" der Sportstudenten reduziert und ist in Diskussionen steckengeblieben. Die Begründung des Sportunterrichts, die von der Gesellschaft, vom Kinde und von der Sache oder der Fachwissenschaft ausgehen sollte, hat sich an einigen Hochschulen auf die Gesellschaftsrelevanz reduziert und verliert dabei Kind und Sache aus den Augen.

VI. Perspektiven

Anstatt also der allgemeinen Reduktion entgegenzuwirken, wird der Trend noch verstärkt. Wiederum soll an einigen Beispielen gezeigt werden, wie der Trend überwunden werden kann.

1. Oberstes Ziel des Sportunterrichts muß der Aufbau einer lebenslangen Motivation zum aktiven Sporttreiben bei allen Schülern sein. Da erwiesen ist, daß Interessen und Motivationen bereits im Kindesalter entstehen, müssen Sport und Spiel in der Vorschule und in der Grundschule wesentlich verstärkt werden. Auch das Elternhaus und der Sportverein können daran mitwirken. Alle anderen allgemeinen Ziele des Schulsports müssen im Hinblick auf verstärkte Motivation verstanden werden. Erfolgreiche Sozialisation verstärkt die Motivation. Kommunikationsfähigkeit erhöht die Lust an sportlichen Aktivitäten. Richtiges methodisches Vorgehen entwickelt Emanzipation und Kreativität, die wiederum die Motivation verstärken. Ohne den Bezug zur lebenslangen Motivation bleiben Kommunikationsfähigkeit, Kreativität und Emanzipation abstrakte Ziele einer formalen Bildung.
2. Eine einmal vorhandene Motivation zum Sport kann durch attraktive Angebote stabilisiert werden. Die traditionellen Sportarten des Schulsports (durchschnittlich fünf von über hundert möglichen) sind nicht für alle Schüler attraktiv und werden im allgemeinen nicht lebenslang weiter betrieben. Der Schulsport muß in Zukunft weitere Sportarten anbieten, vor allem freizeitrelevante, von den Amerikanern Lifetime-Sports genannte Sportarten wie Rudern und Segeln, Rollschuhlaufen, Skifahren und Eislaufen, Federball und Tischtennis, Judo und Fechten, vor allen anderen aber Schwimmen in allen Formen. Wie die Schule das leisten soll, ist ein offenes Problem, das in Zukunft gelöst werden muß. Zunächst sind Kurzlehrgänge in solchen Sportarten in

Schullandheimen und Sportschulen möglich, die durch Zusammenarbeit mit den Fachsportverbänden erleichtert werden können. Je größer die Anzahl solcher Lehrgänge für den einzelnen Schüler ist, desto größer ist seine Auswahlmöglichkeit für seinen persönlichen Lifetime-Sport.

3. Aktives Sporttreiben erhält und fördert im allgemeinen die Gesundheit. Fitness als jeweiliger Zustand unserer allgemeinen Leistungsfähigkeit wird durch gezielte Aktivitäten verbessert, die einen lebenslangen Sport und gute Gesundheit erst ermöglichen. Es muß also ein Ziel des Sportunterrichts sein, Einsicht und Wissen über Fitnesserhaltung zu vermitteln, die wiederum die Motivation von einer anderen Seite her verstärken. Keinesfalls darf Fitnesstraining der einzige Inhalt des Sportunterrichts sein.
4. Die heute mit Recht erhobene Forderung nach Diskussion über den Sport in der Schule, um kritische Einstellung und Selbstbestimmung zu fördern, darf nicht in den zwei oder drei Wochenstunden des Sports stattfinden, weil damit die sportliche Aktivität reduziert wird. Sie sollte im Rahmen der politischen Bildung, des Sprachunterrichts oder in besonderen Stunden stattfinden. Mitbestimmung und Mitverantwortung der Schüler gehören dagegen in jede Sportstunde.

Keiner Gesellschaft und keinem Staat kann es gleichgültig sein, ob ihre Jugend gesund, glücklich und aktiv ist oder nicht. Ein freiwillig betriebener Sport fordert Aktivität und kann Kinder, Jugendliche und Erwachsene gesund erhalten und glücklich machen. Durch Pflicht und Zwang, durch Verordnungen und Curricula kann keine lebenslange Motivation zum Sport aufgebaut werden. Erkennen, Wollen und Vollbringen — biblische Worte — sind die Stufen, die jeder einzelne bezwingen muß. Gesellschaft und Staat, Familie und Gruppen, vor allem aber Schule und Lehrer, Verein und Übungsleiter müssen und können dabei verständnisvoll helfen.

Josef N. Schmitz

Zur aktuellen Zielproblematik des Sportunterricht

I.

Sportpädagogische und fachdidaktische Erörterungen ringen seit Mitte der 50er Jahre um eine zeitangepaßte, fachspezifische und wissenschaftlich vertretbare Formulierung der Ziele sportlicher Pflichtaktivität im Rahmen planmäßiger Lehre des Schulunterrichts. Eine um gut 20 Jahre dauernde Diskussion dürfte allmählich diesbezügliche Perspektiven erwarten lassen, die zumindest einen minimalen Grundlagenconsensus herstellen müßten, auf dem das notwendige bildungs- und gesellschaftspolitische Selbstverständnis der Leibeserziehung und des Sportunterrichts gedeihen und sich sachdienlich in die Zukunft hin entfalten könnte. Derzeit scheinen solche Perspektiven noch nicht in Sicht zu sein. Die Schulpraxis, durch freilich wissenschaftlich legitime Konträrauffassungen verunsichert, wartet allerdings darauf.

Im Zuge der fachdidaktischen Verselbständigung innerhalb der heute vielfach als „bildungstheoretisch" oder „geisteswissenschaftlich" apostrophierten Didaktikdiskussion im Gefolge der „Göttinger Schule" (E. Weniger/W. Klafki) hatte es bis zu S. B. Robinsohns Vorstoß in Richtung auf eine „Bildungsreform als Revision des Curriculums" (1967) wenigstens den Anschein, als hätte man im Prinzipiellen des methodischen Ansatzes zur Ermittlung strukturspezifischer und für das Handlungs- oder Verhaltensrepertoire des Menschen in Welt und Gesellschaft grundlegender Aktivitäten ein grob gerastertes Einvernehmen hergestellt. Unter Absehung terminologischer Varianten, unterschiedlicher Ableitungen oder gegensätzlicher Akzentuierungen (O. Hanebuth, L. Mester, K. Paschen, H. Bernett und J. N. Schmitz) galten beispielsweise Spielen, Leisten und Gestalten als strukturelle Handlungselemente aktualisierter Bewegungen im Sport, die eine individuelle und soziale Lebensbedeutung besitzen und insofern bei ihrer Ermöglichung durch gelernte Sportvollzüge erziehungs- und bildungsrelevant sein können. Weitgehende Einmütigkeit bestand auch in der Ablehnung bisheriger Begründungen zur Leibeserziehung durch einen tradierten Tugendkanon, durch welchen dem Sport eine gleichsam funktional, aber konkret in einer Ursache–Wirkung–Beziehung nicht belegbare Vermittlung von allgemeinen Charakter- und Verhaltenseigenschaften zugeschrieben wurde.

Mit Robinsohns Schrift und der nachfolgenden Diskussion um eine curriculare Neuordnung als Wegweisung in eine bildungs- und gesellschaftspolitisch reformierte Zukunft, teilweise aber auch über diesem Ansatz aneignenden wissenschafts-

theoretischen oder methologischen Prämissen wurde sehr schnell Diskussion und Ergebnis der „bildungstheoretischen" Didaktik mit dem Verdikt einer antiquierten Auffassung über Ziel und Zweck der Erziehung überhaupt und des Sportunterrichts im besonderen, einschließlich der angewendeten Erkenntnismethoden belegt. Die neue Zauberformel hieß: sachorientierte, operationalisierte und rational nachvollziehbare Lernbestimmung, deren Auflistung in einem Curriculum, ergänzt durch entsprechende Wegweisungen und Instruktionshilfen für den Vermittlungs- und Aneignungsvorgang im Sportunterricht der Schule.
Indessen haben sich auch die in diesen Problemlösungsansatz gesetzten Hoffnungen sowohl allgemein als auch fachbezogen nicht erfüllt, wobei allerdings die methodologischen Impulse der erziehungswissenschaftlichen und didaktischen Erkenntnisfindung ausgeschlossen werden müssen, wenn von dem Absolutsheitsanspruch der Empirie zugunsten eines pluralistischen Methodenkonzepts abstrahiert wird. So herrscht gegenwärtig weithin Skepsis oder gar Ratlosigkeit, wie die Zielproblematik speziell auch des Fachgebiets zweckmäßig und zukunftsbestimmt zu lösen ist. In diesem Bezug hat jüngst J. LANGE in einem Forschungsbericht „Zur gegenwärtigen Situation der Sportpädagogik" (Sportwissenschaft, Heft 3 und 4/1975, 217–249) eine instruktive Analyse der gegenwärtigen Erkennntnissituation mit dem Ergebnis vorgelegt, daß die Sportdidaktik erneut (oder schon wieder) sich „im Umbruch" befindet. Ein „Umbruch" indessen sollte auch zugleich die Perspektiven öffnen, wohin in etwa „aufgebrochen" werden soll und welche bereits vorhandenen – konkret oder andeutungsweise – Wegweisungen dafür in der gegenwärtigen Bearbeitung des Problemfeldes sichtbar sind, und zwar nicht über verbale Etiketten, sondern über neue, bisher nicht in der Entwicklung der pädagogischen und didaktischen Argumentation des Fachgebiets vorhandener Aussagen und Aspekte. Aber bei näherem Blick erweist sich auch hier eine gewisse Skepsis angebracht. Das bedarf einer näheren Erläuterung, wenngleich sie hinsichtlich des verfügbaren Rahmens nur exemplarisch gegeben werden kann.

II.

Angestrebter wissenschaftlicher Erkenntnisfortschritt beginnt zweifelsfrei mit dem Infragestellen oder Problematisieren des verfügbaren Wissensstandes. Wenn freilich das Problematisieren zur Sucht oder zum ausschließlichen wissenschaftlichen Prinzip durch grundsätzliche Ablehnung des vorgefundenen Erkenntnisstandes wird, isoliert bleibt und nicht zugleich die notwendige Konsequenz eines wenn auch nur vorläufigen Ergebnisses der je möglichen aktuellen Denk- oder Wissensmöglichkeiten besitzt, wenn überdies das Problematisieren geflissentlich historische Befunde übersieht oder sich an Phänomenen versucht, die sich – weil von einer gewissen zeitübergreifenden oder strukturellen gesellschaftlichen Konsistenz – dieser sperren, dann kann das legitime wissenschaftliche Prinzip zum unfruchtbaren Diskutieren abgleiten. Betrachtet man beispielsweise die Charakterisierung der Umbruchsituation, in der J. LANGE in dem o. a. Beitrag die

aktuelle Sportdidaktik findet, wird man leicht zu solcher Erkenntnis verführt. LANGE erkennt diesbezüglich vier „offene Probleme", die vorab einer Klärung bedürfen: „1. Was ist Sport?; 2. Welche Bedeutung hat die Institution Schule?; 3. Was sind die grundlegenden Prinzipien der Transformation von Sport in der Schule?; 4. Was sind die den Schulsport konstituierenden Elemente?" (S. 240 ff.). Davon soll – des beschränkten Raumes wegen – das erste kurz näher hinsichtlich seiner „Problematisierungs-Problematik" beleuchtet werden. Die Frage, was ist Sport, konzentriert sich bei LANGE weniger auf die ontologische Dimension nach Sinn, Zweck oder Bezugsinhalt, als vielmehr auf die aktuellen Differenzierungen als alternative Maßgaben für den Schulsport, also etwa: „Sportliches (Spitzen- und Leistungssport) oder re-kreatives Prinzip (Breiten- und Freizeitsport)" nach J. DIECKERT; „Absoluten oder allgemeinen Sport" nach A. H. TREBELS; Sport als „erweiterte Reproduktionskraft der Arbeit" in der Perspektive zur politischen Sozialisation nach S. GÜLDENPFENNIG und B. RIGAUER oder „die Wirklichkeit des Sports in der Vielzahl seiner Erscheinungsformen und Handlungsmöglichkeiten und ohne Interesse an einer systematischen Ordnung der konstitutiven Elemente und Strukturen", von O. GRUPE u. a. vertreten.
Nimmt man in der Tat den Sport – gemäß der letzten Auffassung – als bedeutende Gesamterscheinung gegenwärtiger Kultur und Gesellschaft, als ein Phänomen überdies, das in seinem Vollzug und Ausprägungsformen an den Menschen in dessen Vielfalt von Motivationen, Verhaltens- und Handlungsweisen gebunden ist, muß er auch in der Realität von Kultur und Gesellschaft alle je möglichen Gestaltungs- und Intentionselemente offenbaren, zu denen Menschen fähig sein können: Formenreichtum, objektivierte Vollzugsbedingungen nach Gesetz und Regel, Leistungsstreben bis zu optimalen, aber steigerbaren Grenzmarken, vergnügliches Spiel, konkurrierendes Wettkampfverhalten, sozialintegrative Kommunikation, altersspezifische Reduzierungen, Bürokratisierung und Technisierung, emotionale und intellektuelle Durchdringung und vieles andere mehr. Nicht ein einzelner dieser Aspekte bestimmt Sinn, Wesen und Struktur des gegenwärtigen Sports, vielmehr konstituieren sie alle ihn als zeitadäquates Phänomen gegenwärtiger Kultur und Gesellschaft. Wer folglich an diesen Sport subjektive Akzentuierungen als Entscheidungsmaßgabe für nur solchen oder anderen Sport anlegt, sich anmaßt, zwischen „richtigem" oder „falschem" Sport zu unterscheiden, in dieser Entscheidung ihn dann noch für politische, gesellschaftliche oder pädagogische Belange einschalten will, die der Sport seiner Sach- und Handlungsstruktur nach nicht zu leisten vermag und dies dann als die notwendige Problematisierung zur besseren, verallgemeinerten Erkenntnis begreift, problematisiert weniger den Sport als sich selber oder sein gestörtes, nicht bis zur letzten Konsequenz durchdachtes Verständnis der Wirklichkeit der menschlichen Natur im Zusammenhang mit dem Sport. Das penetrante Sendungsbewußtsein, für andere richtig zu denken, abstrahiert bei einseitiger Sichtweise von weltweiter Praxis und gewachsenen historischen Formen als gesellschaftliche Absprache und reduziert im besten Falle auf

die unerfüllbare Bedingung nur eines Aspektes von Sport. Widersprüchlichkeit wird vor allem auch dort sichtbar, wo solche einseitige Argumentation dann noch unter den methodischen Prämissen einer wissenschaftlichen Objektivität der Erkenntnisfindung steht, aber dann unreflektiert im eigenen Widerspruch ideologisch-subjektiven Setzungen aufgesessen wird. Ein Beispiel hierfür geben GÜLDENPFENNIG, RIGAUER und andere mit ihrer sog. „Kritischen Sporttheorie". In diesem Bezug helfen auch solche akademische Unterscheidungen wie „absoluter" oder „allgemeiner Sport" (TREBELS) nicht weiter.

Eine andere Sache sind die Motivationen und Intentionen, mit denen jeder seinen Sport betreibt. Deren Vielfalt ist so groß, wie die Menschen untereinander ihrer konstitutiven Personalität wegen verschieden sind, wenngleich hier durchaus unter der Prämisse sach- und vollzugsstruktureller Betrachtungsweisen des Sports Reduzierungen auf Grundkategorien möglich sind: Erholung, Gesundheit, Freude und ähnliches mehr. Intendierte Steuerungen gewinnen freilich im pädagogischen Bezug eine zukunftsträchtige Dimension. Aber das Erziehungsfeld, selbst mit seiner immanenten Verantwortung auf Zukunft hin, ist keine Isolierstation mit Sterilisierungsmöglichkeiten gegen die konkrete Wirklichkeit des Sports in unserer Gesellschaft. Insofern besitzen GRUPE u. a. ein weitaus realistisches Konzept mit recht simplen und daher nicht problematisierungsrelevanten didaktisch-methodischen Konsequenzen. Wer zum Sporttreiben in der Schule fähig gemacht werden soll, muß seine ihm insgesamt und im speziellen Falle einer bestimmten Sportart aneignenden Bewegungseigenschaften und Handlungsfertigkeiten lernen. Ihm muß also eine Grundausbildung durch planmäßigen Unterricht vermittelt werden, er muß konkrete Sportarten in ihren objektivierten Vollzugsbedingungen aktualisieren. Nur so kann er Erfahrungen sammeln, die den über die Erziehung mündiggewordenen Menschen erst befähigen, in eigener und nicht fremdbestimmter Selbstentscheidung und in der „Erkenntnis seiner eigenen Bedürfnisse" (wie es so häufig unter der neuen Zauberformel „Emanzipation" zu lesen ist), etwa zwischen einem „sportlichen" oder „re-kreation Sport" zu wählen, eine Differenzierung übrigens, die mehr theoretischer als praktischer Natur ist und wozu Sport als Grundphänomen betrachtet u. E. keine sachlich oder wissenschaftlich begründeten Kriterien hergibt. Jeder Sport und jede Sportart können „sportlich" und „re-kreativ" betrieben werden. Insofern ist es u. E. ein sachstrukturell falscher Ansatz, wenn derzeit gegen den traditionellen Kanon der Schulsportarten aus einzelnen didaktischen Sichtweisen zugunsten sog. freizeitrelevanter Sportarten als Maßgabe eines Sportcurriculums opponiert wird. Zunächst schließt das eine das andere nicht aus. Andererseits muß man sich wundern, daß diejenigen, die solches propagieren, den Sport nicht besser kennen. Wer turnen, schwimmen, laufen, fußballspielen, gymnastizieren gelernt hat, das heißt über die entsprechenden Bewegungsfertigkeiten und Bewegungseigenschaften verfügt, kann auch in einem verhältnismäßig kurzen Lern- und Aneignungsprozeß jede andere Sportart betreiben – wenn er will.

Zugestandenermaßen – das Problem ist hier simplifiziert; bewußt, weil Problematisierung dort, wo sie nicht zwingend zu einem wissenschaftlichen (hier dann sportpädagogischen und sportdidaktischen) Erkenntnisfortschritt notwendig ist, nur Widerspruch, Theorienstreit und Unsicherheit verbreitet. Jedenfalls wird dadurch die gegenwärtig häufig erhobene Forderung nach wirksamen Projektionen der sportdidaktischen Theorie in die Praxis kaum erfüllt.

III.

Die feststellbare Unsicherheit über Aufgaben, Ziele und Vollzug des Schulsportunterrichts nach dem offensichtlichen Scheitern des curricularen Ansatzes jedenfalls in dieser Ebene des fachdidaktischen Gesamtfeldes und die Erkenntnis, daß letzten Endes in der Beschränkung auf Fertigkeitsvermittlung im Postulat eines stringenten lernzielorientierten Unterrichts lediglich eine „produktorientierte Didaktik" (D. Brodtmann) zu konstituieren ist, scheint neuerdings wieder eine Wende zugunsten der übergreifenden Dimension des erzieherischen und gesellschaftlichen Auftrages des Fachgebietes eingetreten zu sein. Man spricht wieder – wenn auch etwas un- und widerwillig – von „Normen", „Sinn" und „Werten", von allgemein durch Sport vermittlungswürdigen erzieherischen und gesellschaftlichen Qualifikationen und nennt solcherart nicht weniger plakative Etiketten, als dies die letzten 150 Jahre der Fall war: „Emanzipation", „Sozialisation", „Kommunikation", „Selbstverwirklichung", Lebenserfüllung", „politisch-soziales Probehandeln", „Fähigkeit zur gesellschaftlichen Veränderung", „Aufbrechen von traditionellen Rollenmustern", „sprachliche Interaktion aller Beteiligten" und dergleichen mehr. Auch fehlt es nicht an exklusiven und realitätsfernen Vorschlägen zu einer „neuen Qualität der Körperkultur" mit „Sauna, Yoga, FKK, Trimmaktionen u. ä." durch eine „Entsportung des Schulsports" im Gefolge einer „Entschulung der Schule" (Lange, 229 ff.). Dies wird dann als „eine dritte Struktur der aktuellen Diskussion der Sportdidaktik" erkannt, nämlich die „Suche nach einer neuen Sinn-Norm", welche den „Schulsport nicht auf die fach- und sportspezifische Ebene zu beschränken", sondern „auf einer fachübergreifenden Ebene zu diskutieren" versucht, „die alle in der Schule zu inszenierenden Veranstaltungen umfaßt" (Lange, 235).

Früher ist in diesem Bezug schlicht vom Bildungsauftrag des Fachgebietes im Rahmen der Gesamterziehung gesprochen worden. Hier fehlt es entweder an Denkvermögen hinsichtlich semantischer Interpretation und historischer Durchschau, oder es wird alter Wein in neuen Schläuchen verkauft. Viel schlimmer noch! Zunächst verfällt man in den gleichen Fehler, dem anfangs die „bildungstheoretische" Didaktik, aber auch alle früheren Formulierungen des Bildungsauftrags durch Sport und Leibeserziehung aufgesessen sind, indem allgemeine pädagogische oder gesellschaftsbezogene Zielvorstellungen in das Fachgebiet projiziert und teilweise als Etikett aufgeklebt worden sind. Die Diskussion um die Konstituierung einer selbständigen Fachdidaktik Mitte der 60er Jahre hat davon abstrahiert und ist den einzig richtigen Weg gegangen, wie immer man auch über das Ergebnis denken mag. Dieser geht genau umgekehrt. Die Sportpädagogik und die Sportdidaktik haben zu fragen und zu prüfen, was an überzeitlichen Sinn-Normen (wenn auch manche daran zweifeln, aber es gibt sie) bzw. an den der allgemeinen, aktuellen und zukunftsträchtigen Erziehung begründet zugeschriebenen Zielsetzungen durch den Schulsport mitgetragen und in spezieller Weise struktur- und sachgemäß realisiert werden können.

Es hat den Anschein, daß — nach LANGE — die sich im „Umbruch" befindliche Sportdidaktik erneut auf einen Kurs gerät, der den nächsten „Umbruch" schon im Keim enthält oder sogar zum Ausgangspunkt des Aufbruchs einer eigenständigen Fachdidaktik Anfang 1960 zurückführt. Dafür gibt es eine Reihe von Symptomen.

Da ist zunächst in Ansicht der eingangs dieses Kapitels gegebenen exemplarischen Auflistung übergreifender Zielsetzungen des Schulsports die Gefahr, erneut ins Schlepptau gesellschaftlicher, ideologischer oder pädagogischer Sinn- und Wertvorstellungen genommen zu werden und dadurch das strukturspezifische Selbstverständnis des Fachgebiets, aber auch seine relative Autonomie innerhalb der Bildungsperspektiven auf die Zukunft hin zu überziehen und damit zugleich zu verspielen. Durch neue Schlagworte wie „produktorientierte" und „prozeßorientierte" Sportdidaktik (D. BRODTMANN u. a.) wird weiter der überwundene Streit zwischen formalen und materialen Bildungskonzeptionen erneut entfacht und die fundamentale Erkenntnis übergangen, daß Bildungs- und Erziehungsprozesse sich in Verbindung von „Produkt"- (Aneignung von Fertigkeiten und Wissen) und „Prozeßorientierung" (Aktualisierung in Verhalten und Handlungen) ereignen. Von den Bedingungen wissenschaftlichen Erkenntnisfortschritts scheint auch eine Argumentationsmethode mehr als fragwürdig, die – rückwärts – diesbezügliche, freilich stets zeitlich und situationsbedingte Aussagen übersieht, ablehnt oder als antiquiert bezeichnet, aber alle aktuellen Äußerungen ernst nimmt oder als Problemlösungsbeitrag unkritisch akzeptiert.

Freilich: Im Wissen, daß geistiges, kulturelles und gesellschaftliches Leben nie statisch, sondern stets dynamisch ist, kann man durchaus für kontinuierliche Umbruchsituationen plädieren. Erziehung jedoch – jedenfalls die praktische Erziehung – bedarf auch einer gewissen inhaltlichen und didaktisch-methodischen Kontinuität, wenn die schon zeitlich reichlich zusammengeschrumpften Generationsprobleme nicht zum ständigen Konfliktfall werden und dadurch jede gesellschaftliche Fortentwicklung in eine bessere Zukunft lähmen sollen. So darf an dieser Stelle durchaus gefragt werden, ob man nicht vielleicht sich in der gegenwärtigen neuen Umbruchssituation wieder mit der Didaktikdiskussion der 60er Jahre befassen sollte. Im positiven wie im negativen Sinne könnte dies dazu beitragen, daß die Fachdidaktik wieder mehr „Grund unter die Füße" bekommt, als dies – nach LANGE – z. Z. der Fall zu sein scheint. Im übrigen ist es durchaus wissenschaftlich legitim, nach Umwegen und Irrtümern zu bereits ermittelten Erkenntnissen zurückzukehren.

Robert Decker

Spiel und Sport als wichtige Sozialisationsfaktoren

Im letzten Jahrzehnt ist die Spielforschung auch im Bereich der Sportpädagogik energisch weitergetrieben worden. So z. B. haben die Beiträge von B. Sutton-Smith beim wissenschaftlichen Kongreß „Sport in unserer Welt — Chancen und Probleme", München 1972, und das ebenfalls von B. Sutton-Smith geleitete Expertenseminar des Bundesinstituts für Sportwissenschaft vom 18.—20. 4. 1974 in Gauting zum Thema „Sozialisationsprozesse in Spiel und Sport" der deutschsprachigen Sportpädagogik wesentliche Bereicherungen und Erweiterungen der gängigen Theorien gegeben.

Besonders die praktische Arbeit an der von Prof. Dr. O. Hanebuth in seiner gesamten Lehr- und Forschungstätigkeit als zentrales Anliegen angesehen „pädagogischen Front" erfährt durch diese wichtigen Forschungsergebnisse eine sehr weitgreifende Bereicherung, sowohl was die Ziele und die Inhalte, als auch was die Methoden einer richtig verstandenen Spielerziehung anbetrifft.

Waren bis vor kurzem biologische Werte wie Gesundheit, Aufbau, Verbesserung und Erhalt der körperlichen Tüchtigkeit oder Leistungsfähigkeit einerseits, sowie „pädagogische", moralische und ethische, allerdings nie wissenschaftlich klar erwiesene Werte wie Fair-Play vorrangig in der sportpädagogischen Diskussion, so sind es jetzt die Individuations- und vor allem die Sozialisationsfaktoren oder -möglichkeiten der Spiele, die im Zentrum der Erörterungen stehen. Anders ausgedrückt, für Kinder und Jugendliche, aber auch für Erwachsene bieten Spiele aller Art, auch Bewegungs- und Sportspiele, viele einmalige, konkrete Möglichkeiten und Gelegenheiten, die vielen ebenso komplizierten wie für das gesamte menschliche Zusammensein in der Gesellschaft unbedingt notwendigen sozialen Reaktionen und Verhaltensweisen sozusagen „spielend" zu erlernen, zu erwerben.

1. Die klassischen Spieltheorien

In den schon klassischen Spieltheorien werden dem Spiel im allgemeinen folgende Funktionen zugestanden:

H. Spencer sah das Spiel als Ausfluß eines Kraftüberschusses der Spielenden.

S. Hall hat einen Spieltrieb angenommen, einen ererbten Instinkt, der bei Tieren und bei kleinen Kindern deutlich zutage liegt, während er bei heranwachsenden Menschen vom vernünftigen Handeln überformt und allmählich zurückgedrängt wird, jedoch als Spielvergnügen in mancherlei Beschäftigung auch des Erwachsenenlebens noch wirksam bleibt.

H. Carr hat das *Spiel als „Katharsis"*, als Reinigung gedeutet. Das Spiel soll den Menschen, der von ursprünglichen aggressiven, gesellschaftsfeindlichen Trieben besessen ist, die Möglichkeit geben, sie auf unschädliche Weise abzureagieren.

Die *Triebtheorie* S. Halls wird oft mit der *Rekapitulationstheorie* verbunden. Nach ihr wiederholt oder „rekapituliert" das Kind in seinen Spielen die menschliche Kultur. Es spielt primitive Techniken, Herstellung und Gütertausch, es baut Höhlen, lebt als Indianer oder Robinson.

Nach der *Einübungstheorie von* K. Groos ist das Spiel eine Vorwegnahme der Lebenssituation des Erwachsenen in eine Sphäre, in der der Ernst des Erwachsenenlebens noch nicht drückt.

Daneben sind noch zu nennen: die *Erholungstheorie,* die davon ausgeht, daß der Mensch beim Spielen seine Energie nicht abführt, sondern vielmehr sammelt und wieder füllt, die *tiefenpsychologische Theorie* A. Adlers, in der das Spiel die Bedeutung einer Scheinbefriedigung der Macht- und Geltungstriebe erhält, die *Theorie der Ich-Ausdehnung*, nach der das Ich als Zentrum der Persönlichkeitsbildung im Spiel nicht nur die Tätigkeiten des späteren Lebens einübt, sondern die verschiedenen Aktivitäten und Übungen des Spielens der heranreifenden Persönlichkeit zueignet. In der Pädagogischen Bewegung dieses Jahrhunderts schließlich wird das *Spiel* in erster Linie als *Ausdruck der schöpferischen Kräfte* des Kindes verstanden.

In Weiterführung dieser Spieltheorie konnte der Entwicklungspsychologe B. Sutton-Smith auf Grund von eindeutigen wissenschaftlichen Forschungsergebnissen beweisen, daß die gesamte Spielforschung erst in den Kinderschuhen steckt, daß das Spiel viel mehr ist als ein minderwertiger Zeitvertrieb, daß das Spiel und auch der Sport eine ganze Reihe potentieller Möglichkeiten vor allem der Entwicklung geistiger und sozialer Fähigkeiten beinhalten.

2. Neue Ansätze der Spieldeutung

Das Spiel — und auch der Sport, soweit er beim Kinde und Jugendlichen als Spiel verstanden und angeboten wird und nicht als ein eintöniges Einpauken langweiliger Übungen mit vorwiegend körper- und bewegungsbildenden Werten — hat auf seelisch-geistiger Ebene (psychologische Faktoren), wie auch und sogar vor allem auf gesellschaftlicher oder zwischenmenschlicher, sozialer Ebene (soziologische Faktoren) einen eigenständigen, wesentlichen, durch keine anderen Tätigkeitsformen konkret realisierbaren Entwicklungsbeitrag der Persönlichkeit zu liefern.

Nach B. Sutton-Smith ist das Spielen einmal als ein *„Anpassungsprozeß im Sinne des Bekanntwerdens mit Neuem zu verstehen"*. Das Spiel selbst wird möglich durch bewußtes, gezieltes Verhalten, durch das Erlernen von sowohl individueller als auch sozialer Beherrschung (mastery). In einer neuen Situation untersucht das

Kind zuerst, sodann wiederholt und kombiniert es eine Reihe von Reaktions- und Verhaltensweisen, bis es eine gewisse Beherrschung der Situation mit ihren speziellen Fertigkeiten, z. B. Fangen und Werfen eines Balles, erreicht hat. Dann erst „spielt“ das Kind.

3. Das Spiel als Vermittler von Neuem

Für den Kulturphilosophen HUIZINGA ist das Spiel so wesentlich für die Schaffung einer Kultur, daß er vorschlug, den Menschen vor allem als „homo ludens“, als spielender Mensch, und nicht als „homo sapiens“ und als „homo faber“, arbeitender Mensch, aufzufassen.

Für PIAGET ebenfalls ist das Spiel für die Anpassung des Menschen so wichtig, daß er darin den Ursprung jedweder intelligenten Aktivität sieht. Nach PIAGET gibt es einmal Zeiten, in denen die Anpassung, die Adaptation eines Menschen von der Notwendigkeit, seine Gedanken, Handlungsweisen und Gefühle an die Erfordernisse seiner äußeren Umwelt zu akkomodieren, geprägt wird. Daneben gibt es zum anderen auch Zeiten, in denen der Mensch diese Umwelt seinen individuellen Gedanken, Handlungen oder Gefühlen unterwirft oder assimiliert (Adaptation als Assimilation). Nach PIAGET ist das Spiel eine reine Form der Adapation, „bei der das Subjekt die Ereignisse eher leitet, als daß es von ihnen geleitet wird (Willenstrieb); die dergestalt geleiteten Handlungen werden strukturell umgewandelt (Erkenntnisvermögen); und da es somit eine kontrollierende Funktion ausübt, kann das Subjekt seinen eigenen Wechsel zwischen Euphorie und Spannung (Affekt) dirigieren“. Damit wird das Spiel selbst zu einer wesentlich intellektuellen Aktivität.

In Weiterführung der Thesen PIAGETS konnten B. SUTTON-SMITH und Mitarbeiter durch vielseitige Forschungen beweisen, daß das, was das Kind im Spiel tut, nicht nur autonom ist, sondern auch in seiner eigenen Erfahrung einzig- und neuartig ist. „Im Spiel verarbeitet es einzigartige Reaktionen (persönliche Reaktion auf Erfahrung), einzigartige Reaktionskombinationen (idiomatische, d. h. geistige Synthesen) sowie einzigartige Transformationen (Phantasie — Menschen und Gegenstände) der Reaktion auf seine eigenen früheren Erfahrungen. Je mehr es spielt, ein umso größeres Repertoire an derartigen idiomatischen Neuheiten muß es entwickeln.“

Aus dem vorhergehenden Schluß folgert B. SUTTON-SMITH, daß „das Spiel die eigentliche Quelle von Neuem sein muß und aus diesem Grund die tiefste Wurzel eines großen Teils davon, was neu in der menschlichen Kultur und was kreativ in der menschlichen Anpassung ist“. Er konnte beweisen, daß jeder Spieler ein großes Repertoire von Reaktionen entwickelt, die potentielle, aber keine unmittelbare Nützlichkeit für kulturelle Zwecke haben. Diese Aussage wird auch durch die Erkenntnis gestützt, daß die Spielmenge mit zunehmender phylogenetischer, d. h. die Entwicklung einer ganzen Kultur betreffenden, Komplexität zunimmt. „Das

Spiel ist in den Kulturen nur gering entwickelt, in denen Kinder frühzeitig in den Arbeitsprozeß eingegliedert werden und die Verhältnisse später so karg sind, daß das Bedürfnis nach verschiedenen Handlungsrepertoiren nur gering ist. In unserer modernen Welt dagegen hat das Spielen eine enorme Verbreitung gefunden. Heute bauen immer mehr Kinder Phantasiewelten auf, verwöhnen imaginäre Kameraden und führen wechselnde Gesellschaftsdramen auf, als es jemals im Verlauf der Menschheitsgeschichte für andere Kinder vorstellbar war."

Erst vor kurzem konnten Forscher beweisen, daß spielerische Menschen auch kreativer sind und daß die Kreativität des Spielers dann steigt, wenn das Spielerische durch experimentelle Verfahren ausgelöst wird. Demnach muß das Spielerische überall, auch in der Methodik des Lehrens und Lernens von Sportspielen und sportlichen Fertigkeiten ermutigt und gefördert werden.

Exploratorisches Spielen, Nachahmen, Erproben, Organisieren oder Konstruieren werden als minimale Bedingungen der kulturellen Universalität des Spiels angesehen.

Außer der Funktion des Spiels als das Vermitteln von Neuem sieht B. SUTTON-SMITH die Hauptaufgabe des Spiels nicht in der Sozialisierung von Aggression, wie die Hypothese verschiedener Forscher, darunter auch Konrad Lorenz, heißt, sondern vielmehr in einer

4. Sozialisierung von Konflikten im Spiel

Nach ihm sind die meisten menschlichen Tätigkeiten auf bestimmte Ziele hin strukturiert, die nichts mit der Kontrolle der Aggression zu tun haben. Für ihn sind sehr konkrete Fragen, ob man z. B. anerkannt oder abgelehnt wird, ob man sich Freunden nähern kann oder ihnen aus dem Weg gehen sollte, ob man genügend Erfahrungen hat, um überleben zu können, ob man richtige Entscheidungen getroffen hat, lebenswichtige Fragen des Menschen, die weit wichtiger für das Spiel sind als der Begriff der Aggression. B. SUTTON-SMITH ist der Meinung, daß „Sportler und Zuschauer gleichermaßen in eine Vielzahl menschlicher Konflikte verstrickt sind, die ständig nach Vereinfachung (und nicht nach Zuspitzung) verlangen, wie sie im Sport und im Spiel möglich sind." So gesehen bieten Spiel und Sport vielseitige und sogar einmalige Gelegenheiten zur Vereinfachung und zum aktiven Durchspielen von Konfliktsituationen.

„In einer Kultur z. B. in der es wichtig ist, die Gegensätze zwischen Verfolgung und Flucht erfassen zu lernen, weil manche Tiere und manche Menschen verfolgt und manche Tiere und Menschen geschont werden müssen, kann man es Kindern nicht überlassen, diese Dinge in der Natur kennenzulernen. Zu wenige von ihnen würden überleben. Ein Spiel dient ihnen jedoch als eine Art primitiver Schule. Es löst die gestellte Aufgabe — nämlich Verfolgung und Flucht — aus ihrem gewohnten und häufig gefährlichen Zusammenhang heraus und bietet sie dem Auffassungsvermögen der Spieler in einer verbindlichen Form dar."

„Wettspiele, auch sportliche, scheinen demnach in erster Linie der Verarbeitung von Informationen darüber zu dienen, wie man sich in einem antithetischen Rahmen verhalten soll: Wie man jagen oder flüchten, sich verstecken oder suchen, angreifen oder sich verteidigen, gefangen nehmen oder retten, zusammenhalten oder sich zerstreuen, zusammenfügen oder zerstören, gewinnen oder verlieren soll." Demnach ermöglichen Wettspiele Spielvarianten, die eine Sozialisierung von Konflikten darstellen.

Grundkonflikte, die im Alltagsleben statisch und unlösbar bleiben, werden im Rahmen von Spielen in dynamische Interaktionen umgeformt. „Täuschungen und Kriegslisten, Bestechungen und Heucheleien, die meistens der normativen Maske einer Gesellschaft widersprechen, werden in der perversen Gesellschaft der Wettspiele zu vollgültigen Hilfsmitteln. Sie werden Bestandteil des erworbenen Repertoires der Spieler."

Demnach ist das echte Spielen in erster Linie und vor allem ein Erkenntnisprozeß. Es ist ein Prozeß des Abstrahierens und Begreifens kultureller Krisenpunkte, indem man ihnen die Form spielerischer Antithesen verleiht. Spiele können also Konflikte sozialisieren.

In diesem Zusammenhang sind Spiele als ein Kräftemessen mit ungewissem Ausgang, oder als Situationen, bei denen es Regeln, einen Gegensatz der Kräfte und einen ungewissen Ausgang gibt, zu verstehen. Ein Spiel muß nicht unbedingt Regeln, Mannschaften, Resultate und Gewinner haben, sonst wären ja die meisten Freizeitbeschäftigungen keine Spiele. Gruppenbeschäftigungen können ebenso Spiele darstellen wie das Versteckspiel von Mutter und Kind. Bei diesen Spielen besteht der Unterschied zwischen Ordnung und Unordnung, Altruismus und Egoismus, Kontrolle und Impuls. Innerhalb jeder spielerischen Antithese gibt es eine geordnete Reihenfolge von aufeinander folgenden Spielen, wobei jedes Spiel strukturell vom Niveau des vorhergehenden abhängig ist.

5. Inhaltliche und methodische Konsequenzen für den Sportunterricht in Schule und Verein

Sowohl für das Verständnis von Spiel und Sport als wichtigen Bildungsfaktoren in unserer modernen Welt im allgemeinen, als auch für die Auswahl der sportlichen Inhalte und der Lehr- und Lernverfahren im schulischen und auch im außerschulischen Sportunterricht und Sportbetrieb, vom Spiel und Sport für Kinder bis hin zum Sport für Alle, ergeben sich aus diesen neuen, wissenschaftlich abgesicherten Erkenntnissen nicht nur ein viel höherer Stellen- und Rangwert, ein höheres Selbstverständnis von Spiel und Sport, sondern auch ein notwendiges Umdenken der gesamten Methodik. Nicht Vormachen und Ausführungsbefehle, nicht Herumkommandieren von wegen „Disziplin", sondern selbständiges Suchen, Explorieren, Erproben, Konstruieren und Kombinieren sind vorrangig. Die Kinder und auch die Erwachsenen zum Spielen anregen, Ihnen vielseitige, konkrete Möglichkeiten, Anlagen und Geräte zur Verfügung stellen, sie zum nächsten Schritt, zur nächsten Stufe durch geschicktes Fragen, durch vielseitige Anreize, Beispiele, Anregungen bringen, all das gehört zu einer Spiel- und Sportpädagogik deren Werte und Möglichkeiten keineswegs auf wichtige biologische Funktionen beschränkt bleiben, sondern deren Wichtigkeit und einmalige Möglichkeiten auch für den individuellen und den sozialen Erkenntnis- und Integrationsprozeß vorrangig sind. Spiel und Sport sind demnach keine Ausgleichsfaktoren zur geistigen Bildung, sondern sie sind selbst wichtige geistige, psycho-soziale Bildungs- und Entwicklungsdimensionen der menschlichen Persönlichkeit.

LITERATUR:

DAUBLEBSKY, B.: Spielen in der Schule. Stuttgart 1974.

FLITNER, A.: Spielen – Lernen, Praxis und Deutung des Kinderspiels. München 1972.

SUTTON-SMITH, B.: Konfliktsozialisierung im Spiel. In: Grupe, O./BAITSCH, u. a. (Hrsg.), Sport in unserer Welt – Chancen und Probleme. Berlin/Heidelberg/New York 1973, 78–84.

SUTTON-SMITH, B.: Spiel; das Vermitteln von Neuem. In: GRUPE, o. u. a. (Hrsg.), Sport in unserer Welt – Chancen und Probleme. Berlin 1973, 607–612.

SUTTON-SMITH, B. und S.: How to play with your children and when not. New York 1974.

SUTTON-SMITH, B.: Play as an adaptive potential. In: Sportwissenschaft (1975) 103–118.

SUTTON-SMITH, B.: Play, Creativity and Movement. In: Kongreßbericht „Die menschliche Bewegung“, Schorndorf 1976, 22—35.

Knut Dietrich

Ausbildung für Sportjournalisten?

Vorüberlegungen zu einem Curriculumprojekt an der Universität Hamburg

1. Einleitung

In dem Maße, in dem Sport zu einem zunehmend anerkannten Sektor öffentlicher Dienstleistung wird, verdichten sich eine Reihe der vielfältigen Tätigkeiten in diesem Bereich immer deutlicher zu eigenen Berufsbildern. Besondere sportbezogene Berufsfelder, die hier zu nennen wären, sind: die Sportverwaltung, der Sportstättenbau, Tätigkeiten im Zusammenhang mit Sport als Freizeitangebot, als Prävention und Rehabilitation, Lehrtätigkeiten in allen Bereichen des Sports, die Sportwissenschaft sowie der Sportjournalismus.

Die besondere Verantwortung dieser Dienstleistungen ist umso höher, je mehr sie über die Sicherung und Ermöglichung des Sports hinaus diesen zunehmend maßgeblich in seiner Weiterentwicklung bestimmen.

Für eine Reihe der genannten Berufsfelder gibt es bereits typische Berufsbilder, für wenige gar feste Ausbildungsgänge mit staatlich anerkannter Prüfung. Der Arbeitsbereich „Curriculum und Unterricht" des Instituts für Sportwissenschaft der Universität Hamburg versucht auf der Basis curriculumtheoretischer Überlegungen Fragen der Ausbildung für sportbezogene Berufsfelder nachzugehen (1). Zur Zeit werden in Zusammenarbeit vor allem mit Rundfunk und Fernsehen Analysen des Berufsfeldes des Sportjournalisten angestellt, die den Fragen der Notwendigkeit einer differenzierten Ausbildung und ihrer möglichen Inhalte gelten (2).

Die Untersuchungen werden in Form des Projektstudiums im Rahmen der Sportlehrerausbildung durchgeführt.

Die Einbindung dieser Veranstaltung in die Sportlehrerausbildung ist (wie im folgenden weiter ausgeführt wird) eine sachliche durchaus begründbare Entscheidung; es darf daraus allerdings nicht der Schluß gezogen werden, daß zukünftig eine Ausbildung von Sportjournalisten allein im Rahmen eines Sportwissenschaftlichen Instituts geleistet werden könnte.

2. Begründungen des Projektes im Rahmen der Sportlehrerausbildung

2.1. In der Arbeit des Sportlehrers sind Sportzeitung, Sportberichte, Sportfunk und Sportschau nicht unwesentliche Einflußfaktoren:

- Sie bestimmen die Motivationslage der Schüler in bezug auf Sportarten und ihre Ausführung und manipulieren ihre Meinung und Urteile über Sport.

- Sie liefern dem Jugendlichen Identifikationsmöglichkeiten. Lehrer sollten den Mechanismus kennen, wie solche Sportvorbilder aufgebaut und durch die Massenmedien in ihrer Wirkung verstärkt werden. Dazu müssen Sportlehrer Einblick in die Produktion und Sendegestaltung, die Kriterien der Entscheidungen über Themenauswahl und -gestaltung usw. kennen. Sie lernen damit einen nicht unwirksamen geheimen Miterzieher kennen. Es werden hier insgesamt pädagogische Probleme der Massenmedien angesprochen.

2.2. Die Studierenden erhalten in dieser Veranstaltung zudem Einblick in die Probleme sportbezogener Berufsfeldforschung, wie:

- Professionalisierung sportbezogener Berufe (die Professionalisierung des Sportjournalistenberufes verläuft ganz ähnlich wie die des Sportlehrerberufs).
- Determinanten, die das Berufsfeld und die Qualifikation und damit ein Curriculum bestimmen.

  Verfahren der Curriculumentwicklung, Erhebung und Evaluation curriculumrelevanter Daten durch Berufsfeldanalyse, Zuschauerbefragungen, Hospitation, berufspraktische Versuche ...

2.3. Die Studierenden erwerben Kenntnisse über Massenmedien und Sport für eine Curriculumeinheit für das Leistungsfach in der Sekundarstufe II (Sporttheorie) (3).

2.4. Sportlehrer und Sportjournalisten haben ähnliche Probleme insofern, als beide den Gegenstand Sport einer Gruppe von „Abnehmern“ vermitteln und sich dabei bestimmter Verfahren bedienen.

Der Didaktik des Lehrers entspricht die Dramaturgie (4) des Journalisten. So wie Lehrer den Lehrgegenstand Sport elementarisieren, um ihn lehrbar zu machen, so reduzieren Journalisten eine bestehende Informationsvielfalt über Sport, sie wählen aus, interpretieren, gewichten, dramatisieren und geben damit Sport einen besonderen „Sinn“.

Beide Tätigkeiten erzielen mit der Darbietung von Sport Wirkungen bzw. beeinflussen das Bewußtsein über Sport. Es ist deshalb notwendig, mögliche und angestrebte Wirkungen zu rechtfertigen und zu begründen.

Das Projekt Sportjournalismus hat somit eine dreifache Funktion:

- Studierende erhalten berufsrelevante Informationen, die für ihre spätere Tätigkeit als Sportlehrer bedeutsam sind;
- Studierende ermitteln unter curriculumtheoretischen Aspekten mögliche Qualifikationen, die Sportjournalisten zur Bewältigung ihrer Berufssituation benötigen.
- Die Erkundungen im Berufsfeld erweisen sich möglicherweise selbst als denkbare Elemente einer Ausbildung für Sportjournalisten.

3. Analyse des Berufsfeldes der Sportjournalisten

Um diese drei Funktionen zu erfüllen, ist eine Analyse des Berufsfeldes nötig, die sich sehr praxisnah mit der Tätigkeit von Sportjournalisten auseinandersetzt. Um jedoch der Gefahr zu entgehen, sich in der Vordergründigkeit beobachtbarer Praxis zu verlieren, ist es nötig, sich der größeren Bezüge zu vergewissern, in die der Beruf des Sportjournalisten eingebunden ist.

3.1. Determinanten des Berufsfeldes

Unter Determinanten werden hier Einflußfaktoren verstanden, die die Arbeit des Sportjournalisten bestimmen und seine Entscheidungen begrenzen. Sie werden um so stärker einschränkende Funktion haben, je weniger die Sportjournalisten diese Einflüsse durchschauen. So gesehen stellt jede benennbare Determinante zugleich einen möglichen bzw. unumgehbaren Bereich journalistischer Qualifikation dar. Im folgenden sollen einige relevante Einflußfaktoren kurz angedeutet werden.

3.2. Analyse relevanter Determinanten

Der *„Markt“* bestimmt die Funktionen und die Qualifikationen der Sportjournalisten in starkem Maße, und zwar um so mehr, je mehr die Verkäuflichkeit der „Sportinformationen als Ware“ Kriterium und Maßstab der Produktion bzw. Bearbeitung ist. „Der Weltrekord ist wohl immer noch eine Ware, die sich in Schlagzeilen verkaufen läßt“ (5).

Dies gilt auch dort, wo Einschaltquoten und Zuschauerbefragungen zur unbefragt gültigen und zwingenden Orientierung werden. Bei den Journalisten selbst führt das fast zwangsläufig dazu, lediglich solche Qualifikationen zu erwerben, die man unter das Motto stellen könnte: Lernen, den Leuten aus dem Herzen zu sprechen! oder: Senden, was vielen gefällt!

Diesen zwingenden Einflüssen des Marktes kann der Sportjournalist nur entgehen, wenn er gelernt hat, diese Mechanismen zu durchschauen und an seinen eigenen Tätigkeiten zu identifizieren, und wenn er andere Kriterien kennengelernt hat, Informationen auszuwählen und für den „Markt“ aufzubereiten. Um dies zu lernen, ist es sicherlich notwendig,

- Verfahren der Marktanalyse zu kennen und vorliegende Analysen zu interpretieren,
- Einblicke in die Soziologie der Massenmedien, einschließlich ihrer medienpolitischen Implikationen zu haben,
- Sportpolitische und sportwissenschaftliche Kriterien als Orientierung für die Produktion und „Vermarktung“ von Sportinformationen anzuwenden.

Der *„Sport“* ist Informationsinhalt und -gegenstand. Darstellung, Beschreibung und Berichte aus dem Bereich des Sports haben Rückwirkungen auf den Sport selbst.

Der Sport, der von sich aus bereits auf Selbstdarstellung aus ist, sich zur Schau stellt, erhält durch die Massenmedien eine verstärkende Unterstützung. Der Sportjournalist ist insofern ein Diener des Sports, als er seine Schauwirkung vervielfacht (Zuschauerzahlen lassen sich über die Millionengrenze ausweiten!). Vertreter des Sports weisen aber auch auf die Gefahren nachdrücklich hin. W. WEYER: „Fernsehen entfremdet auf die Dauer dem Sport die Zuschauer, das ist sicherlich eine Gefahr für den Sport" (6). Jede Darstellung des Sports ist auch immer eine Deutung und Interpretation und damit eine Bewertung des Sports. Das führt zu Idealisierungen, möglicherweise Ideologisierungen. „Das Ethos des Sports zu fördern" ist noch immer das ausgesprochene Ziel und Berufsethos der Sportjournalisten (7).

Um angemessen und sachgerecht über Sport zu berichten, ist es notwendig, Sachkenntnisse, Erfahrungen und besondere Einblicke in den Sport zu besitzen. Ein Wirtschaftsjournalist ist ohne Studium der Wirtschaftswissenschaften inkompetent und möglicherweise eine für das Wirtschaftsleben gefährliche Informationsquelle. Das gleiche gilt für den Sportjournalisten.

Recherchen im Bereich des Sports sowie ihre Auswertung brauchen eine sportwissenschaftliche Orientierung:

- *Theorie und Praxis der Sportarten* geben Einblick in spezielle Sportarten; sie können unter folgenden Aspekten analysiert werden:
- Bewegungsanalyse
- Handlungstheoretische Analyse
- Interaktionsanalyse
- Sozialisationsanalyse
- Bildungstheoretische Aspekte

  Sie erlauben eine sachgerechte Darstellung und führen zu wissenschaftlich begründbarer Auswahl und Auswertung von Informationen (Kamerastandpunkt, Schnitt . . ., sowie Aspekte der Beschreibung, Hinweis auf Hintergründe, bemerkenswerte Erscheinungen usw . . .)
- *Eigene Sportpraxis* kann den Zugang zur Erfahrungs- und Erlebniswelt des Sportlers erschließen und die für Interviews notwendigen Kontakte erleichtern.
- Eine allgemeine Orientierung in der Sportwissenschaft erweitert die Aspekte und Dimensionen, unter denen Sport wahrgenommen, dargestellt und interpretiert werden kann.

Das Studium der Sportwissenschaft kann Aufschluß über

- die politischen, gesellschaftlichen und wissenschaftlichen Bezugszusammenhänge vermitteln, in denen Sport immer gesehen werden muß.

Es ist schon deutlich geworden, daß die genannten Determinanten durchaus konkurrierende Einflüsse auf die Arbeit des Sportjournalisten haben. Dies zwingt den Sportjournalisten zu überlegten Entscheidungen, die auf die Dauer nicht ohne Rückwirkung auf seine Position, sein Berufsethos sein werden. Ist er „zuerst Vertreter der öffentlichen Meinung und weniger Sachverwalter des Sports"? (8)

wie der Präsident des Deutschen Sportbundes unter dem Hinweis darauf betont, daß Sport heute als Teil der Gesellschaftspolitik zu verstehen sei. Dienen Sportjournalisten dem Ethos des Sports, wie so oft betont, wenn sie durch die Vermarktung von Informationen über Sport „dem Sport die Zuschauer“ entfremden? Wie kann die der Sportpublizistik unterstellte „kritische Solidarität“ zum Sport sich in ihrer Arbeit sichtbar niederschlagen?

Diese und andere Fragen verweisen auf konkurrierende Einflüsse der genannten Bezugsfelder, die dem Sportpublizisten abverlangen, begründete Entscheidungen bei der Transformation sportlicher Wirklichkeit zu treffen und Folgen und Nebenfolgen seines Handelns abzuschätzen.

Es ist zu vermuten, daß die Bedingungen des Sportjournalisten, „reflektiert zu handeln“, in mehrfacher Weise eingeschränkt sind. Es sind dabei drei Momente hervorzuheben:

1. *Der Aktualitätszwang*, d. h., Informationen über Ereignisse möglichst schnell zu erhalten, auszuwerten und darzustellen, versetzen den Journalisten in einen Handlungszwang, der Reflexionen der oben geforderten Art scheinbar unmöglich macht und pragmatische Entscheidungen im Zugzwang des Handelns begünstigt.
2. *Die Hierarchisierung von Entscheidungen* im Zusammenhang mit einer hierarchischen Arbeitsteilung beschränkt den Akt der Entscheidungen auf die partiell zugewiesenen und übernommenen Tätigkeiten.
3. *Der Warencharakter der Information* unterwirft die Produktion einem scheinbar naturwüchsigen Prozeß von Angebot und Nachfrage. Das Kriterium der Verkäuflichkeit der Ware wird zum Erfolgskriterium und dominiert über andere mögliche Bewertungen der Tätigkeiten des Sportjournalisten. Dabei ist das Spiel von Angebot und Nachfrage kein von der Tätigkeit des Sportjournalisten unabhängiges Kriterium, sondern selbst im höchsten Maße abhängig von eben seiner Leistung.

3.3. Erkundungen des Berufsfeldes

Die Aussagen über die Determinanten des Berufsfeldes und die mit ihnen implizierten Qualifikationsbereiche (Marktanalyse, Sport- und Medienpolitik, Sport und Sportwissenschaft) sind hypothetisch. Sie dienen der globalen Orientierung der Erkundungen im Berufsfeld.

Um ihre Haltbarkeit zu überprüfen, wurden nun verschiedene Versuche unternommen, Informationen über das Berufsfeld zu sammeln. Folgende Arten des Kontaktes mit dem Berufsfeld wurden gesucht. Sie lassen sich nach dem Grad der Unmittelbarkeit und Nähe zur Berufspraxis ordnen. Es sind: Befragung, Hospitation, Arbeitsplatzanalyse, Analyse von journalistischen Produktionen, praktische Versuche, spezielles Berufstraining.

3.3.1. Erstellung eines *Fragebogens* mit dem Ziel einer statistischen Erhebung über das Berufs- und Arbeitsfeld des Sportjournalisten. Die Einzelfragen wurden im Anschluß an H. KRÜGER formuliert (9); es sollten dabei insbesondere die Organisationsstrukturen des Berufsfeldes erschlossen werden, wie:

- Bauelemente, Ziele, Funktionen der Organisation
- Arbeitsteilung
- Über- und Unterordnung
- Kontrollsystem
- Konfliktfelder
- Berufsrolleninhalte

3.3.2. In *Hospitationen* wurden Einblicke in die Berufspraxis unter verschiedenen Gesichtspunkten gewonnen.

- Der Studierende verfolgt den Gesamtablauf einer Produktion (Sendung, Reportage ...) von der Planung (Redaktionskonferenz), Vorbereitung (Recherchen), Aufnahme, Interviews usw. (am Ort des Ereignisses), bis zur Bearbeitung, Sendung (Veröffentlichung), Redaktion des Konsumenten (vertikal orientierte Hospitation).
- Der Studierende gewinnt einen Einblick in die wichtigsten Abteilungen und deren Funktionen (z. B. Archive, Funk, Fernsehen, verschiedene Programme ...) (horizontal orientierte Hospitation).

3.3.3. *Arbeitsplatzanalysen* ergänzten und konkretisierten die repräsentative Berufsfeldanalyse. Arbeitsplatzanalyse wird hier die Analyse jener Tätigkeiten und Funktionen genannt (10), die täglich am Arbeitsplatz des Journalisten anfallen und zu erledigen sind. Solche Arbeitsplatzanalysen sind nur sinnvoll, wenn sie in die umfassendere Analyse des gesamten Berufsfeldes einmünden, d. h. die institutionellen Rahmenbedingungen und die gesellschaftliche Verflechtung der Tätigkeit miteinbeziehen. Der Begriff Berufsfeldanalyse bezieht insofern die Analyse des Arbeitsplatzes mit ein. Die Arbeitsplatzanalyse kann orientiert am Ist-Zustand alle Tätigkeiten und Funktionen erfassen, die Sportjournalisten derzeit erfüllen müssen. Daraus können eine Reihe instrumenteller Tätigkeiten abgeleitet werden, deren Gültigkeit nach der kritischen Analyse der Rahmenbedingungen von Fall zu Fall überprüfbar und revidierbar bleiben muß.
Dies können sein:

- Techniken des Recherchierens (Datensammlung, Aufbereitung, Bewertung der Daten ...)
- Umformen der Daten in (über die Medien kommunizierbare) Mitteilungen
- didaktisch-dramaturgischer Aufbau der Mitteilungen (Schlagzeile, Reportage, Kommentar, Interview ...)
- multimedialer Aufbau (Sprache, Foto, bewegtes Bild, Schemata ...)
- Produktionstechniken (Kameratechnik, Ton, Technik, Schnitt) u. a. m.

3.3.4. Der *praktische Versuch* erlaubte es, die produktive Tätigkeit des Journalisten selbst zu vollziehen. Unter verantwortlicher Leitung eines Redakteurs

(Mentors)) versuchten Studierende, selbst *Sendungen* zusammenzustellen, redaktionell zu leiten und soweit möglich, selbst zu *produzieren*. Bei der Auswahl solcher Versuche mußte einerseits der Verantwortung, die die Sendeanstalt oder Leitung der Öffentlichkeit gegenüber hatte, Rechnung getragen werden, andererseits sollten Produktionsformen gewählt werden, die von Studierenden leichter bewältigt werden können (vermutlich ist eine Life-Reportage weniger geeignet, als ein kritischer Rückblick auf sportliche Ereignisse).

Um das Feld praktischer Versuche nicht durch die Kriterien „öffentliche Verantwortung" und „didaktische Realisierbarkeit" zu weit einzuschränken, wurden neben Versuchen in Ernstsituationen (ausgestrahlte Sendungen, zu veröffentlichender Beitrag) *Simulationsversuche* unternommen, die dann als Probestücke gemeinsam mit Experten analysiert werden konnten.

Eine weitere Möglichkeit ist die *Parallelproduktion.* Ein und dasselbe Ereignis kann unter verschiedenem journalistischen Interesse gesehen werden: Rundfunkreportage, „am Rande notiert", Tribünenplatz Nr. 2 (Ehrentribüne), „Als Zuschauer in der Nordkurve" (unter dem Motto: wie Zuschauer unter ihresgleichen das Spiel erleben!).

Parallelproduktionen sollen die üblichen Reduktionen der Wirklichkeit eines sportlichen Ereignisses sichtbar machen, Alternativen erproben und neu zur Diskussion stellen.

4. *Zur Auswertung des Projekts*

Die Phase der Erkundung des Berufsfeldes ist in einem ersten Durchgang weitgehend abgeschlossen.

- Der Rückfluß der Fragebogen hat z. Z. etwa 25 % (der insges. ca. 1000 verschickten Fragebogen) erreicht.
- Hospitationen wurden in mehreren Durchgängen in Zeitungsredaktionen und bei Rundfunk und Fernsehen (NDR) durchgeführt. Sie wurden unterstützt durch offene Befragungen der Sportjournalisten.
- Die Arbeitsplatzanalysen erfolgten häufig in Form von Hospitationen und Befragungen. Eine systematische Erhebung instrumenteller und technischer Qualifikationen wurde nicht vorgenommen. Auch ein spezielles Berufstraining zur Aneignung solcher Techniken lag außerhalb des Aufgabenbereichs des Projekts. Einige Studierende nahmen allerdings Fortbildungsangebote in diesem Bereich freiwillig wahr.
- Praktische Versuche hatten einen großen Stellenwert. Es wurden insgesamt zwei Rundfunksendungen von Studierenden unter Anleitung selbst produziert, die auch gesendet wurden. Darüber hinaus wurden mehrere Parallelproduktionen und Simulationsversuche unternommen. Sendethematik und -gestaltung lag weitgehend in den Händen der Studierenden.
- Die Analyse journalistischer Produktionen war eine laufende Aufgabe, die – aktuellen Sendungen folgend – wahrgenommen wurde.

Alle Erkundungen dieser Art werden in Dokumentationen dargestellt und zunächst institutsintern veröffentlicht. Eine weitere Auswertung durch Projektteilnehmer geschieht unter folgenden Themen, die z. T. in Examensarbeiten weiterverfolgt werden:

- Zur Bewertung der Leistungen von Fußballspielern in Rundfunk und Presse.
- Untersuchungen zur Dramatik von Spielhandlungen im Fußball (anhand von Video-Aufzeichnungen des NDR).
- Sport und Massenmedien. Entwicklung einer Unterrichtseinheit für das Leistungsfach Sport (Sekundarstufe II).
- Das Bild des Sportlers (Analyse des Sportteils der Tageszeitung BILD).
- Zur derzeitigen Ausbildung von Sportjournalisten.
- Sport und Sprache (Seminarthema WS 76/77).
- Zum Problem der Aktualität.

Nach dem Abschluß dieser Arbeiten wird von neuem und auf der Grundlage einer größeren Erfahrungsbasis die Frage aufzuwerfen sein, ob ein Ausbildungscurriculum für Sportjournalisten entwickelt und institutionell abgesichert werden soll. Dabei ist die Frage offen, für welche der unterschiedlichen Berufspositionen eine wissenschaftliche Ausbildung an Hochschulen als notwendig erachtet wird und gegebenenfalls welche Institute an diesem integriertem Ausbildungsgang beteiligt sein müssen. Die Institutionalisierung neuer Ausbildungsgänge wie diesem, ist sicherlich von großem öffentlichen Interesse. Es ist daher eine öffentliche Diskussion unumgehbar. Die Einrichtung neuer Ausbildungsgänge an Hochschulen ist an bestimmte Regelungen gebunden, die zunächst beachtet werden müssen.

Die Mitglieder des Projektes haben sich zunächst unbelastet von solchen Überlegungen ihrem Thema gewidmet.

ANMERKUNGEN:

1 Ein erster Versuch sportbezogener Berufsfeldforschung richtete sich 1974 auf Ausbildungsfragen für Freizeitübungsleiter. Siehe dazu den Bericht über den Kongreß „Aktive Freizeit“ des Deutschen Turner-Bundes (DTB), ferner: v. 9. 9. 74: Stephan RIEGGER (wissenschaftl. Hausarbeit): Entwicklung und Revision von Curricula mit den Methoden der Handlungsforschung. Ein Versuch im Rahmen eines Freizeitübungsleiter-Lehrganges des DTB.

2 Diese Veranstaltung wird gemeinsam durchgeführt von: Bernt BORCHERT, Knut DIETRICH, Horst SEIFART und Günther SIEBER unter Mitarbeit von Frau DEHN.

3 Im Lehrplan Sport für die Schulen in Hamburg ist das Thema „Sport und Massenmedien“ einer der Inhalte der Sporttheorie im Leistungsfach der Sekundarstufe II; siehe Lehrplan Sport: Behörde für Schule, Jugend und Berufsbildung der Freien und Hansestadt Hamburg (Hrsg.), 33.

4 Unter Dramaturgie wird hier die Übermittlung eines Ereignisses durch ein besonderes Medium verstanden, bei der die spezielle Umformung und Reduktion dem zu übermittelnden Ereignisses einen besonderen Sinn verleiht.

5 WEYER, W.: Der Sport und seine Publizistik. In: Hamburger Sportmitteilungen, Nr. 20 v. 16 5. 1975. 1.

6 WEYER, W.: a. a. O.

7 Siehe dazu auch: „Leitsätze der Sportpresse", die am 3. Juli 1924! in Paris festgelegt wurden.

8 WEYER, W.: a. a. O.

9 KRÜGER, H.: Ein Experiment. Berufsfeldanalyse im Rahmen eines Einführungsseminars i. d. Soziologie. In: Berufsfeldanalysen I, Hochschuldidaktische Arbeitspapiere Nr. 3, hrsg. v. Interdisziplinären Zentrum für Hochschuldidaktik der Universität Hamburg, Mai 1973.

10 Eine Beschreibung der Tätigkeiten des Journalisten findet sich u. a. bei W. von La ROCHE: Einführung in den praktischen Journalismus. München 1975.

Erich Christmann

Aspekte eines Curriculums zur Sportlehrerausbildung

I.

Vergleicht man die Veranstaltungspläne deutscher Ausbildungsinstitute für Sportlehrer (1), dann lassen sich drei Feststellungen treffen:

1. An den meisten Instituten können die angebotenen Veranstaltungen jeweils einer sportwissenschaftlichen Disziplin wie etwa Bewegungslehre, Sportpsychologie, Sportsoziologie, Sportmedizin usw. zugeordnet werden. Ob und in welchem Ausmaß dabei über die fachspezifische Sichtweise hinausgegangen wird, kann aus der Themenstellung nicht eindeutig festgestellt werden. Nur an wenigen Instituten wird direkt aus dem Veranstaltungsplan eine fachübergreifende Strukturierung des Studienangebots deutlich. Dies wird z. B. in Hamburg versucht, wo sportwissenschaftliche Bereiche (Bewegung und Training, Freizeit, Gesundheit und Resozialisation, Curriculum, Unterricht) in mehr problembezogenen Veranstaltungen angeboten werden.
2. Die praktische Ausbildung erfolgt – soweit überhaupt aufgeführt – in den traditionellen Sportarten, öffnet sich aber mehr und mehr auch für sogenannte Freizeitsportarten.
   Auffallend ist weiterhin die stärkere Berücksichtigung des methodischen Aspekts in besonderen Veranstaltungen. Über die Art des Zusammenwirkens von theoretischer und praktischer Ausbildung lassen sich ebenfalls keine weiteren Aussagen machen.
3. Unterrichtsforschung und schulmethodische Praktika sind nicht überall im Veranstaltungsplan ausgewiesen und werden offensichtlich recht unterschiedlich gehandhabt (Begleitung durch ein Seminar, Hospitationen und Lehrversuche, Microteaching) (2).

Aus diesen Feststellungen wird deutlich, daß die Bedeutung eines engen Theorie-Praxis-Bezugs und die Notwendigkeit interdisziplinärer Zusammenarbeit noch nicht genügend berücksichtigt wird. Dies sind aber wichtige Aspekte, die bei einer Reform der Sportlehrerausbildung beachtet werden müssen (3).

Solange solche Probleme nicht genauer untersucht sind, erscheint es fraglich, ob die Ziele eines Sportstudiums erreicht werden können. Eines dieser Ziele ist ganz sicherlich die Vermittlung sportbezogener Lehrbefähigung für den schulischen und außerschulischen Bereich.

II.

Welche Anforderungen ergeben sich z. B. aus der schulischen Unterrichtspraxis an die Sportlehrerausbildung?

Unterrichtliches Geschehen kann wie folgt beschrieben werden: Unterricht ist ein dynamischer Interaktionsprozeß mit ausgeprägter Situationsabhängigkeit. Er wird bestimmt durch personelle und materielle Voraussetzungen, Zielvorstellungen und Erwartungen der Lehrenden und Lernenden sowie staatlicher Organe, durch Rollenproblematik und Statusunsicherheit bei einzelnen und Gruppen, durch Prüfungsordnungen, Effektivitätskontrollen usw. Diese individuellen, sozialen, kulturellen, inhaltlichen und organisatorischen Faktoren lassen sich nicht eindeutig voneinander trennen und wirken immer zusammen. Die Veränderung eines Faktors bedingt die Veränderung des Gesamtsystems Unterricht (4).

Der zukünftige Sportlehrer soll durch seine Ausbildung in die Lage versetzt werden, die komplexe Unterrichtssituation strukturieren und die Wirkung von Einflußfaktoren abschätzen zu können. Dies ist die Voraussetzung, um Unterricht sinnvoll planen, durchführen und kontrollieren zu können.

Die Strukturierung des Studiums setzt deshalb Untersuchungen voraus, die Zusammenhänge zwischen Zielen, Inhalten, Methoden, Medien, Adressaten, Situationen und Voraussetzungen analysieren. Dies muß im Rahmen der hochschuldidaktischen Forschung geschehen.

Daß dies sehr unzureichend der Fall ist, wird daran deutlich, daß es keine Gesamtkonzeption zur Sportlehrerausbildung gibt.

Die Notwendigkeit eines solchen Konzepts hat der Deutsche Sportbund (5) durch einen entsprechenden Kommissionsentwurf deutlich gemacht. Ausgehend von Analysen des Berufsfeldes von Sportlehrern und Darlegungen von Grundentscheidungen zum Schulsport wurde pädagogisches, sportliches wissenschaftliches und politisches Handeln als Aufgaben des Sportlehrers beschrieben und auf die jeweiligen Zusammenhänge hingewiesen.

Die Aufhellung dieser Zusammenhänge und ihre Berücksichtigung in konkreten Ausbildungszielen und -inhalten ist ein langwieriger und schwieriger Prozeß, der nicht nur seine organisatorischen und personellen Schwierigkeiten hat, sondern auch vom Stand der Sportwissenschaft insgesamt abhängig ist.

Die Sportwissenschaft als eigenständige systematische Wissenschaft steht z. B. in methodologischer Hinsicht erst am Anfang ihrer Entwicklung und kann von daher erst Beiträge zu Einzelbereichen liefern. Die einzelnen sportwissenschaftlichen und sportlichen Disziplinen müssen die Probleme im Handlungsfeld Sport aus der jeweiligen Sicht erforschen und dabei die Bezüge zwischen den einzelnen Bereichen beachten. Erst dadurch werden sich die komplexen Probleme besser erklären lassen (6).

In der Lehre muß besonders darauf Wert gelegt werden, dem Studierenden die Integration der verschiedenen Aspekte an konkreten Problemen zu verdeutlichen und für die spätere Berufspraxis durchschaubar und anwendbar zu machen. Der Studierende ist überfordert, wenn ihm die Integration der Teilbereiche allein überlassen bleibt (7).

Um diese interdisziplinäre Zusammenarbeit und Integration erfolgreich zu gestalten, müssen Sportlehrer, Sportstudierende und Sportwissenschaftler gleichzeitig beteiligt sein *(Abb. 1)*. Dies würde z. B. bedeuten, daß der Sportlehrer als Praktiker mit in den Forschungsprozeß einbezogen werden muß. „Vor allem praxisbezogene Forschung darf den Praktiker nicht einfach vor vollendete Projekte stellen und ihn in der Phase der Verwirklichung um Mitarbeit bitten. Der Sportlehrer muß schon bei der Projektplanung und bei der Hypothesenbildung hinzu-

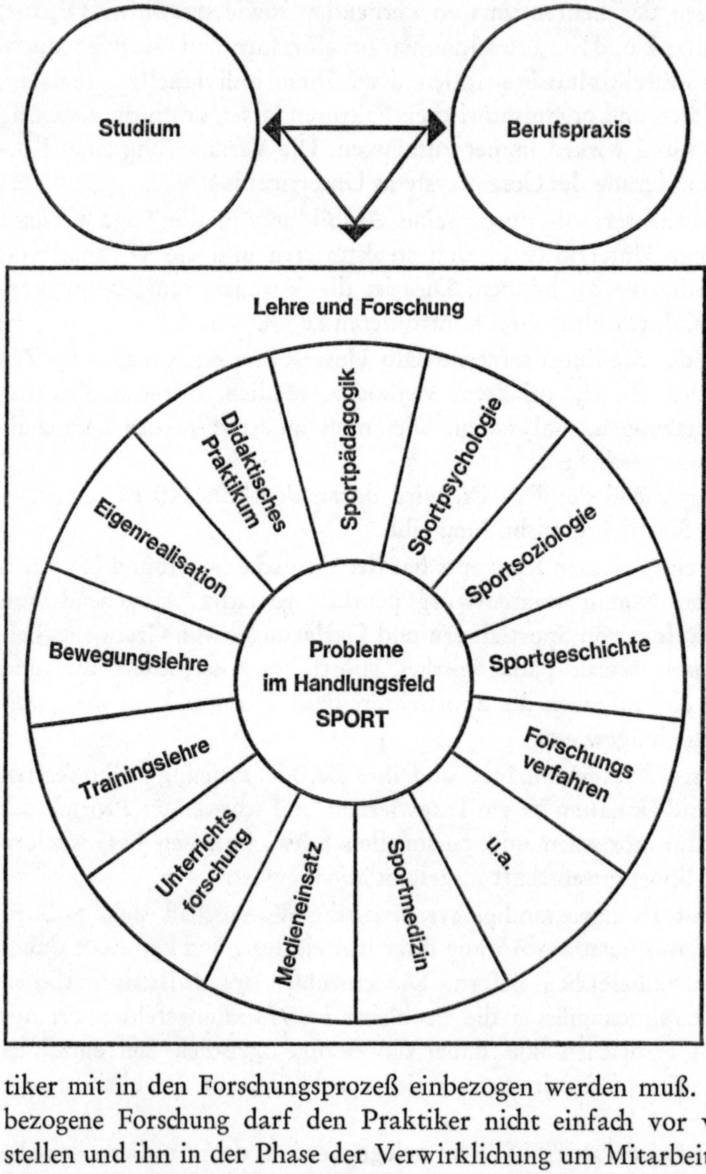

Abb. 1

gezogen werden, ebenso in der Phase der Evaluation" (8). Gleiches muß sicherlich auch für den Sportstudierenden gelten.

III.

Der Festlegung eines konkreten Studienplans muß eine grundlegende Diskussion des curricularen Ansatzes vorausgehen, und beide müssen im Sinne der gesamten Curriculumkonzeption ständig revidierbar sein. Erst dann lassen sich Art und Zuordnung von grundlegenden Veranstaltungen, speziellen Fachveranstaltungen, problemorientierten integrativen Veranstaltungen, Projektveranstaltungen und Forschungspraktika je nach den Erfordernissen des Curriculums sinnvoll festlegen.
Jede Curriculumentwicklung muß sich dabei zunächst mit der Zielproblematik auseinandersetzen. Wie bei jeder Zielbestimmung handelt es sich auch hier letztlich um eine Setzung, die wissenschaftlich überprüft werden muß. So werden etwa in einem Vorschlag der BAK (9) die Ausbildung folgender Verhaltensweisen als allgemeine Ziele für ein Hochschulcurriculum genannt: Sachbezogenheit, Reflexion auf praktische Anwendung und gesellschaftliche Relevanz, Ökonomie, methodische Sicherheit und methodenkritisches Bewußtsein, Anwendung des Verfahrens „Hypothese – Verifikation und Falsifikation", Kontrolle und Kritik, Kommunikation, Kooperation, Motivation, Kreativität und fachspezifische Kenntnisse und Fertigkeiten.

Diesen relativ abstrakten Intentionen müssen für bestimmte Handlungsfelder – z. B. Tätigkeit als Sportlehrer – entsprechende Inhalte zugeordnet werden. Als Inhalte und Themenbereiche für die Sportlehrerausbildung wären u. a. denkbar:
- Sport als Möglichkeit zur Umwelt- und Körpererfahrung (Wasser, Schnee, Luft, Erschöpfung, Kraft usw.)
- Leistung im Sport, Leistungsmessung, Leistungsbewertung
- Interaktion und Kommunikation im Sport (Regeln, Normen, Konflikt, Gruppenstrukturen usw.)
- Sport in Abhängigkeit von Alter, Geschlecht, Schicht, Region, Politik, Kultur, Familie usw.
- Motorisches Lernen, Üben und Trainieren
- Erlebnis- und Verhaltenstrukturen in Abhängigkeit von Motivation, Leistungsstand, Angst, Aggression usw.

Diese Problembereiche müßten aus der Sicht der sportwissenschaftlichen und praktischen Disziplinen auf ihre Relevanz für den Unterricht hin analysiert und die bereits vorliegenden und erzielten Ergebnisse zusammengefaßt und geordnet werden. Erst dann ist eine Basis für eine entsprechende Strukturierung des Studiums gegeben.
Ob dies zu einem Studium in verschiedenen Bereichen wie im Hamburger Modell führt, kann hier nicht entschieden werden. Im Hinblick auf ein Curriculum der Sportlehrerausbildung werden sich sicherlich fachübergreifende Zusammenhänge ergeben, die auch eine gewisse Ökonomisierung des Studiums erwarten lassen und durch integrative Veranstaltungen abgedeckt werden könnten. Ebenso wahr-

scheinlich werden fachspezifische Besonderheiten und Grundlagenprobleme auftreten, die nur in spezielleren Veranstaltungen vertieft behandelt werden können. Dies trifft vermutlich für den wissenschaftlichen, praktischen und unterrichtspraktischen Bereich gleichermaßen zu.
In einem weiteren Schritt wären dann neue Fragestellungen zu entwickeln und Forschungsvorhaben zu planen, durchzuführen und auszuwerten. Eine derartige Konzeption versteht Curriculumforschung als eine Vielzahl didaktischer Experimente und ist langfristig angelegt *(Abb. 2)* (10).

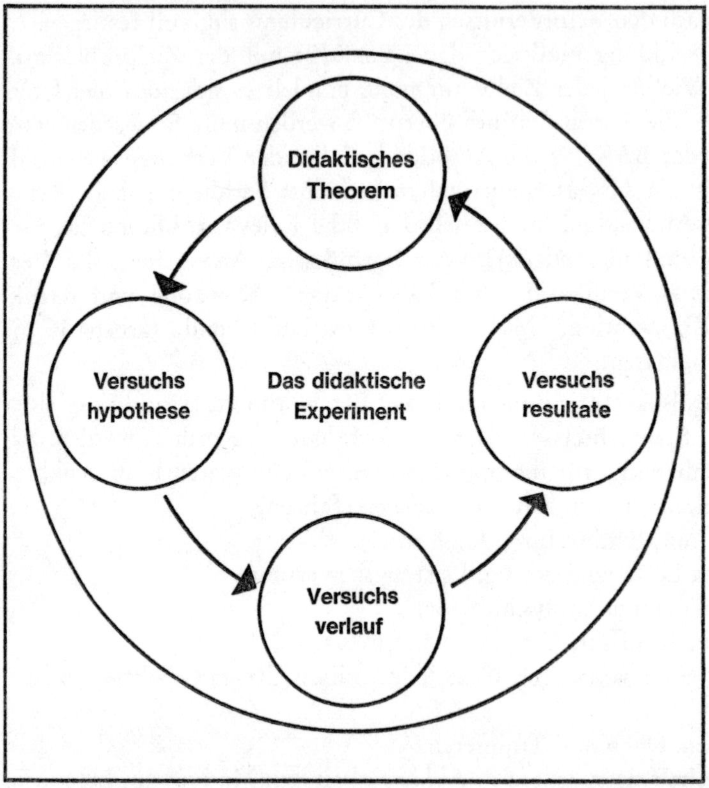

Abb. 2

Der wesentliche Aspekt dieses Modells besteht darin, daß die vier Merkmale – didaktisches Theorem, Versuchshypothese, Versuchsverlauf und Versuchsresultat – sich nicht einfach aneinanderreihen, sondern daß es zu einer Rückkoppelung kommt, die eine Revision von Zielsetzungen einbezieht.
Durch diese Vorgehensweise ergibt sich die Möglichkeit der Verbindung von Theorie und Praxis, denn sie selbst ist theoriegebundene Praxis.

IV.

An ein Curriculum der Sportlehrerausbildung ergeben sich somit folgende Forderungen:

1. Beschreibung der Ziele

Die sportwissenschaftlichen und praktischen Disziplinen müssen ihre speziellen Zielsetzungen begründen und in den Zusammenhang des Gesamtcurriculums stellen. Kriterien ergeben sich aus den oben angeführten Zielen eines Hochschulcurriculums.

2. Festlegung von Themenbereichen und Methoden

Die Themenbereiche und Methoden müssen so ausgewählt und vermittelt werden, daß die angestrebten Ziele erreicht werden können, z. B. Vermittlung von Handlungskompetenz als Sportlehrer. Der Komplexität der Ziele kann nur durch Aufzeigen des Zusammenwirkens der beim Unterricht auftretenden Faktoren entsprochen werden. Die Beziehung von Lehre und Forschung, Studium und Berufspraxis muß in den Studienveranstaltungen deutlich gemacht werden.

3. Kontrollierbarkeit

Lehrziele müssen so beschrieben werden, daß der Lernerfolg an bestimmten Verhaltensweisen meß- oder beobachtbar werden kann. Dazu bedarf es der Entwicklung geeigneter Überprüfungsverfahren, die die Kriterien Objektivität, Reliabilität und Validität zur Grundlage haben sollten.

4. Revidierbarkeit

Das Curriculum zur Sportlehrerausbildung als Ganzes und in seinen Teilen muß revidierbar sein. Es muß für neue Zielsetzungen, Inhalte und Methoden offen sein. Diese können von außen an die Curriculumforschung herangetragen werden, oder aber auch aus ihr selbst auf der Basis von Versuchsresultaten und Kontrollergebnissen erwachsen.

ANMERKUNGEN:

1 Vgl. Rühl, J. K. (Hrsg.): Das Studium der Sportwissenschaft. Saarbrücken 1975.

2 Vgl. Deutscher Sportlehrerverband (DSLV) Ressort „Sport in Lehre und Forschung" (Hrsg.): Die praktisch-methodische Ausbildung im Rahmen des Sportlehrerstudiums als hochschuldidaktisches Problem. Gießen, o. J.

3 Vgl. Lutter, H.: Ein Reformmodell für das Sportstudium. In: Wissenschaft und Ausbildung. Schorndorf 1975.

4 Vgl. Dohmen, G. (Hrsg.): Forschungstechniken für die Hochschuldidaktik. München 1971, 21 f.

5 Vgl. Deutscher Sportbund (Hrsg.): Sportlehrerausbildung. Analyse und Reform. Frankfurt 1975.

6 Vgl. Widmer, K.: Aufgaben der Sportpsychologie. In: Sportwissenschaft (1972), 381 bis 392.

7 Vgl. Heinemann, K.: Die Bedeutung der Soziologie des Sports für die Sportlehrerausbildung. In: Wissenschaft und Ausbildung, a. a. O., 122.

8 Vgl. Anm. 6, 390.

9 Vgl. Anm. 4, 25.

10 Vgl. Anm. 4, 115.

Rudolf Engel

Programmatische Notizen zur handlungspädagogischen Orientierung im Sportunterricht

Ein Schwerpunkt in der Aktualität fachlichen Erkenntnisinteresses ist durch das Bemühen gekennzeichnet, auf der „Suche nach einer neuen Sinngebung" (Lange, 1975) allgemeine Zielsetzungen wie „Selbststeuerungsfähigkeit" — „Rollendistanz" — „Diskursfähigkeit" — „soziale Handlungskompetenz" als konstitutive Qualifikationsaufgaben eines neuen Sportunterrichts (Sp. U.) theoretisch zu erörtern (1) und/oder in konkreten Modellansätzen (2) programmatisch aufzuarbeiten. Neu erscheint diese Unterrichtsauffassung insofern, als sie auf eine Pädagogik rekurriert, „die nicht mehr in der ‚Besserung' des Zöglings, in der Perfektibilität des Educandus ihr erstes und einziges Ziel erblickt, sondern deren Interesse über das gesellschaftliche Handeln des ‚Zöglings' auf Zustand und Wandel (‚Besserung') der Gesellschaft und ihrer Verhältnisse gerichtet ist" (Schäfer/Schaller, 1971, 9).

Ohne an dieser Stelle auf die Begründungszusammenhänge einzugehen, drängt sich die Frage auf, ob diese „Neuorientierung" auch in der fachdidaktischen Theorie so gänzlich neu ist, wie sie angesichts einer Unterrichtswirklichkeit vorgibt, die als einseitig manipulatives, sozialisationsmechanistisches, den Schüler nur als Beeinflussungs-, als Vollzugs*objekt* behandelndes Wirkungsgefüge (3) charakterisiert wird.

Auf Grund der Tatsache, daß erste programmatische Vorschläge bisher nur für den Bereich der Sportspiele eingebracht wurden, wäre zweitens zu fragen, ob die Realisierbarkeit derartiger handlungspädagogischer Zielsetzungen auf dieses Gebiet beschränkt ist oder ob sich nicht auch in anderen Lernbereichen des Sp. U. bereits vorhandene Modellansätze anbieten, dieses Orientierungskonzept in ihrer didaktischen Struktur assimilieren zu können.

Die erste Frage kann hier nur an einem Beispiel aufrißhaft beantwortet werden (4): Zu den wenigen Fachbüchern, die in den 60er Jahren den literarischen Grundbestand der Leibeserziehung ausmachten, gehört ohne Zweifel Otto Hanebuths „Grundschulung zur sportlichen Leistung". Jede aus der Sicht heutiger Besserwisserei erwachsende Kritik wird jene dort auffindbaren Fundamentalansätze fachlicher Erkenntnis nicht verhehlen können, die in einem direkten Bezug zu aktuellen Fragestellungen, sei es der Bewegungslehre, der Fachdidaktik oder eben einer sich erst konstituierenden fachspezifischen Unterrichtstheorie zu sehen sind.

Im Hinblick auf unsere erste Frage sei an die von HANEBUTH sogenannten „freien Lehr- und Übungswege“ erinnert, die er am Beispiel von Turnen und Gymnastik exemplarisch verdeutlicht. Diese sind zwar in ihrer Zielsetzung noch nicht aus einem, etwa unter der emanzipatorischen Leitidee stehenden wissenschaftstheoretischen Begründungszusammenhang abgeleitet, sondern haben über das Eigenschöpferische des Autors hinaus ihre Wurzeln in der zeitgeschichtlich vorangegangenen „normativen“ Reformpädagogik. Es ist auch nur ein scheinbarer Widerspruch, daß HANEBUTHS „Grundschulung“ einerseits unter dem Primat sportlicher Leistungsoptimierung steht; andererseits in ihrer dialektisch strukturierten Unterrichtssystematik eine schrittweise Entbindung bis zur völligen Abhebung von lehrerzentrierten Verfahren erkennen läßt:

Wenn auf einer 1. Stufe des freien Lehrens und Übens („Aufgeben-Finden“) die Schüler zu den vom Lehrer oder Vorturner gestellten Bewegungsaufgaben selbständig Lösungen finden sollen, demgegenüber es leichter ist „nur vorgeschriebene und vorgeturnte Übungen nachzumachen“ (HANEBUTH, 1964, S. 114),

wenn auf der 2. Stufe („Auswählen-Entwickeln“) die „Selbsttätigkeit“ dadurch erhöht wird, daß die Schüler „auf Grund eigener Erfahrung und Beurteilung“ (!) und „in gegenseitiger Unterstützung und Beratung“ (!) die Inhalte ihres Unterrichts selbst auswählen, die Formen selbst entwickeln,

wenn beim „Anregen-Erfinden“ (3. Stufe) das Gestalterisch-Prozeßhafte der Schüler-Eigentätigkeit didaktisch betont wird und es „weniger entscheidend (erscheint), ob die ‚Erfindungsversuche‘ gleich gelingen“

wenn schließlich das „Selbstsuchen-Selbstgestalten“ (4. Stufe) als der „ureigenste Privatweg“, das eigentliche Ziel des Sp. U. angesehen wird, so liegt dem zweifellos ein anderer Leistungsbegriff zugrunde, als ihn Kritiker derartig „repressiv-bürgerlicher Didaktik“ zu erkennen vorgeben. Auch die situative Bedingtheit eines derart freien Unterrichts ist klar erfaßt: „Da eine lebendige Turnstunde in jedem Augenblicke neue Umstände und unvorhergesehene Ereignisse mit sich bringt, müssen stets alle Lehr- und Übungswege für Lehrer und Schüler offen sein und beschritten werden können“ (HANEBUTH, 1964, S. 120). Die Freiheit und Offenheit derartiger Unterrichtsstrategie erfährt — analog zum gesamtdialektischen Denkmodell – freilich ihre Begrenzung dort, wo in bewußter zeitweiliger Ablösung das Ausgewählte, Vorgestellte, Besprochene auch erprobt und als Erfahrungsbasis für weiteres Gestalten gefestigt werden soll, damit der Unterricht nicht in der Unverbindlichkeit des Nur-Suchens und Wieder-Verwerfens stecken bleibt. In einer Hinsicht wird indes keine Einschränkung gemacht, sondern der Totalitätsanspruch begründend hervorgehoben: Die „freien Wege“ sind nicht erst in fortgeschrittener Entwicklung — dann nämlich, wenn die strikte Übernahme der Lehrermeinung im Schüler bereits habitualisiert ist — zu betreten; HANEBUTH will „bei den Kleinsten mit einem völlig freien Kürturnen beginnen, weil der Mensch von Natur aus befähigt ist, sich selbst zu entfalten, selbständig zu handeln und selbsttätig Neues zu erfinden. Man bedenke außerdem, daß auch das übrige Leben mit der Fülle seiner Eindrücke und Aufgaben sich nicht in vorbestimmten Folgen darbietet" (1964, 122). Schließlich ist auf die Erfahrungserkenntnis hingewiesen, daß erst in der „Freiheit der Selbstgestaltung" die Jugend sich verstärkt zum Sporttreiben hingezogen fühlt.

Was in diesem Ansatz gegenüber den neueren Auffassungen freilich zu kurz kommt, ist die Erörterung des damit verbundenen sozialen Lernbereichs; was weitgehend fehlt, sind detaillierte Ausführungen über die potentiell zuzuordnenden kommunikativen Prozesse. Was aber in dieser Richtung bereits aufbereitet erscheint, ist die Anbindung der „freien Lehr- und Übungswege" an sportbezogene Handlungsintentionen: In der Zuordnung an die „Tätigkeitselemente" des Spielen, Leistens, Kämpfens und Gestaltens erhält diese Unterrichtsweise „Maß und Gehalt der erzieherischen Wirkung", die letztlich darin gipfelt, „das Vermögen des Menschen, in diesen elementaren Grundformen zu handeln," zu entwickeln.

Wenngleich unsere Skizze nicht ausreicht, um Affinität und Diskrepanz zwischen den „freien Lehr- und Übungswegen" und handlungspädagogischer Unterrichtsorientierung freizulegen, so ist dennoch ersichtlich, daß hier bereits Grundzüge eines auf Selbstverwirklichung angelegten Unterrichtsmodells dargelegt sind. Derartige Feststellungen lassen es überhaupt angebracht erscheinen, nach einer Phase versuchter destruktiver Kritik die positiven Ansätze bildungstheoretischer Didaktik, freilich unter dem Erkenntnishorizont gesellschafts- und erziehungswissenschaftlicher Fragestellung für die sportunterrichtliche Praxis aufzuarbeiten.

Um zur zweiten Ausgangsfrage zu kommen, muß noch einmal auf die eingangs angedeutete Zielvorstellung handlungs- bzw. kommunikationstheoretischer Erziehungskonzeption zurückgegriffen werden: Für SCHALLER/SCHÄFER (1971, 9) bedeutet „Handeln jede bewußte Tätigkeit, die auf Aufbau, Gestaltung und Umgestaltung von Wirklichkeit gerichtet ist." Demnach wird Unterricht als eine „mobile kommunikative Wirklichkeit" aufgefaßt, als ein, in den sprachlich intentionalen Einzelhandlungen gleichberechtigter „Agenten" sich permanent revidierendes Wirkungsgefüge, das den Schüler letztlich befähigen soll, über das Unterrichtsgeschehen hinaus auf gesellschaftliche Wirklichkeit mitgestaltenden Einfluß zu nehmen. In der Zielvorstellung von KLAFKI (1973, 495) wird dies verstanden „einerseits als Aufbau der Fähigkeit der Kinder, ihre Lernprozesse (einschließlich der Lernziele) in zunehmendem Maße selbst zu steuern — *Selbststeuerungsfähigkeit*, andererseits als *Fähigkeit zu sozialem* Lernen, also zum Lernen in Gruppen und im Zusammenhang sozialer Interaktionen sowie zur Reflexion über soziale Zusammenhänge und Prozesse".

Für eine mögliche Übertragung dieses Konzepts auf den Sp. U. könnte dies etwa bedeuten: Da die Inhalte und Strukturen des Sports als historische Gebilde keineswegs aus primär pädagogischer Absicht entstanden und zudem (größtenteils auf Grund internationaler Regelung) „in ihrer Form und Struktur sowie in ihrem jeweiligen Sinnzusammenhang objektiv vorgegeben sind und keine subjektive ‚willkürliche' Veränderung zulassen" (BRODTMANN, 1975, 288), erscheinen sie vielfach mit demokratischen Erziehungszielen unvereinbar. In einem handlungspädagogisch orientierten Sp. U. dürften die Inhalte nicht mehr als unreflektiert hinzunehmende Vorgegebenheiten auftreten, die bei strikter Anweisung auf immer bessere Form hin zu reproduzieren sind; vielmehr bestimmen die Schüler untereinander und in kommunikativer Auseinandersetzung mit dem Lehrer selbst die Art und Annahme sportlicher Inhalte, treffen aus eigenen Erwartungen heraus selbst die normativen Entscheidungen (5), „die zu andersartigen Bewegungserfahrungen und gegebenenfalls zu Bewegungs- und Haltungsalternativen führen könnten, mit denen der Rahmen der (vermeintlich) objektiv vorgegebenen Struktur des institutionalisierten Sports verlassen würde" (BRODTMANN, 1975, 288).

Der Unterricht ist also ständig offen zu halten für Veränderungen, Abwandlungen, Erneuerungen, die nicht nur auf fortschreitende Verbesserung von Sp. U. abzielen („analytischer Aspekt", BRODTMANN); in der kommunikativ-reflexiven Distanz zu eigenem sport-motorischen Vollzug und zu sport-sozialen Rollenbedingtheiten soll darüber hinaus die Fähigkeit entwickelt werden, aus sachlicher und persönlicher Kompetenz in die gesellschaftlichen Gegebenheiten des Handlungsfeldes Sport konstitutiv einwirken zu können („konstruktiver Aspekt", BRODTMANN).

Eine praxisbezogene Begründung, wie sie ähnlich schon bei HANEBUTH zu finden war, ergibt sich schließlich aus „der erfahrungsabhängigen Einsicht, daß anderen Formen von Erziehung heute von seiten der heranwachsenden Generation mit Mißtrauen begegnet wird und darauf aufbauende pädagogische Maßnahmen weitgehend wirkungslos sind" (SCHALLER, H.-J. 1975, 74).

Neben generellen Schwierigkeiten, die sich einer rigorosen Realisierung des handlungspädagogischen Konzeptes entgegenstellen (6), dürfte sich die Übertragungsproblematik auf Sp. U. zunächst in der Frage nach der Vereinbarkeit dieser idealtypischen Vorstellungen mit den bisher als „eigentlich" aufgefaßten Aufgaben des Sp. U. konkretisieren. Wenn beispielsweise als primäre Aufgabe des Sp. U. — mit HECKER (1974, 92) auf die einfache Formulierung verkürzt — angesehen wird, „die Schüler zum Sporttreiben zu führen" und als Lernbereiche: überdauernde Motivation, Qualifikationen im motorischen Fertigkeits- und Eigenschaftsbereichs einschließlich der Formen sport-sozialen Verhaltens gelten, dann werden darüber hinausgehende Zielsetzungen in Abstimmung mit diesen Grundaufgaben gebracht werden müssen, sollte das unterrichtliche Geschehen nicht Gefahr laufen, sich vor lauter andiskutierter Unschlüssigkeit über zu weite Strecken in Bewegungsarmut oder gar Bewegungslosigkeit zu verlieren. Andererseits werden kommunikative Situationen pädagogisch minderwertig bleiben müssen, wenn sie unter dem Zeitdruck eines terminbestimmt durchzubringenden motorischen Pensums ablaufen. Sp. U. sollte es sich leisten können, so wie es HAMMELSBECK für jeden Unterricht gefordert hatte, sich in zwischenmenschlichen Begegnungen „aufzuhalten".

Wenngleich es für LANDAU (1975, 9) schwer vorstellbar ist, daß sich die konträren erziehungstheoretischen Positionen des sog. Beeinflussungs-, des Konditionierungskonzepts und die des handlungspädagogisch-kommunikativen Konzeptes „in irgendeiner Weise vermitteln lassen", wenngleich er eine „grundsätzliche Entscheidung für die eine oder andere Auffassung" fordert; so muß aus ebenso grundsätzlichen (weil fachspezifischen) Erwägungen heraus nochmals die bereits bei HANEBUTH angeklungene Dialektik von Freiheit *und* Bindung für Lehrer *und* Schüler im Unterricht zur Diskussion gestellt werden: Neben den von BRODTMANN (1975, 291) aufgezeigten „Grenzen einer ausschließlich prozeßorientierten Sportdidaktik" und den von H.-J. SCHALLER erhobenen „Bedenken" (7) könnte allein der gesundheitspädagogische Unterrichtsauftrag zur Sicherung vitaler, motorischer Funktionsfähigkeit die Beibehaltung unterrichtlicher Beeinflussungsmechanismen rechtfertigen. Und dies, trotz des berechtigten Einwandes, daß kommunikative Erziehung auch solche Qualifikationen über schülereigene Einsichtsgewinnung zu erhalten sucht; denn es bleibt zu fragen, wie weit gerade durch die eigenleibliche Erfahrung derartige, notwendige Einsichten besonders gefördert werden (8).
Aus diesen prinzipiellen Implikationszusammenhängen heraus kann nun endlich zu der Frage vorgedrungen werden, wie weit neben den Sportspielen auch andere Lernbereiche (Sportarten) für eine kommunikative Orientierung in gleicher Weise geeignet erscheinen oder ob unterschiedliche Sachstrukturen zugleich auch unterschiedliche Eignungsgrade hierfür abgeben? Ohne damit einer voreiligen „pragmatischen Adaption" (LANDAU) das Wort zu reden, soll im folgenden eine Assimilierungsmöglichkeit des handlungspädagogischen Konzepts für die Gymnastik erörtert werden:
Es erscheint unmittelbar einleuchtend, daß in den Sportspielen, wo komplexe Rollen- und Interaktionsstrukturen von Mit- und Gegenspielern sui generis Situationen und Konflikte evozieren, die kommunikative Prozesse im Unterrichtsgeschehen geradezu erforderlich machen, Prozesse, welche „die auftretenden Probleme *zur Sprache bringen* und versuchen, einen gemeinsamen Lösungsvorschlag zur Verbesserung des Spiels auszuhandeln" (H.-J. SCHALLER, 1975, 74). Für die Gymnastik, die in der Schultradition hauptsächlich auf Individualtätigkeit oder auf frontalen Riegenbetrieb ausgerichtet war, müßte erst ein auf soziale Interaktion abhebendes Unterrichtsparadigma ins Auge gefaßt werden, in dem sachbezogene und kommunikationsspezifische Handlungsintentionen interdependär aufeinander abgestimmt erscheinen (9).
Einen ersten Modellansatz, der in seiner Sinnstruktur auf diese konstitutiven Bedingungen abhebt, haben KÜPPER/ENGEL bereits 1969 programmatisch vorgestellt und 1972 (2. Aufl. 1974) näher ausgearbeitet, in dem die didaktische Eigenart des Gymnastischen hervorgehoben als k o o p e r a t i v e r *Prozeß* ausgewiesen ist.
Gymnastik als schulische Veranstaltung ist hier ebenfalls in die bereits angeschnittene Problematik der Transformation von Sport in der Schule gestellt. Eine ausschließlich wettkampf-, also „produktorientierte" Gymnastik bedingt geradezu

lehrer- bzw. trainerzentrierte Handlungsstrukturen: Weil der am normorientierten Ergebnis gemessene Erfolg primär wichtig erscheint, gilt für das Zustandekommen des Ergebnisses die größere Norm-Kompetenz (z. B. über das, was Kampfrichter sehen wollen) des Trainers weit mehr als die persönliche, aber möglicherweise weniger gefragte Bewegungskonzeption der Gymnasten selbst (10).

Zwar konzentrieren sich im Ansatz von KÜPPER/ENGEL die interaktiven Prozeßdarstellungen in erster Linie auf die in der Gymnastik spezifischen Koaktions- und Kooperations-*formen* (Schar, Paar, Doppelpaar, „Dreier", „Doppeldreier", Gruppe); diese werden jedoch durch besondere Hinweise in die Nähe handlungspädagogischer Orientierung gerückt. Es sollte z. B. „einer Übungsgemeinschaft möglich und freigestellt sein, über alle bisher kennengelernten Kooperationsformen selbst zu verfügen" (KÜPPER/ENGEL, 1974, 34). Es wird weiter darauf verwiesen, daß gänzlich selbst gesteuerte Gruppengestaltungsaufgaben dem einzelnen neben dem Einbringen persönlicher Lösungsvorschläge „wertende Gegenüberstellung, sach- und selbstkritische Beurteilung und Kompromißbereitschaft" (S. 35) abverlangen. Im Unterschied zu der ausführlichen Darstellung der sachbezogenen, primär nonverbalen Interaktionsstruktur werden die damit in Verbindung zu bringenden verbal-kommunikativen Prozesse expressiv verbis nicht näher erläutert. Es sei daher im folgenden ein diesbezüglicher Ergänzungsvorschlag im Sinne einer vorläufigen idealtypischen Gegenüberstellung zur Diskussion gebracht (siehe Tab. S. 102):

So wie vorgelegter Entwurf in theoretischer Hinsicht weder Anspruch auf Vollständigkeit noch Systematik erheben kann, so muß auch — auf die Unterrichtspraxis projiziert — vor schematischer Handhabung im Sinne methodischer Formalstufung gewarnt werden, was sowohl die Reihenfolge als auch die Koppelungsmöglichkeiten der sachbezogenen und kommunikativen Handlungsarten betrifft. Hier ist Gymnastikunterricht wie jeder Unterricht vor die gleiche Schwierigkeit gestellt, wie sie H.-J. SCHALLER (1975, 75) für den Bereich der Sportspiele verdeutlicht, indem er ebenfalls für die praktische Realisierung kommunikativer Erziehung die Notwendigkeit von Orientierungsprogrammen unterstreicht; eine „handlungstechnologische Praxislehre", wie sie in der bisherigen Fachmethodik möglich war, jedoch entschieden in Frage stellt.

Vor analogen Schwierigkeiten muß sich auch eine *Sportlehrerausbildung* sehen, wenn sie sich an der kritischen Erziehungskonzeption orientiert. Gemäß dem Verständnis von Unterricht als einem offenen System ständig wechselnder und in ihrer Echtheit nicht wiederholbarer Handlungssituationen, wird es nicht mehr empfehlenswert sein, vorgefaßte Lehrerverhaltensweisen im Sinne einer „Dressurtechnologie" (APEL) einüben zu lassen. „Das Lehrerverhalten sollte vielmehr geschult werden, indem es durch Analyse *bewußt* und auf *Alternativen aufmerksam* gemacht wird." (KÖPPE, 1975, 38) Erste Versuche eines „Didaktischen Praktikums" in der „Umorientierung auf ein der kritischen Erziehungstheorie folgendes Konzept kommunikativen Sportunterrichts" haben jüngst DIETRICH/FRITSCH/LANDAU/MARAUN (1975) vorgelegt, schlüssigerweise unter der hochschuldidaktischen For-

Sachbezogene und kommunikative Handlungsarten im Gymnastikunterricht und die ihnen potentiell zuzuordnenden spezifischen Qualifikationen

Handlungsart	sachbez. Qualifikation	Handlungsart	kommunik. Qualifikation
Finden	vorhandene Bewegungsmuster zu selbstgestellten bzw. gemeinsam vereinbarten Aufgaben auswählen und ausführen können	*Vorschlagen*	sich an Zielsetzungen und Aufgabenformulierungen aktiv beteiligen; einen Lösungsbeitrag in den Diskurs um unterrichtliche Entscheidungen einbringen können
Üben	gefundene Lösungen gezielt in ihrer Bewegungsqualität (unter Ausnutzung gruppenrhythmischer Lerneffekte) verbessern können	*Abwägen*	sachlich begründete, kritische Stellungnahme zu Lernangeboten abgeben; Eigen- und Fremdvorschläge im Hinblick auf aufgabenspezifische Kritik vergleichen und andern verständlich machen können
Variieren	erprobte Lösungen in Bezug auf Bewegungsform, -raum, -rhythmus derart abwandeln können, daß sich ähnliche, aber neue Lösungen ergeben	*Entscheiden*	sachliche Mißverständnisse und soziale Konflikte gruppenintern ausräumen. Eigen- und Fremdargumente zur demokratischen Entscheidung (Kompromiß, Abstimmung) für eine bestimmte Aktivität (Bewegungslösung) führen können
Gestalten	komplexe Bewegungsverbindungen mit erkennbarem räumlich-rhythmischem Eigengefüge eigenständig (gruppenintern) als Einzel-, Partner- oder Gruppenlösung entwerfen und ausführen können	*Kontrollieren*	vereinbarte Aktivitäten (Bewegungslösungen) auf Übereinstimmung mit der Aufgabe und auf „motorische Effektivität" (11) — auch im Vergleich zu anderen Gruppenlösungen — sachlich überprüfen können.

derung, daß nicht nur die Unterrichtspraktika, sondern auch „die Theorie- und Praxisveranstaltungen (hier vor allem die, die das Sporttreiben der Studierenden betreffen) selbst unter die Leitidee dieses Konzeptes gestellt werden" (390).

Nicht weniger konsequent erscheint es, der *Erforschung* eines kommunikativen Sp. U. die Leitidee des Konzeptes zugrundezulegen; zumal bisherige Paradigmata der allgemeinen Unterrichtsforschung sich zur Erfassung von Sp. U., überhaupt als ziemlich ungeeignet erwiesen haben, sofern sie nicht nur einem lehrerzentrierten Unterrichtsbegriff aufruhen (12), sondern auch außerstande sind, die besonderen motorisch bestimmten Interaktionsstrukturen (13) aufzudecken. Aber auch einer an der kritischen Erziehungsidee orientierten Unterrichtsforschung stellen sich a priorische Probleme: Zweifellos ist in einer sich demokratisierenden Gesellschaft den Unterrichtsforschern nicht mehr länger zuzubilligen, im sozialen Forschungsfeld der Schule vorzugehen, „als ob sie mit Ratten experimentierten" (L. ROTH, 1974, 15). Größere Transparenz der Forschungsabsicht und der konkreten Forschungsprozesse gegenüber Lehrern und auch Schülern erscheint ebenso wünschenswert wie deren aktive, gleichberechtigte Mitarbeit an den Ziel- und Aufgabenentscheidungen des Vorhabens.

Neben generellen Bedenken gegenüber einer konsequent avisierten „Handlungsforschung" (14) sei hier auf ein spezielleres Problem des „action-research-Programmes" aufmerksam gemacht: In unseren Untersuchungen zur Frage der Koedukation im Sp. U. (ENGEL/KÜPPER, 1975, 260) hat sich z. B. gezeigt, daß unter bestimmten Bedingungen allzugroße Transparenz gegenüber den Schülern die Echtheit des zu erforschenden unterrichtlichen Geschehens beeinträchtigen kann. Die Übertragbarkeit von Handlungsforschung auf das Schulfeld, wie sie etwa KLAFKI (1973) in ihrer vollen methodologischen Konsequenz vorgestellt hat, steht daher zumindest in der Fragwürdigkeit ihrer Reliabilität weiteren Diskussionen und Erprobungen offen.

Die „Notizen" seien abgeschlossen, nochmals unter dem Vermerk, keineswegs erschöpfend eine Theorie in allen ihren, für Sp. U. relevanten Perspektiven ausgeleuchtet zu haben; selbst dort, wo sie konstruktiv erscheinen, sollten sie nur als programmatische Skizzierung einer weiteren Möglichkeit kommunikativen Sp. U. verstanden werden. Wenn unser Vorschlag eher einem Kompromiß als einer rigorosen „Übernahme" gleichkommt, so gab hierzu nicht etwa eine aus dem festlichen Anlaß dieser Gesamtschrift formal gefaßte Rhetorik den Ausschlag, sondern die ernsthafte Überlegung, neue Ideen zur Verbesserung von Sp. U., wo auch immer sie herkommen mögen, nicht ohne Einbindung an zuvor Gedachtes und bereits Erprobtes zu akzeptieren.

ANMERKUNGEN:

1 Vgl. hierzu vor allem die fachspezifischen Beiträge von: BRODTMANN (1975), LANDAU (1975), FUNKE (1974), SCHALLER, H.-J. (1973), TREBELS (1975)!

2 Vgl. hierzu die Ansätze bei BERNSDORFF/HARTMANN (1974), DIETRICH/LANDAU (1974), SCHALLER, H.-J. (1975).

3 Z. B. der unterrichtsanalytische Ansatz von HILDENBRANDT (1973) läuft auf eine derartige Charakteristik hinaus.

4 Zu weiteren Ausführungen sei auf den zeitgeschichtlichen Abriß der „Sozialerziehung in der bildungstheoretischen Didaktik" (CACHAY/KLEINDIENST, 1975) verwiesen.

5 Die Frage nach den „grundlegenden Prinzipien der Transformation von Sport in der Schule" rechnet LANGE (1975, 240 ff) zu den vier noch offenen Problemen der Sportdidaktik, wobei die hier erörterte Forderung „einer kritischen Distanz gegenüber Strukturen und Erscheinungsformen des außerschulischen Sports" als wesentlicher Grundsatz erkannt wird.

6 LANDAU weist z. B. auf die entwicklungsbedingten Schwierigkeiten hin, die „aufgrund des noch weitgehend in mechanistischen Sozialisationsvorgängen eingebundenen Schülers" (1975, unveröff. Referat, S. 7) einer manipulationsfreien Verständigung entgegenstehen. Ferner seien die Bedenken von DIEDERICHS (1975, 108) gegenüber seinem eigenen konflikttheoretischen Modell erwähnt, mit denen gefragt wird, „ob nicht zu früh, zu häufig und zu viel Reflexion abverlangt werde, ob nicht die Verbalisierung von Kritik und Entscheidung neurotisierend wirke in einem Alter, in dem bisher Vertrauen der tragende Mechanismus zur Reduktion unterrichtlicher Komplexität war."

7 BRODTMANN verweist u. a. auf die Gefahr, „mit dem Bereich des institutionalisierten Sports eine gesellschaftliche Dimension aus dem Blick zu verlieren, die mit Sicherheit im Bewußtsein des einzelnen gegenwärtig und in absehbarer Zukunft eine wesentliche Rolle spielt und spielen wird." Und SCHALLER hält es für bedenklich, wenn sich kommunikative Spielerziehung „so weit vorwagt, konkrete Alternativen zu den traditionellen Sportspielen nach dem Motto: ‚Volley-Spielen' statt ‚Volleyball-Spielen' zu propagieren."

8 In diesem Sinne dürfte auch TREBELS' Beitrag verstanden werden, wenn er idealtypisch unterschiedliche Handlungsmuster im Sp. U. abgrenzt, die zwar eine wechselseitige Vermischung auf Grund der z. T. sehr heterogenen Zielsetzungen nur bedingt zulassen, auf der anderen Seite aber hervorhebt: „Mit der erzieherischen Aufgabe von Unterricht ist es unvereinbar, Schüler auf ein bestimmtes sportliches Handlungsmuster einzuspielen ..." (1975, 326)

9 Hierin finden wir uns in Übereinstimmung mit LANDAU (1975, 189), der in einer Auseinandersetzung mit dem Erziehungsbegriff von BREZINKA und DOLCH eine Trennung von Ausbildung und Sozialisation infrage stellt. ENGEL/KÜPPER (1974, 27) weisen an Beispielen nach, wie „die jeweilige kooperative Struktur *von den sachlichen Gegebenheiten* der Gymnastik entscheidend mitbestimmt" wird.

10 Hier eröffnen sich neben der pädagogischen Problematik derartiger Entwicklungen auch gesellschaftspolitische Fragwürdigkeiten, wenn im internationalen Vergleich Sportler nur noch als personifiziertes Medium einer anonymen Leistungsproduktion fungieren.

11 „Motorische Effektivität" meint hier neben Merkmalen physischer Belastung und den Anforderungen im motorischen Eigenschaftsbereich vor allem Kriterien der Bewegungsgestaltung.

12 Vgl. hierzu die Analyse von LANDAU (1974)!

13 Es ist symptomatisch, wenn SIMON und BOYER bisher vorliegende Beobachtungsverfahren klassifizieren in: 1. affektive, 2. kognitive und 3. multidimensionale (dabei aber wiederum nur kognitive und affektive Dimensionen erfassen); selbst in BELLACKS vermeintlich umfassenden „Verhaltensuniversum“ sind zwar „action-physical-Kategorien“ genannt, die jedoch nur die mit dem Sprechen in Verbindung stehenden ‚stummen Interaktionen‘ (HABERMAS) erfassen. Eine im Rahmen unseres Seminars „Zu Problemen einer sportspezifischen Unterrichtstheorie“ exemplarisch vorgenommene Anwendung des FLANDERSschen Interaktionsmodells hat die Unbrauchbarkeit derartiger Verfahren für die Erfassung von SpU. hinlänglich bestätigt.

14 L. ROTH (1974, 16 f.) charakterisiert das Konzept der Handlungsforschung „als vielversprechenden methodologischen Ansatz“; warnt jedoch davor, daß daraus „more action than research“ wird. Schwierig erscheint ihm auch, „die Schüler in diese Gleichberechtigung einzubeziehen.“

LITERATUR:

BELLACK, A.: Methoden zur Beobachtung des Unterrichtsverhaltens von Lehrern und Schülern. In: Wulf, Chr. (Hrsg.), Evaluation. München 1972, 214 ff.

BERNSDORFF, W./HARTMANN, H.: Volley-Spielen statt Volleyball-Spielen. Eine Alternative zum herkömmlichen Sportunterricht unter kommunikationstheoretischen Gesichtspunkten. In: ADL (Hrsg.), Sozialisation im Sport. Schorndorf 1974, 170–176.

BRODTMANN, D.: Grenzen der Sportdidaktik. In: Sportwissenschaft (1975), 286–297.

CACHAY/KLEINDIENST, C.: Soziales Lernen im Sportunterricht. In: Sportwissenschaft (1975), 339–367.

DIEDERICH, J.: Förderungssituationen im Unterricht – Beobachtungsverfahren und didaktische Analyse. In: ROTH/PETRAT (Hrsg.), Beiträge zur empirischen Unterrichtsforschung. Hannover 1974, 94–109.

DIETRICH, K./FRITSCH, U./LANDAU, G./MARAUN, H.-K.: Didaktisches Praktikum. Auf dem Wege zu einer Theorie unterrichtlichen Handelns. In Sportwissenschaft (1975), 368–390.

DIETRICH, K./LANDAU, G.: Beiträge zur Didaktik der Sportspiele, Teil 1. Schorndorf 1974.

ENGEL, R./KÜPPER, D.: Gymnastik. Finden–Üben–Variieren–Gestalten. Kooperation von Jungen und Mädchen als didaktische Aufgabe. Schorndorf 1974.

ENGEL, R./KÜPPER, D.: Koedukation im Sportunterricht.
In: sportunterricht (1975), 257–262.

FLANDERS, N. A.: Analyzing Teaching Behavior, Reading. Mass. 1970. Vgl. auch: Die Interationsanalyse von FLANDERS. In: KOSKENNIEMI, M.: Elemente der Unterrichtstheorie. München 1971, 202–210.

FUNKE, J.: Körpererziehung, Sport und Spiel in der Bielefelder Laborschule (ein Curriculumrahmen). In: Schulprojekte der Universität Bielefeld, H. 4. Stuttgart 1974.

HANEBUTH, O.: Grundschulung zur sportlichen Leistung. Frankfurt, 4. Aufl. 1964.

HECKER, G.: Leistungsentwicklung im Sportunterricht. Weinheim/Basel 1974.

HILDENBRANDT, E.: Sprache und Bewegung. In: Sportwissenschaft (1973), 55–69.

KLAFKI, W.: Handlungsforschung im Schulfeld. In: Zeitschrift für Pädagogik (1973) 19, 487–516.
KÖPPE, G.: Lehrertraining oder Situationsanalyse-Überlegungen zur Frage des Lehrerverhaltens im Sportunterricht.
In: sportunterricht (1975) 2, 36–39.
KÜPPER, D./ENGEL, R.: Koedukative Gymnastik. In: Die Leibeserziehung (1969) 8, 253–261.
LANDAU, G.: Allgemeine Konzepte der Unterrichtsforschung und ihre Relevanz für den Sportunterricht. In: sportunterricht (1974) 6, 184–190.
LANDAU, G.: Die Beziehungen zwischen Lehrer und Schüler im Sportunterricht. Unveröffentlichtes Manuskript 1975.
LANGE, J.: Zur gegenwärtigen Situation der Sportdidaktik.
In: Sportwissenschaft. 3/4 (1975), 217–250.
MOLLENHAUER, K.: Theorien zum Erziehungsprozeß. München 1972.
ROTH, L.: Zum Erkenntniswert von Unterrichtsanalysen für Forschung und Lehre. In: ROTH/PETRAT, a. a. O., 11–17.
SCHÄFER, K.-H./SCHALLER, K.: Kritische Erziehungswissenschaft und kommunikative Didaktik. Heidelberg 1973.
SCHALLER, H.-J.: Zur pädagogischen Theorie des Spiels. Ahrensburg 1973.
SCHALLER, H.-J.: Spielerziehung. Schorndorf 1975.
TREBELS, H.-A.: Sportunterricht als Veranstaltung organisierten Lernens.
In: Sportwissenschaft (1975), 313–327.

Jürgen Dieckert

Zu einer Methodik der Kreativität

Ein Grundthema von Hanebuth ist die „Kreativität". Gewiß, es begegnet nicht in dieser Formulierung: doch bei seiner didaktischen Konzeption der Tätigkeitselemente heißt es neben „Spielen, Leisten, Kämpfen" auch „*Gestalten*", und bei seiner methodischen Konzeption sind es neben den „formalen" die „*freien* Lehr- und Übungswege" (1), die das Phänomen Kreativität für die Leibesübungen berücksichtigt haben.

Freilich steht Hanebuth damit in der Tradition seit Guts Muths und Jahn sowie vor allem der Reformpädagogik mit der Entwicklung des arbeitsschulmäßigen Verfahrens durch Kerschensteiner und Gaudig (2), doch sein didaktisch-methodischer Ansatz differenziert die Fragestellung stärker als es andere Autoren mit der sogenannten „freien Bewegungsaufgabe" versucht haben (3). Mit den einzelnen Lehr- und Übungswegen: „Aufgaben — Finden / Auswählen — Entwickeln / Anregen — Erfinden / Selbstsuchen — Selbstgestalten" hat Hanebuth die verschiedenen Freiheitsgrade der kreativen Akte von Übenden und die entsprechenden methodischen Verfahren durch den Lehrenden thematisiert (4). Seither ist meines Wissens zur Methodik der Kreativität in den Leibesübungen nichts entscheidend Neues veröffentlicht worden.

Dagegen verzichtet heute kein progressiver Beitrag (5) und kein Curriculumentwurf (6) auf die Forderung nach Kreativitätsentfaltung! Doch wie dabei methodisch in der Schule oder im Verein verfahren werden kann und soll, darüber gibt es bislang in der sportwissenschaftlichen Literatur keine spezifischen Hinweise oder gar ein Konzept (7).

Auch meine durch die Zusammenarbeit mit Hanebuth angeregten eigenen Beiträge: 1962, Assessorenarbeit zum Thema „Schöpferisches Gestalten in der Leibeserziehung" und die Veröffentlichungen 1967 „Zur Frage des Musischen in der Leibeserziehung" und 1974 „Kreativität und Freizeitsport" haben mehr der historisch-philologischen Untersuchung des Kreativitätsbegriffes, der Auswertung der allgemeinen Kreativitätsforschung seit Guilford 1950, den Überlegungen zur Übertragbarkeit der Ergebnisse auf den Sport und der pädagogischen Frage nach dem „Warum" der Kreativitätsentfaltung auch in den Leibesübungen gegolten (8). Nur angedeutet wurde die bereits früher erhobene Forderung nach Entwicklung einer „Methodik der Kreativität" (9). Dieser Beitrag kann noch nicht diese „Methodik" liefern, er will aber neue Einsichten vermitteln und modellhaft im Sinne des Theorie-Praxis-Bezuges konkrete Möglichkeiten einer kreativitätsfördernden Lehrweise aufzeigen.

Zunächst ist es notwendig, eine Reihe von Vorurteilen und Mißverständnissen thesenhaft auszuräumen:

1. Kreativität ist kein Geschenk der Erbmasse, auch keine göttliche Eingabe oder bewirkt durch Blut-und-Boden-Kräfte, wie in mancher Literatur zu lesen ist, sondern eine lernbare Bereitschaft und Technik, Ungewohntes und Neues — zumindest für den Betreffenden — zu assoziieren, zu denken, zu konzipieren und zu realisieren (10).
2. Kreativitätsentfaltung kann immer nur *ein* Lernziel unter anderen sein. Formale Lernschule muß weiterhin wichtiger Bestandteil des Sportunterrichts in Schule und Verein bleiben. Nicht zuletzt ist erworbene motorische Fertigkeit auch eine Voraussetzung für kreative Akte.
3. Kreativitätsentfaltung ist immer umweltabhängig: das bedeutet eine Eingrenzung kreativer Freiheit durch die personalen, materialen und situativen Umstände, in denen kreative Akte stattfinden. Kreativität heißt also auf keinen Fall Willkür im Sinne totaler Freiheit, wie häufig unwissend angenommen wird, sondern Selektion durch den Rahmen der gegebenen Umwelt. Eine Turnhalle mit normaler Geräteausstattung wird andere kreative Akte ermöglichen als z. B. ein Rasenplatz mit einer Auswahl von Freizeitsportgeräten und Spielmaterialien.

*

Schon in seinem berühmten Beispiel „Zwei Jungen spielen Federball" hat Wertheimer die Grundstruktur des schöpferischen Denkens oder des kreativen Aktes verdeutlicht (11). Es entpuppt sich als eine spezifische „Problemlösungskunst" (12). Vereinfacht dargestellt geht es darum, das sich ergebende Problem zu erkennen, per Analyse in seine elementaren Teile zu zerlegen und per Synthese der Analyseteile in anderer Kombination zu einer neuen Einheit zusammenzufügen (13). Beim Federballspiel Wertheimers stellte sich für die beiden Jungen das Problem, daß sie auf Grund ihrer großen Leistungsunterschiede nicht zu beider Zufriedenheit gegeneinander spielen konnten. Dieses Problem — unter dem Ziel, gemeinsam etwas tun zu wollen — bewältigten sie, einmal durch den Analyseakt: gegeneinander spielen ist nur sinnvoll bei Chancengleichheit, Federballspielen ist im Prinzip nichts anderes als Schlagen eines Leichtballes mit einem Schläger, und zum anderen durch den Syntheseakt: da Chancengleichheit vorhanden, wird nicht mehr gegeneinander, sondern miteinander gespielt, indem beide versuchen, den Federball so lange wie möglich in der Luft zu halten (14).

Wertheimer hat mit seinen Federballjungen darüber hinaus eine typische Situation des Freizeitsports getroffen: die Heterogenität der Voraussetzungen. Im Leistungs- und Spitzensport ist alles weitgehend homogenisiert: chancengleiche Wettbewerber auf entsprechendem Leistungsniveau, Eindeutigkeit von Regeln und Verfahrensweisen bei Wettkämpfen, genormte Spielfelder und Sportgeräte etc. Dagegen vereint der Freizeitsport nicht nur Leistungsschwache und Leistungsstarke — wie in dem Beispiel von WERTHEIMER — sondern auch Junge und Mädchen, Frau und Mann, alte und junge Menschen (15). Aus diesen heterogenen Bedingungen entsteht immer die kreative Aufgabe, den Interessen, Bedürfnissen und den personalen Voraussetzungen entsprechend, andere und neue Regeln zu erfinden und besondere Vereinbarungen zu treffen, damit Spiel und Sport in Gemeinsamkeit, z. B. einer Familie, einer Nachbarschaft, eines Freundeskreises, einer Betriebsgruppe zustandekommen kann. Berücksichtigt man dabei die heterogenen materialen Voraussetzungen wie z. B. fehlende Sportstätten stattdessen Parkplatz, Waldwiese, Strand oder eine sonstige Gelegenheit im Urlaub, am Wochenende oder am Feierabend, dann entsteht die weitere Aufgabe, kreative Lösungen für den gemeinsamen Freizeitsport zu finden.

Wenn also Sportunterricht in der Schule oder der Jedermannsport im Verein das Lernziel Kreativität zu verwirklichen sucht, dann ist es nicht nur ein notwendiges und lohnendes Ziel, sowohl kognitiv-produktiv als auch sensomotorisch Aktivität zu entfalten, sondern darüber hinaus Modellfälle und Orientierungshilfen zur Bewältigung von aktuellen Freizeitproblemen durch Spiel und Sport bei heterogenen personalen und materialen Voraussetzungen zu schaffen (16).

*

Doch zurück zur Methodenfrage! Nach Durchsicht relevanter Kreativitätsliteratur steht trotz der Vielfalt der Ansätze und unterschiedlicher Theorien eines fest: dem kreativen Produzieren geht ein Analyseakt voraus. Mag er kognitiv-systematisch durch bestimmte Verfahren oder spielerisch-lateral-assoziativ erfolgen: ohne eine Analyse der Fragestellung, des Problems, der Aufgabe, des Zieles, der Voraussetzungen, Bedingungen, Ursachen, des Gegenstandes, der Materialien, ihrer Bestandteile, Funktion etc. geht es nicht. Dieser Analyse nun folgt die Synthese, das Zusammensetzen, Kombinieren von Analyseteilen, Elementen zu einer neuen Struktur, Gestalt, Form, Lösung. Dabei können der Analyse-Synthese-Akt nahezu simultan wie bei dem von OSBORN entwickelten „Brainstorming“, entweder allein, in einer Gruppe, schriftlich oder mündlich etc. vor sich gehen (17) oder der Syntheseakt erst nach einem getrennten Analysieren des Problems und der Auflistung seiner Merkmale erfolgen, wobei neben der freien Synthese auch die ebenfalls von OSBORN entwickelte Checkliste (18) benutzt wird oder der Zufall durch „Wortspiele“ oder „Zahlenspiele“ zu Hilfe genommen wird.

Um es im Theorie-Praxis-Bezug zu konkretisieren, sollen die genannten Verfahren an Beispielen verdeutlicht werden.

Kreative Aufgabe 1: Brainstorming-Verfahren

Es werden Kleingruppen zu 4 bis 6 Personen gebildet. Jeder soll nach der Aufgabenstellung spontan assoziativ seine Ideen, Vorschläge, Einfälle nennen; ein

Protokollant notiert sie. Um eine möglichst gute kreativitätsfördernde Situation herzustellen, ist jegliche kritische Bemerkung untersagt. Eine Ordnung oder Gruppierung der Einfälle erfolgt später und dann erst die Umsetzung in die Realität. Die Aufgabenstellung heißt: Was fällt euch bei dem Wort „laufen" ein? (19).
Es werden viele Assoziationen gesammelt wie: Schnell laufen, nachlaufen, die Nase läuft, auf den Händen laufen, Überläufer, sprinten, nachlaufen, rennen, eine Acht laufen, ... und läuft und läuft und läuft, auslaufen, Lauftreff, heißlaufen, rumlaufen, Dauerlaufen, auf allen vieren laufen, Rundlauf, zu zweit laufen etc.
Bei Durchsicht der Wörter und dem Versuch, sie zu systematisieren, wird deutlich, daß „laufen" nicht nur konkrete Fortbewegung mit den Beinen oder Körpergliedern bezeichnet, sondern auch im übertragenem Sinne verwendet wird (Nase/Auto läuft, Überläufer für Fahnenflüchtiger und auch junges Wildschwein, Heißlaufen eines Motors etc.) Die konkreten Fortbewegungen wiederum lassen sich unter verschiedene Kategorien gruppieren wie Zeit (schnell/langsam/beschleunigend etc. laufen, sprinten, rennen), Raum/Richtung (eine Acht laufen, nachlaufen, zueinander/voneinander etc. laufen), Bewegungsform (auf Händen/allen vieren laufen, mit Kreuzschritten laufen etc.), Kooperationsform (zu zweit laufen, in einer Gruppe laufen, Massenlauf etc.).
Die Gruppierung als Folgeaufgabe nach dem ersten Brainstorming eröffnet nicht nur systematisches Denken, sondern leitet auch ein weiteres Brainstorming mit der Assoziation weiterer Bewegungsformen unter den jeweiligen Kategorien ein. Dadurch wird auch die Einsicht erwirkt, daß „laufen" mehr ist als ein leichtathletisches Bewegen in den Normen des Kurz-/Mittel- und Langstreckenlaufs, des Hürdenlaufs oder der Anläufe zum Sprung und Wurf.
Diese einfache kreative Aufgabe, in der Literatur in ähnlicher methodischer Form als „freie Bewegungsaufgabe" bezeichnet, läßt sich erweitern durch die Hinzunahme einer zweiten Bewegungsweise (z. B. laufen und springen), eines Handgerätes (z. B. laufen mit einem Ball), eines Großgerätes (z. B. laufen und Kästen), einer bestimmten Umwelt (z. B. laufen im Wald). Beim Brainstorming müssen dann die Merkmale des zweiten Bestimmungswortes mitassoziiert werden.

Kreative Aufgabe 2: Analyse-Synthese-Methode

Während beim Brainstorming die Analyse- und Synthese-Vorgänge weitgehend simultan erfolgen, bietet die Methode mit einer Trennung der Analyse von der Synthese weitere Möglichkeiten (20). Das läßt sich an folgender Aufgabe für eine Kleingruppe verdeutlichen: „Kombiniert Bewegungs- und Spielformen mit den beiden Handgeräten Ball und Staffelholz!"
Per Analyse der wichtigsten Merkmale der einzelnen Handgeräte verschafft sich die Kleingruppe einen Überblick über die Vielfalt der Möglichkeiten, bevor durch Kombination von Aktionsmerkmalen neue oder andere Bewegungsformen und Spielweisen erschlossen werden.
Analyse des Balles: Er ist rund und hat verschiedene Größen. Als Hohlball hat er

Sprungeigenschaften, die ihm als Vollball fehlen. Er läßt sich ein- und beidhändig fassen und nahezu mit allen Körperteilen in verschiedenen Formen fortbewegen. Den Ball kann man: werfen, fangen, stoßen, schießen, schleudern, schocken, prellen, köpfen, rollen, schwingen, heben, tragen, balancieren etc.
Analyse des Staffelholzes: Es ist ein starrer, fester Gegenstand, rund mit kleinem Durchmesser und längenmäßig auf ca. 40 cm begrenzt. Er läßt sich ein- und beidhändig anfassen und kann als verlängerter Arm benutzt werden. Das Staffelholz kann man werfen, schleudern, stoßen, schocken, schwingen, fangen, balancieren, es kann stützen, und mit ihm kann man schlagen.
Diese Analyse zeigt, daß einige Merkmale eine Kombination ausschließen, andere eine Kombination geradezu herausfordern. Einige Möglichkeiten sollen genannt werden.

— Balancieren: der Ball wird auf der Langseite des Holzes balanciert, ebenfalls auf der Spitze; ebenfalls auf der Langseite von zwei Hölzern. Zwei Übende fassen die Enden der zwei Hölzer und balancieren den Ball, wobei sie auch gegenseitig versuchen, durch schnelle Bewegungen der Hölzer den Ball in der Hälfte des Partners zu Fall zu bringen. Dazu muß ein kleiner Ball gewählt werden, oder man tauscht die Hölzer gegen Turnstäbe.
— Werfen/Fangen: der auf den zwei Stäben gehaltene Ball wird durch eine Schleuder-/Wurfbewegung an eine Wand oder zu einem Partner befördert und durch ein nachgebendes Fangen mit den beiden Hölzern angenommen. Dabei werden auch solche Bewegungsformen wie schwingen, schocken, heben, tragen erprobt. Außerdem kann der Fangende auch geprellte, geköpfte, gestoßene Bälle annehmen.
— Prellen/Schlagen: bei ein- und/oder beidhändiger Griffart wird der Ball mit dem Holz auf den Boden oder in die Luft geprellt oder am Boden geführt oder geschlagen (wie beim Hockey). Daraus lassen sich Partnerübungen mit Prellen und Schlagen des Balles entwickeln. Spielformen ergeben sich bei der Fragestellung, wie lange der Ball in der Luft gehalten werden kann oder durch Variation und Weiterentwicklung eines Schlagballspieles.

Um den Variationsreichtum zu erhöhen, lassen sich alle Bälle denken: vom Luftballon über Schlagbälle, Tennisbälle, Spielbälle, Medizinbälle bis zu den großen mehr als einen Meter umfassenden Spastikerbällen. Das Staffelholz kann ebenfalls ausgewechselt werden durch Turnstäbe, Hockeyschläger, Tennisschläger, Langstäbe.

Aufgabe 3: Analyse-Variations-Methode (Checkliste)

Bei der Aufgabe 2 ging es um die mehr zufällige Synthese von Analyseteilen. Die kreative Produktion war offener als bei der Anwendung der von Osborn entwickelten „Checkliste“ (21). Die Merkmale des Problems, der Aufgabe, der Zielstellung oder der vorhandenen Struktur werden auf ihre Veränderungsmöglichkeit unter folgenden Aspekten befragt: 1. Anders verwenden; 2. Anpassen/Adaptieren; 3. Ändern/Modifizieren; 4. Vergrößern/Magnifizieren; 5. Verkleinern/Minifizieren; 6. Ersetzen/Substituieren; 7. Umstellen/Reagieren; 8. Umkehren/Kontrastieren; 9. Zusammenfügen/Kombinieren.

Am Beispiel des Fußballspieles sollen die Veränderungsmöglichkeiten im Falle gegebener Bedingungen konkretisiert werden (22). Die Merkmale des Fußballspieles werden herausgearbeitet, danach wird die Checkliste zwecks Veränderung angewandt. Die dabei vorgenommene Zuordnung ist nicht immer eindeutig. Das ist aber gerade bei kreativen Akten das am wenigsten Entscheidende.

— Merkmal: Jede Mannschaft besteht aus 10 Feldspielern und einem Torwart.
  Variation durch „Vergrößern oder Verkleinern": Spielerzahl ändern.
— Merkmal: Es spielen immer zwei Mannschaften gegeneinander.
  Variation durch „Umstellen": Spielen mit drei oder mehr Mannschaften gleichzeitig.
— Merkmal: Es wird mit einem genormten Ball gespielt.
  Variation durch „Ersetzen": als Spielgerät wird ein Schaumstoffwürfel genommen.
— Merkmal: Jede Mannschaft besitzt ein Tor.
  Variation durch „Umkehren": Das Spiel findet ohne Tore statt.
— Merkmal: Es wird auf einem genormten rechteckigen Spielfeld gespielt.
  Variation durch „Ändern": das Spielfeld ist dreieckig.
— Merkmal: Der Ball darf nicht mit der Hand berührt werden.
  Variation durch „Anders verwenden": in der einen Spielhälfte wird der Ball mit dem Fuß gespielt (Fußball), in der anderen Hälfte mit der Hand (Handball).
— Merkmal: Es spielen nur reine Männer- oder Frauenmannschaften. Variation durch „Anpassen": es wird mit gemischten Mannschaften gespielt, wobei die Regel gilt, daß nur Frauen einen Torerfolg erzielen können.
— Merkmal: Im Prinzip spielt jeder als Einzelperson.
  Variation durch „Kombinieren": je zwei Spieler spielen mit Handfassung als Paar.

In diesem Fußball-Beispiel ist nur jeweils eine Variation genannt: es sind eine Reihe weiterer denkbar. Nach diesem kognitiv-kreativen Akt folgt die Realisierung. Dabei wird sich herausstellen, daß manche Ideen nicht umsetzbar oder für das Spielgeschehen nicht spannungsreich genug sind. Beim Realisieren jedoch stellen sich aus solchen Anlässen der Erprobung neue Ideen und Variationen ein.

Aufgabe 4: Analyse-Zufall-Methode („Wort"-Spiel)

Bei der Synthese kann man auch den Zufall mitspielen lassen. Die Aufgabe lautet: Veränderungen eines Spieles mit Hilfe von fünf oder mehr beliebigen aus dem Duden getippten Wörtern. Dabei wird nun versucht, die Merkmale des Zufallwortes zu analysieren und mit den Merkmalen des Spieles zu kombinieren. Ein Beispiel aus dem Volleyball soll die Aufgabe und Lösungsmöglichkeiten konkreti-

sieren. (23). Dabei wird auf eine vollständige Wiedergabe der Analyse verzichtet und nur die Kombinationsmöglichkeit genannt.
Dudenwörter durch Zufall ermittelt sind: Berg, Fahrstuhl, Hose, Ringbuch, Gardine.

— Berg: Merkmale/Assoziation: Bergspitze: Zusätzlich zum Netz einen Korbballständer aufstellen mit dem Ziel, den Volleyball auch in den Korb zu baggern oder pritschen.
— Berg: Merkmale/Assoziation: unüberwindbar: statt Netz ein undurchsichtiges Tuch spannen. Dazu Ergänzung: ein Mitspieler von Mannschaft A steht im Feld von B und ruft Informationen vor jedem Wechsel des Balles über das Tuch zu.
— Fahrstuhl: Merkmale/Assoziation: fahren/rollen: Volleyball spielen mit Rollschuhen oder Schlittschuhen.
— Hose: Merkmale/Assoziation: lange, geschlossene Hose: Volleyball spielen mit angezogenem Sack (Sackhüpfen). Idee für Karneval.
— Ringbuch: Merkmale/Assoziation: größere harte Fläche: Volleyball mit einem harten Brett spielen/baggern/pritschen.
— Gardine: Merkmale/Assoziation: großes Tuch: der Volleyball wird von je zwei Spielern mit einem Tuch aufgefangen und weitergeschleudert.

Manche der Assoziationen wirken „unsinnig“ oder „weit-hergeholt“. Trotzdem sollte auch diese Zufallsmethode ausprobiert werden. Es zeigt sich dann auch bei der Realisierung der neuen Idee, was man weiter und besser verändern kann.

Aufgabe 5: Analyse-Zufall-Methode („Zahlen“-Spiel)

Ebenfalls dem Zufall kann man Ideenanregungen überlassen, wenn man die Merkmale einer Sportart in Gruppen systematisiert und nummeriert. Beim Syntheseakt werden dann willkürlich/zufällig Nummern zusammengestellt/gewürfelt. Das heißt: es sind Analyseteile völlig zufällig zu kombinieren. Es ergeben sich dabei häufig Kombinationsschwierigkeiten, die jedoch durch Hinzunahme oder Weglassung dieses oder jenes Analyseteiles zu bewältigen sind. Es geht ja auch nicht um die Aufrechterhaltung einer solchen Zufallsmethode, sondern diese Methode bietet durch den Zufall ein weiteres Spektrum von Anregungen, die sonst nicht genutzt würde. Es muß bei jeder Methode die Freiheit bestehen, sie zu verlassen und freien Assoziationen nachzugehen. Der kreative Akt ist das Entscheidende, die Methode ist nur eine Hilfe. An einem Beispiel aus der Leichtathletik soll diese Zufallsmethode mit dem „Zahlen“-Spiel verdeutlicht werden (24). Die verschiedenen Möglichkeiten/Merkmale für die Realisation eines Hochsprunges werden entweder durch den Lehrer in Kategorien geordnet vorgegeben oder in Kleingruppen erarbeitet. Beispiel:

1. Beschaffenheit des Anlaufortes
   1.1. ebene Bahn
   1.2. schiefe Ebene
   1.3. federnde Anlaufbahn
   1.4. unebene Anlaufbahn
   1.5. weiche Anlaufbahn

2. Zu überwindende Hindernisse
   2.1. Turnmatten
   2.2. Bock
   2.3. Barren
   2.4. Kasten
   2.5. Bank
   2.6. Partner
   2.7. Bälle
   2.8. sonstiges Gerät
3. Arten des (An)Laufens
   3.1. gradlinig
   3.2. schräg
   3.3. Slalomlauf
   3.4. Kurvenlauf
   3.5. kurzer Anlauf
   3.6. langer Anlauf
   3.7. Zick-Zack-Lauf
   3.8. Paarlauf
4. Formen des Laufens
   4.2. hüpfen
   4.3. hinken
   4.4. Hopserlauf
   4.5. Dreierschritt
   4.6. traben
   4.7. steigernd laufen
   4.8. rückwärts laufen
   4.9. Froschhüpfen
5. Hindernisüberwindung
   5.1. rollen
   5.2. hocken
   5.3. springen
   5.4. fallenlassen
   5.5. schwingen
   5.6. grätschen
   5.7. flanken
6. Landeform
   6.1. in den Stand
   6.2. in die Hocke
   6.3. auf den Rücken
   6.4. auf den Bauch
   6.5. abrollen
   6.6. auf einem Bein

Mit Hilfe dieser Analyseliste werden Kombinationen gebildet, zum Beispiel die Nummern: 1.3./2.4./3.8./4.4./5.7./6.6. Die betreffende Kleingruppe erprobt die Möglichkeiten und entwickelt neue Ideen.

*

Dieser Beitrag mit seinen konkreten Aufgaben versteht sich als ein erster Versuch, praktisch anwendbare Kreativitätstechniken zu entwickeln bzw. auf das Feld der Leibesübungen zu übertragen. Dabei sind auch für den Verfasser einige Fragen offengeblieben, die einer weiteren Untersuchung bedürfen. Vielleicht jedoch wirken diese offenen Fragen als Kreativitätsanregung zur notwendigen weiteren Bearbeitung eines bislang vernachlässigten Gebietes. So mag dieser Beitrag auch nur eine methodische Hilfe zur Kreativität sein.

ANMERKUNGEN:

1 HANEBUTH, O.: Grundschulung zur sportlichen Leistung. Frankfurt 1964⁴, 125 ff.

2 Vgl. den Überblick in DIECKERT, J.: Kreativität und Freizeitsport. In: Dieckert (Hrsg.): Freizeitsport. Düsseldorf 1974, 131 ff.

3 Vgl. stellvertretend FETZ, F.: Allgemeine Methodik der Leibesübungen. Frankfurt 1972⁵, 77 ff.

4 HANEBUTH: a. a. O., 1964, 113 ff. und 125.

5 Vgl. Böhme u. a.: Sport im Spätkapitalismus. Frankfurt 1971, 132 ff.

6 Vgl. neben Curriculumentwürfen verschiedener Autoren auch den „Entwurf von Rahmenrichtlinien für die Sporterziehung an den Schulen im Lande Niedersachsen". In: Schulverwaltungsblatt. Hannover 4/74, 104 ff.

7 Vgl. auch die neuesten dieser Frage ausweichenden Beiträge: HAHN, E.: Kreativität im Sport – eine Sozialisierungschance. In: ADL (Hrsg.), Sozialisation im Sport. Schorndorf 1974, 309 ff. – KREISS, F.: Kreativität und Training im Sport. In: Jugend und Sport (1975), 102; KÖNIG, A.: Die Problematik der Kreativiät im Sportunterricht. In Turnen und Sport (1975) 121 ff.; KOPP, B.: Kreativität im Sportunterricht. In: Sportunterricht 10/75, 338 ff.

8 Siehe DIECKERT, J.: Zur Frage des Musischen in der Leibeserziehung. In: Die Leibeserziehung (1967), 78 ff; DIECKERT: Kreativität und Freizeitsport. In: Dieckert (Hrsg.): Freizeitsport. Düsseldorf 1974, 131 ff.

9 Erstmalig erhoben bei DIECKERT, J.: Entwurf eines Curriculum-Modells Leibeserziehung. In: Die Leibeserziehung (1972), 221 ff.

10 Vgl. den Artikel Kreativität in WULF, CHR.: Wörterbuch der Erziehung. München 1974, 347 ff. und die m. E. treffende Definition von DREVDAHL, J.: Factors of importance for creativity. In: Journal of Clinical Psychology (1956) 22 R, 68 nach ULMANN, G.: Kreativität. Weinheim/Berlin/Basel 1968, 13.

11 WERTHEIMER, M.: Produktives Denken. Frankfurt 1957, 148 ff. Vgl. auch die Beiträge von METZGER, W.: Schöpferische Freiheit. Frankfurt 1962 und Metzger: Kann man schöpferisches Denken üben? In: FLITTER/SCHEUERL (Hrsg.): Einführung in pädagogisches Sehen und Denken. München 1967, 172 ff.

12 Vgl. LENGERT, R.: Zur Anatomie des Sports. In: DIECKERT (Hrsg.): Freizeitsport. Düsseldorf 1974, 9 ff.

13 Vgl. dazu auch SEIFFGE-KRENKE, I.: Probleme und Ergebnisse der Kreativitätsforschung. Bern/Stuttgart/Wien 1974, 43 und ROHR, A. R.: Kreative Prozesse und Methoden der Problemlösung. Weinheim/Basel 1975, 35 ff.

14 Ebd. (S. 73) siehe Interpretation der Federballjungen.

15 Vgl. DIECKERT, J.: Eigenart und Eigenständigkeit des Freizeitsports. In: DIECKERT (Hrsg.): Freizeitsport. Düsseldorf 1974, 67 ff.

16 Vgl. DIECKERT, J.: Freizeitsport im Sportcurriculum. In: ebd. 119 ff.

17 Siehe CLARK, C. H.: Brainstorming. München 1973 und KLEINE, M.: Die neuen Techniken der Kreativität und Problemlösung. München 1975, 59 ff.

18 Siehe bei SEIFFGE-KRENKE, 265 f.

19 Dazu auch DIECKERT, J.: Gymnastische Grundformen. In: DSB (Hrsg.): Lehrbriefe zur Praxis für Übungs- und Jugendleiter. Frankfurt 1972, Lehrbrief 1, 3 ff.

20 Vgl. das Grundverfahren der „Morphological Analysis" durch ZWICKY, nach SEIFFGE-KRENKE, 268 f.

21 Ebd. 265 f. und SIKORA, J.: Die neuen Kreativitäts-Techniken. München 1972, 50 ff.

22 Die Grundidee dieses Beispieles verdanke ich dem Studenten Jürgen SCHRÖTER aus dem letztsemestrigen Seminar zur Kreativität in den Leibesübungen.

23 Dieses Beispiel wurde in dem oben genannten Seminar von einer Gruppe mit meiner Teilnahme erarbeitet und von dem Studenten Alfred-Heinz WESTERHOFF vorbereitet.

24 Dieses Beispiel stammt von den Studenten Wolfgang LOECHEL und Klaus SIEVERS.

Hansjochen Brüggemann

Kreativität im Sportunterricht — eine Bestandsaufnahme

1. Fragestellung

Nachdem vor etwa 5 Jahren der Begriff ‚Kreativität' vereinzelt im fachspezifischen Sprachgebrauch der BRD aufgetaucht ist, wurde er inzwischen zu einem der beliebtesten Modeworte im Bereich des Sportes. Die Gründe hierfür, die Aktualität des Problems, das Bemühen um Aufwertung des Faches und der Trend nach Modernität, spiegeln sich in der Tiefgründigkeit der derzeitigen Begriffsverwendung wider, dem recht vagen Gebrauch in der Diskussion des Sportpraktikers, in der vielfach unreflektierten Benutzung bei Bildungszielangaben und schließlich in den äußerst unterschiedlichen Untersuchungen von Sporttheoretikern. Es soll nunmehr versucht werden, diesen recht heterogenen Diskussionsstand (1) zu skizzieren, um so die bisher einzeln gewonnenen Ergebnisse und Erkenntnisse über das Phänomen ‚Kreativität im Sportunterricht' auf dem Hintergrund der Gesamtproblematik transparent zu machen, ihre Gültigkeit zu prüfen und zu gewichten.

Eine derartige Zwischenbilanz erscheint angebracht, damit dieser Begriff, der ohne Zweifel ein äußerst aktuelles Problem anschneidet, nicht schon nach kurzer Zeit zur Leerformel herabsinkt.

2. Kreativität als Forschungsproblem

2.1. Problemgeschichtlicher Aspekt

Häufig kann man in der letzten Zeit hören, daß Kreativität eigentlich nichts Neues sondern etwas hinlänglich Bekanntes berührt. Dies ist sicherlich in gewisser Beziehung richtig, wenn man daran denkt, daß kreative Gedanken und Handlungen das Menschsein an sich ausmachen. So ist der Aspekt der Kreativität notwendigerweise eng mit der Entwicklung des menschlichen Kulturlebens verbunden und tritt immer dann ganz besonders in den Blickpunkt, wenn die jeweilige Gesellschaftsstruktur in die Krise gerät und auf die Frage nach dem Menschen selbst zurückgeworfen wird.

Die diesbezüglichen Hinweise (2) auf Überlegungen im Rahmen der Sportdiskussion früherer Zeiten sind zwar treffend und wertvoll, doch leider fehlt bis heute eine klare problemgeschichtliche Analyse, aus der sicherlich wertvolle Anregungen für die aktuelle Fachdiskussion zu gewinnen wären. Wie notwendig und sinnvoll eine derartige Betrachtung wäre, zeigt die Tatsache, daß einige methodische Maßnahmen mit offensichtlich reformpädagogischer Wurzel noch heute in der

Praxis Verwendung finden (3) und, wie noch zu zeigen sein wird (vgl. 4.2), auch aus theoretischer Sicht noch relevant sind. Die Schwierigkeiten bei der Auswertung dieser gefordeten Analyse dürften sich zweifellos durch den unterschiedlichen wissenschaftstheoretischen Hintergrund früherer und heutiger Erkenntnisse ergeben.

2.2. *Definitionsschwierigkeit*

Das Stichwort ‚creativity' zur aktuellen Kreativitätsdiskussion wurde 1950 von GUILFORD in Amerika gegeben. Die Triebkräfte waren die Industrie und die Wirtschaft mit ihrem Bedarf an ideenreichen Führungskräften und den notwendig gewordenen kompensatorischen Freizeitbemühungen (4). Etwa seit Beginn der 60er Jahre wurden in Anlehnung diese Erörterungen auch in der BRD geführt (5).
Trotz dieser ausgedehnten Diskussion gibt es bis jetzt noch keine verbindliche Begriffsfestlegung (6). Die verschiedenen Definitionen sind durch die verschiedenen psychologischen Schulen und deren unterschiedliche Sichtweisen geprägt (7). Das Begriffsfeld (8), dem Kreativität zugeordnet werden muß, wird im pädagogischen und auch im außerpädagogischen Sprachgebrauch durch Ausdrücke wie Originalität, Produktivität, Phantasie, schöpferisch, Imagination, Spontaneität und Selbsttätigkeit markiert. — Kreativität wird gleichsam in seinem Flexibilitätscharakter als Gegensatz (GUILFORD) (9) bzw. neuerdings relativiert als Ergänzung zur Intelligenz (10) gesehen und kann somit auf allen menschlichen Niveaustufen und in allen menschlichen Betätigungsfeldern aufgezeigt werden. Als sinnvoll und praktikabel (11) hat sich die relativ weite Definition von DREVDAHL erwiesen: „Kreativität ist die Fähigkeit des Menschen, Denkergebnisse beliebiger Art hervorzubringen, die im wesentlichen neu sind und demjenigen, der sie hervorgebracht hat, vorher unbekannt waren. Es kann sich dabei um Imagination oder um eine Gedankensynthese, die mehr als eine bloße Zusammenfassung ist, handeln. Kreativität kann Bildung neuer Systeme und neuer Kombinationen aus bekannten Informationen involvieren sowie die Übertragung bekannter Beziehungen auf neue Situationen und die Bildung neuer Korrelate. Eine kreative Tätigkeit muß absichtlich und zielgerichtet sein, nicht nutzlos und phantastisch — obwohl das Produkt nicht unmittelbar praktisch anwendbar, nicht perfekt oder gänzlich vollendet sein muß. Es kann künstlerisch, literarisch oder wissenschaftliche Form annehmen oder durchführungstechnisch oder methodologischer Art sein" (12).
Unsinnig dürfte es aber trotz aller begrifflichen Unsicherheit sein, dieses Problem zu übergehen, wie es z. T. in der fachspezifischen Literatur geschehen ist (13), und nur mit dem relativ unklaren Begriff „Kreativität" zu spielen.

2.3. *Fachspezifische Kreativität*

Nunmehr stellt sich die Frage, ob es eine spezielle motorische Kreativität oder eine inhaltsunabhängige allgemeine Kreativität gibt. Die fachspezifische Literatur übergeht bislang fast ausschließlich dieses grundlegende Problem.

Wenn wir, der vorherrschenden Meinung der Kreativitätspsychologie (14) folgend, uns auf GUILFORD berufen, dann sind bei jedem Lernprozeß ein spezifischer und ein allgemeiner Aspekt zu sehen, zu dem letzteren Kreativität gehören würde und daher auch bei anderen Aufgabenstellungen zur Geltung käme. Dies würde dem Sport mit seinem für das Kind primären Erfahrungsfeld der Motorik eine verantwortungsvolle Aufgabe zuweisen, — eine hoffnungsträchtige Darstellung, die aber keineswegs gültig bewiesen und unwidersprochen ist (15). Für einen fruchtbaren Fortgang der fachspezifischen Kreativitätsbemühungen — speziell der Lernzielfestlegung — ist darum eine eingehende diesbezügliche Untersuchung unter Einbeziehung motivationaler Gesichtspunkte äußerst dringend.

2.4. Nachweis von Kreativität

Das bekannte Instrument, um Kreativitätsverhalten zu messen, ist der Test. Von den vorliegenden ist derjenige von WALLACH und KOGAN (16) der gebräuchlichste, in dem a) Dinge benannt werden müssen (z. B. alle die rund sind), b) Verwendungsmöglichkeiten gefunden werden sollen (z. B. für ein Messer), c) Gleichartigkeiten (z. B. von Radio und Telefon) festgestellt, d) Bedeutung von Mustern und e) von Linien erkannt werden sollen. Ausgewertet werden die Produktivität durch Addition der Lösungen und die Originalität durch die Einmaligkeit der Lösung. In Ergänzung zu diesen sogenannten allgemeinen Kreativitätstests sind in Amerika auch spezifische Sporttests entwickelt worden (17), wobei sich vor allem WYRICK (18) bemühte, motorikbezogene Items zu erstellen.

Aus testtheoretischer Sicht soll in diesem Rahmen lediglich auf die drei Hauptaspekte Objektivität, Validität, Reliabilität hingewiesen werden. Im Hinblick auf die Validität ist die Frage noch keineswegs geklärt, ob das in der Testsituation hervorgerufene kreative Verhalten gültig für das Alltags- und Draußenverhalten ist. Im Sinne der Objektivität ist zum Beispiel der Beurteilungsmaßstab für Originalität sehr stark von der Vorstellungsbreite des Beurteilers, dessen Erfahrungshorizont und gesellschaftliche Normen abhängig und so notgedrungen kaum kontrollierbar. Die Forderung nach Reliabilität, zuverlässige Wiederholbarkeit eines Tests mit gleichem Ergebnis unter den gleichen Bedingungen, ist im Falle der Kreativität von der sehr stark auf Spontaneität beruhenden Stimmungslage des Individuums, die von äußerst zahlreichen Faktoren bestimmt wird, abhängig und kaum situativ zu parallelisieren.

So muß man auf Grund der bisher nur mangelhaften theoretischen Voraussetzungen zusammenfassend KRAUSE (19) zustimmen, daß „Kreativitätstests nie ‚Kreativität‘ per se messen, sondern allenfalls notwendige, aber nicht hinreichende Bedingungen für das manifest werden kreativer Prozesse“.

2.5. Forschungsmethoden

Wie gerade aufgezeigt kann der Test entgegen der anfänglichen Meinung Kreativität nur begrenzt erfassen, genau wie wohl empirische Analysen allein das Gesamtphänomen nur punktuell zu durchdringen vermögen. Ergänzend müßten wohl dialektische (20), hermeneutische u. ä. Methoden mit herangezogen werden. Dieser geforderte Methodenpluralismus entspricht der Vielschichtigkeit des Themas ‚Kreativität im Sportunterricht'. Entscheidend dürfte es sein, die dem jeweiligen Problemaspekt adäquate Betrachtungsmethode zu erkennen — eine in der allgemeinen und in der fachspezifischen Diskussion noch unberührte Frage.

3. Kreativität als curriculares Problem

3.1. Zielentscheidung

Bei curricularen Zielentscheidungen wird angestrebt, daß die jeweils interessierten und betroffenen Gruppen auf ihre Anliegen hin abzufragen sind. — So fordern Industrie und Wirtschaft im Hinblick auf die notwendige Ideenproduktion ihrer Führungskräfte und kompensatorisch (21) als effektives Freizeitverhalten Kreativitätsschulung — . Daneben gibt es aber auch sportimmanente Gründe. So kann etwa aus der Sicht des Hochleistungssportes Kreativitätsentfaltung für einige Sportarten als leistungsfördernd angesehen werden (22). — Wenn aber der schulische Sportunterricht schlechthin auf das Wesen des Menschen ausgerichtet sein soll, so müßte man vornehmlich den Erkenntnissen der Anthropologie folgen, die längst die Wichtigkeit schöpferischer Gestaltungsprozesse neben logischen Entwicklungen für die Ontogenese herausgestellt hat. Gerade zur Selbstfindung des Menschen scheinen gewisse kreative Phasen unabdingbar (23).

Polarisierend können so alternativ die menschliche Wesensentfaltung unserer Schüler oder die produktive Verwendbarkeit von zu erlernenden Fertigkeiten und Fähigkeiten als oberste Leitidee unseres Schulsportes gesehen werden. Vor jeder weiteren Diskussion um das Phänomen ‚Kreativität im Schulsport' müßte hier die Primärentscheidung über den generellen Standort des Faches Sport — unter Umständen mit der notwendigen Differenzierung in den möglichen Ausprägungsbereichen von Altersstufen und Schularten — fallen. Bei einer Analyse der derzeitigen Lehrpläne erscheint einem diese notwendige Ausrichtung keineswegs immer deutlich zu werden (24).

3.2. Stoffliche Verankerung

Derartige Richtziele müssen verständlicherweise auf der Ebene der Feinziele an stofflichen Inhalten konkretisiert werden. Zu dieser inhaltlichen Verankerung sind bereits fachkompetente Vorschläge gemacht worden, wobei z. B. (25) Gymnastik, Tanz, Gerätturnen, Spiel als Sportarten mit hohen kreativen Gestaltungsmöglichkeiten gelten. Eine derartig globale Festlegung erscheint aber keineswegs sinnvoll, da der Bereich der Gymnastik oder das Gerätturnen sich von Elementen für Anfänger bis hin zu Hochleistungsformen erstreckt, und hier sicherlich Unterschiede der Sinnhaftigkeit und auch der Varianz kreativen Verhaltens zu erkennen sind (26). So kann man etwa beim Aufspüren von neuen Bewegungsmöglichkeiten von „entdeckender“ Kreativität und bei der Zusammenstellung von Kürübungen von „kombinatorischer“ Kreativität sprechen.

Sind derartige Stoff- und Inhaltsanalysen (27) grundlegende Voraussetzung für den Eingang der Bemühungen um Kreativität in die Sportpraxis, so müßten sich daran auch Beobachtungen über altersspezifische Verankerungen und Ausprägungen anschließen (28), genau wie der Sportunterricht neben der Motorik noch nach anderen Möglichkeiten (29), kreativ zu werden, — wie etwa im sozialen (30) Bereich, zu befragen ist.

3.3. *Zielformulierung*

Ein bisher stark in den Vordergrund der deutschsprachigen Curriculumdiskussion gestellter Aspekt ist die Forderung nach Operationalisierung der Lernziele. Hierbei hat sich schon längst gezeigt, daß sich die hierarchisch höheren, der Unterrichtspraxis entfernteren Schichten im behavioristischen Sinne generell kaum fassen lassen, so daß Kreativität, ohne operant faßbar zu sein, als Richt- und als Grobziel durchaus anerkannt ist und auch vielfach aufgeführt wird. Auf der Realisierungsebene, den Feinzielen in ihrer Verankerung mit stofflichen Inhalten, gilt aber bislang als unabdingbar die Forderung nach Operationalisierung. Wurde schon etwa 1972 von BRODTMANN (31) davor gewarnt, so scheint sich inzwischen im deutschsprachigen Raum tatsächlich die mangelnde Operationalisierbarkeit von Lernzielen unbewußt als negativer Auslesefaktor zu zeigen.

Diese unzulässige curriculare Vorentscheidung scheint unter anderem negative Wirkung auf die Bemühungen um Kreativität im Rahmen der Unterrichtspraxis (32) zu haben, so daß am Beispiel der Kreativität die Diskussion auch um sogenannte offene Lernziele (33), deren Ergebnis eben nicht im vorhinein genau festliegt, stattfinden müßte.

4. *Kreativität als Problem der Methode*

4.1. *Allgemeine Gesichtspunkte zur Förderung der Kreativität*

Bekanntlich können angestrebte Ziele nur durch geeignete methodische Maßnahmen realisiert werden. Auf Grund der großen Sensibilität kreativitätsfördernder Situationen ist das in diesem Falle ganz besonders entscheidend, so daß hier im Gegensatz zu anderen Zielvorstellungen schon verschiedene Komponente berücksichtigt werden müssen, die sonst keineswegs diese voraussetzende Wichtigkeit haben. Diesbezügliche Erkenntnisse der Lernpsychologie (34) haben bereits Eingang in die fachspezifische Literatur (35) gefunden. Als kreativitätsfeindlich gelten Konformitätsdruck, autoritäre Verhaltensweisen von Lehrern, spöttische und diskriminierende Haltung durch Mitschüler, Zwang durch festgelegte Normen usw. Speziell sportsituative Aspekte wie etwa die stimulierende Verwendung von Musik (36) müßten noch erfaßt werden.

Ergänzend sei noch darauf hingewiesen, daß sicherlich auch die Erkenntnisse der

Psychologie über die einzelnen Phasen des Kreativitätsprozesses (37), Vorbereitungs-, Inkubations-, Einsichts- und Verifikationsphase, die vor allem zeitlich vom Schüler durchlebt werden müssen, in der Unterrichtspraxis zu berücksichtigen sind. Im Bereich der Bewegung kommt besonders der Verifikationsphase eine spezielle Bedeutung zu, denn hier können im Vergleich zu anderen Fächern relativ leicht und einsichtig die notwendigen Realisierungsversuche durch den Schüler vorgenommen und beurteilt werden — gleichsam als eigentlicher Kern des Sportunterrichtes.

4.2. Methodische Maßnahmen

Interessant ist es, daß in der amerikanischen Literatur relativ wenige auf Sport bezogene methodische Hinweise zu finden sind, während in unserem Bereich noch bzw. schon diesbezügliche Maßnahmen praktiziert werden. So hat Hanebuth — wohl beeinflußt durch reformpädagogische Gedanken noch vor Beginn der heutigen Diskussion neben der formalen Schulung das „freie elementare Üben" gefordert und in den „freien Lehr- und Übungswegen" (38) die grundlegende methodische Alternative gesehen. Bemerkenswert ist es, daß er diese Grundtendenz durch Intensitätsabstufungen der Lehrer — Schüler — Aktion untergliedert hat in „Aufgeben — Finden", in „Auswählen — Entwickeln", in „Anregen — Erfinden" und in „Selbstsuchen — Selbstgestalten" (39, 40).

Neben diesem globalen Ansatz ist die Bewegungsaufgabe — ebenfalls in reformpädagogischem Gedankengut verwurzelt — als gerichtete methodische Maßnahme mit ihrer Differenzierung (41) in die freie ‚Aufgabenstellung mit mehreren Lösungsmöglichkeiten' und die gebundene Form, die auf ein bestimmtes Ziel ausgerichtet ist, wobei aber die ‚Freiheit der persönlichen Lösung' erhalten bleibt, bekannt.

Inzwischen ist auch die aktuelle Kreativitätsdiskussion dabei, diesbezüglich neue und interessante Möglichkeiten aufzuzeigen, wie es ein entsprechender Aufsatz in dieser Festschrift zeigt (42).

Zusammenfassend muß festgestellt werden, daß der Gesamtkomplex Kreativität von der Unterrichtsmethodik längst angegangen ist, leider ohne daß die Sinnhaftigkeit des Zieles und die stofflichen Verankerungsmöglichkeiten hinreichend geklärt sind — sicherlich einer der Gründe, warum in der Praxis die vorhandenen diesbezüglichen Methodikmaßnahmen relativ wenig Verwendung finden bzw. viel zu oft zu negativen Erfahrungen führen.

5. Kreativität als Innovationsproblem

5.1. Derzeitige Schulsituation

Bei allen theoretischen Erörterungen sollte letztlich bei derartigen Thematiken die Praxis mit ihren Möglichkeiten der Realisierung nicht vergessen werden. Hierzu ist als Ausgangsbasis die heutige Schulsituation im Hinblick auf die Innovationsabsicht auszuloten.

Bewußt wird derzeit wohl selten im schulischen Sportunterricht auf Kreativität hingearbeitet. Der Normendruck (Noten, Bundesjugendspiele u. ä.) abgeleitet von tradierten Formen, die sich im Wettkampfsport manifestiert haben und als normative Forderungen relativiert auch für den Schulsport als gültig angesehen werden, scheint jegliche spontane Andersartigkeit zu erdrücken. Die Entfaltung der Gesamtpersönlichkeit — eben auch der kreativen Seite — wird zwar in den Lehrplänen zielartig immer wieder formuliert, tritt aber im Schulalltag hinter den stofflichen Zielen fast ganz zurück (43). Dies mag seine Begründung haben im Zeitdruck, in sterilen Sportstätten und Geräteausstattungen, aber sicherlich ebenso in der leichteren Transparenz stofflicher Ziele und der damit verbundenen Notengebung und nicht zuletzt auch in der Lehrperson selbst. Darüber hinaus muß zur Zeit die gesamte Schulsituation mit ihrem Konformitätsdruck eher kreativitätsfeindlich als -freundlich gesehen werden. So verlieren sich die punktuellen Ansätze, die sicherlich von dem einen oder anderen Sportlehrer/in gewagt und in den obligaten Ausbildungskanon eingeschoben werden (44), in dem Gesamteinfluß der Schule auf den heranwachsenden jungen Menschen.

5.2. Theorienmängel als Innovationshemmnis

In der Regel können theoretische Erkenntnisse über ein Problem Innovationsbemühungen initiieren und unterstützen. In unserem Falle scheint die lediglich punktuelle Durchdringung des Phänomens aber eher hemmend zu wirken. So verhindern z. B. allein schon die mangelnde Operationalisierbarkeit und die Unklarheit über offene Lernziele die nötige Berücksichtigung und Beachtung der Kreativität in der obligaten Methodikausbildung, den dazugehörigen Lehrproben und somit der exemplarischen Verdeutlichung für die spätere Lehrertätigkeit. Dies wird noch unterstützt durch die Unsicherheit, an welchen stofflichen Bereichen kreatives Verhalten sinnvollerweise angeregt werden kann, obwohl schon zumindest einige methodische Maßnahmen in der Praxis bekannt sein dürften.

So kann vom Praktiker, auch wenn Kreativität als Ziel akzeptiert ist, dies dennoch — verständlicherweise auf Grund der unklaren theoretischen Abklärung — nur selten echt in Lehrerinitiative umgesetzt werden.

5.3. Sportstätten als Innovationsbasis

Daneben bieten unsere derzeitigen Sportstätten und -geräte in der Regel keineswegs die geeignetsten Voraussetzungen für kreative Gestaltungen. Diese auf Wettkampftätigkeit ausgerichteten Anlagen, die auch das Betätigungsfeld des Schulsportes sind, verbieten geradezu durch ihre notwendigerweise auf Chancengleichheit ausgerichteten Normen ein kreatives Verhalten — zumindest engen sie diese Möglichkeit auf ein Minimum ein. Begrüßenswert sind darum Anregungen und Forderungen (45), solche Einrichtungen zu verändern oder gar alternativ ganz anders geartete, mit eben mehr Spielraum für kreative Einfälle und Erprobungen, zu entwickeln. Doch eine derartige Umgestaltung setzt ein ganz einschneidendes Umdenken mit übergeordnetem Bezugsrahmen bei den dafür verantwortlichen Stellen voraus, da Investitionen solcher Größenordnung letztlich bildungspolitische Entscheidungen sind, — das bedeutet schließlich, langfristige Innovationsbemühungen.

5.4. Innovationsinstanz Lehrer

Die letztlich entscheidenste Komponente im kreativitätsfördernden Sportunterricht ist der Lehrer. Er soll zwar im Vergleich zur Schüleraktivität zurücktreten, muß aber doch derartige Prozesse vorbereiten und anregen.

In diesem Sinne ist es unbedingt notwendig, daß er selbst von der Wichtigkeit der Kreativität als Lernziel überzeugt und über gewisse theoretische Erkenntnisse informiert ist. Wenn wir nun an die Lehreraus- und -weiterbildung denken, müssen wir feststellen, daß er hier bislang nur in Ausnahmefällen mit diesem Aspekt konfrontiert worden sein dürfte. Wenn wir an die ihm zugängliche Literaturveröffentlichungen denken, müssen wir an die erst recht vage theoretische Durchdringung des Problemfeldes erinnern, und vor allem erkennen, daß bisher kaum ihn anregende Muster (46) für kreativitätsfördernden Unterricht in der Öffentlichkeit gezeigt (47) bzw. publiziert wurden. Neben diesem Mangel an Information und Anregung ist es aber ausschlaggebend, ihn selbst zu aktivieren, sich mit dieser Zielforderung auseinanderzusetzen, sein eigenes Unterrichtsverhalten gemäß den sozialpsychologischen Erkenntnissen zu überprüfen und zu korrigieren, vorhandene Möglichkeiten (48), wie Geräte und Sportstätten, auf möglichen Spielraum hin zu sichten, abzuändern und zu kombinieren.

So kann gesagt werden, daß der Lehrer im Vergleich zu anderen als relativ kurzfristige Innovationskomponente gesehen werden kann, wenn er gezielt in den Innovationsprozeß eingeschaltet wird. Auf jeden Fall ist er aber primär in diesem Prozeß zu sehen, wenn das Ziel ‚Kreativität' im Bereich des Schulsportes überhaupt eine Chance haben sollte.

6. Zusammenfassung und Ausblick

Nach der vorausgegangenen Skizzierung des derzeitigen Diskussionsstandes um das Problemfeld ‚Kreativität im Sportunterricht' — es sollte und konnte auch auf Grund der bisherigen Forschungsergebnisse keineswegs ein abgerundeter Theorieabriß zu diesem Thema sein — muß orientierend zusammenfassend festgehalten werden,

— daß die Diskussionsschwerpunkte im Hinblick auf das Gesamtproblemfeld recht punktuell und mit zu geringem bzw. gar ohne konsequentem Gesamtbezug angegangen worden sind,
— daß die einzelnen Beiträge niveaumäßig äußerst heterogen sind,
— daß ein echter Bezug zur Praxis im Sinne der Anregung noch recht vage ist,

— daß der Innovationsspielraum bislang völlig außer acht gelassen worden ist.

Gleichsam als weiterreichendes Ergebnis soll als Ausblick ein Versuch zu einer strukturellen Beschreibung des gesamten Problemkomplexes gewagt werden, in dem die zahlreichen Einzelthemen und die verschiedenen zu beachtenden Einflüsse angedeutet sind:

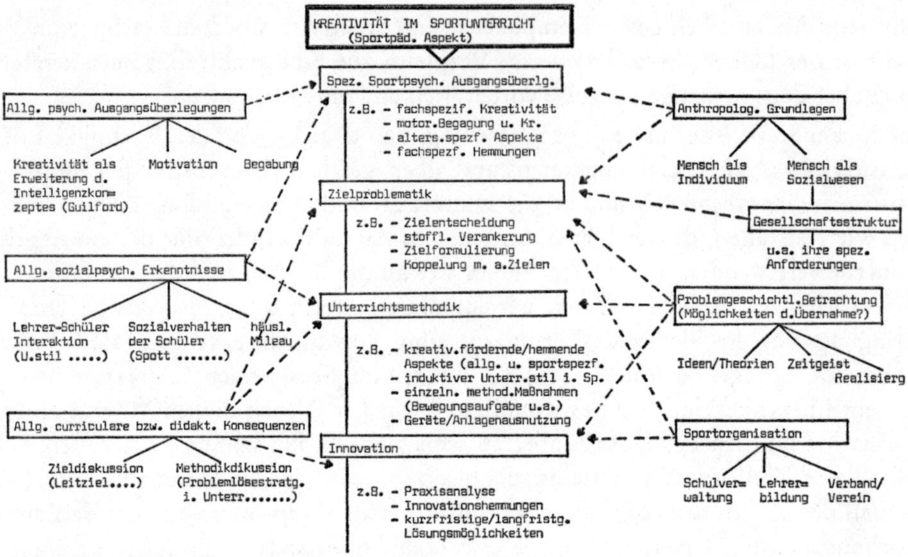

Ein umfassendes und konsequentes Durchdringen aller Aspekte ist notwendig, um dieses so aktuelle Problem nicht — wie so Manches in der Sportdiskussion der vergangenen Jahre — in leerer Verbalisierung aufzureiben, ehe es bis zur Realisierungsebene der Praxis vorzudringen vermag; — die Entscheidung über die Bedeutung für den Schulsport und die Möglichkeiten der Umsetzung sollten allein im Rahmen fachlicher Sachlichkeit fallen.

ANMERKUNGEN:

1 Die Ausführungen beziehen sich nur auf die fachspezifische Diskussion in der BRD. Zu Redaktionsschluß lag folgende fachspezifische Literatur zum Kreativitätsproblem vor:

Dieckert, J.: Kreativität und Freizeitsport. In: Dieckert (Hrsg.), Freizeitsport – Aufgabe und Chance für Jedermann. Düsseldorf 1974, 131–139.

Hahn, E.: Kreativität im Sport – Eine Sozialisierungschance. In: Kongreßbericht ‚Sozialisation im Sport'. Schorndorf 1974, 309–313.

König, A.: Kreativität im Sportunterricht. In: Der Turnwart. Beilage zur Turnzeitung „deutsches turnen" (1975), 121–122.

Kopp, B.: Kreativität im Sportunterricht. In: Sportunterricht (1975), 338–341.

KREIS, F.: Kreativität und Training im Sport – Kreativität im Training. In: Jugend und Sport (1975), 102.

SEYBOLD, A.: Kreatives und programmiertes Lernen in der Leibeserziehung. In: Festschrift 75 Jahre J. Recla. Graz 1975, 208–217.

2 Vgl. DIECKERT, a. a. O.: 131–132. (Hinweise auf Guts Muths, Jahn, Streicher, Bode, Hanebuth).

SEYBOLD, a. a. O.: 209 (Hinweise auf Gymnastikbewegung, Dalcroze, v. Laban).

3 Noch größeren Nachhall scheint das reformpädagogische Gedankengut in östl. orientierter Pädagogik zu haben. Vlg. z. B. nur: MATUSCHKIN: Psychologie und didaktische Fragen des Problemunterrichtes. In: Ztschr. für Theorie und Praxis der sozialistischen Erziehung (1975), 366–371. – WECK, H.: Selbständiges Problemerkennen und Problemlösen. O.-Berlin 1967.

4 Vgl. Ulmann, G.: Kreativität. Basel 1970[2], 16/17.

5 Entscheidende Arbeiten waren die *programmatischen* Aufsätze von Flechsig, K.-H.: Erziehung zur Kreativität. In: Neue Sammlung (1966) 129 ff. – MUTSCHLER, D.: Intelligenz und Kreativität. In: Ztschr. für Pädagogik, (1969), 119–134,

die *Überblicksdarstellungen* von

ULMANN, G.: Kreativität – neue amerikanische Ansätze zur Erweiterung des Intelligenzkonzeptes. Basel 1970[2]. – LÜCKERT, H. R.: Die Ergebnisse der Kreativitätsforschung. In: Schule und Psychologie (1968), 353 ff. – LANDAU, E.: Psychologie der Kreativität. Basel 1971[2].

und die *Übersetzungsarbeiten* von

MÜHLE, G./SCHELL, Chr. (Hrsg.): Kreativität und Schule München 1970. – ULMANN, G. (Hrsg.): Kreativitätsforschung. Köln 1973.

6 Vgl. ULMANN: Kreativität, a. a. O., 13.

7 Vgl. etwa die Zusammenstellung in LANDAU: a. a. O., und in ULMANN: a. a. O.

8 Vgl. ULMANN: Kreativität, a. a. O., 13/14. – LANDAU, a. a. O.,0 9/10.

9 Vgl. GUILFORD, J. P.: Kreativität (1950). In: Ulmann, Kreativitätsforschung, a. a. O., 25 ff.

10 Vgl. LANDAU: a. a. O., 45–49.

11 Vgl. HAHN: a. a. O., 309. – DIECKERT, a. a. O., 133.

12 DREVDAHL, J.: Factors of omportance for creativity. In: Journal of Clinical Psychology (1956) 22. Zit. nach ULMANN: Kreativität, a. a. O., 68.

13 Vgl. z. B. KÖNIG: a. a. O., KOPP: a. a. O.

14 Vgl. GUILFORD: Kreativität. In: ULMANN, Kreativitätsforschung, a. a. O., 32 ff.

15 Falls sich die Transferhoffnung als Trugschluß erweisen sollte, so sehen manche Autoren in der Bedeutung des momentanen Erlebens für die Entwicklung des Kindes hinreichende Rechtfertigung für einen kreativitätsfördernden Unterricht. – Vgl. DIECKERT: a. a. O., 138. – SEYBOLD, a. a. O., 212.

16 Vgl. KRAUSE, R.: Kreativität – Untersuchungen zu einem problematischen Konzept. München 1972, 79–84 und 85/86.

17 Z. T. sind sie aber als Konditionsüberprüfungstests zu entlarven.

18 WYRIK, W.: The development of a test of motor creativity. In: Research Quarterly of the American Associotion for health, physical, education and recreation. Washington 1968, 756–765.

19a Krause, S.: a. a. O., 138; vgl. auch Kap. B., Die Messung von Kreativität.

b Eigene diesbezügliche Untersuchungsreihen des Verfassers sind allein schon durch Witterungseinflüsse (Gewitter) umgefallen.

20 Vgl. etwa die Gegenüberstellung von kreativem und programmiertem Lernen; Seybold: a. a. O.

21 Vgl. hierzu die Hinterfragung des amerikan. Ansatzes etwa durch: Rauch, E./Anzinger, W.: Wörterbuch der kritischen Erziehung. Starnberg 1973, Art. ‚Kreativität', 148–156. – Kastner, P. M.: Domestizierte Kreativität – Kritik einer Illusion. Starnberg 1973, bes. Kap. VI.

22 Vgl. hierzu auch:
Tiwald, H.: Sportler im Psycho-Training. In: Bild der Wissenschaft 1972, 130 ff.
– Dachsel, G.: Die Bewegungsimprovisation, ein Mittel zur Schulung der Ausdrucksfähigkeit in der künstlerischen Gymnastik. In: Körperkultur (1966), 159 ff.

23 Vgl. hierzu:

a Roth, H.: Päd. Anthropologie, Bd. II. Hannover 1971, Kap. IV, C. – Oerter, R.: Psychologie des Denkens, Donauwörth 1971², bes. Kap. 3. – Matussek, P.: Kreativität als Chance — Der schöpferische Mensch in psychodynamischer Sicht. München 1974.

b Vgl. auch die Begründung von Dieckert aus der Sicht der Freizeit (Dieckert, a. a. O., S. 134).

24 Vielfach scheint die Einfügung der Kreativität als anzustrebendes Ziel lediglich aus Gründen der Modernität und Aktualität vorgenommen zu sein. In diesen Fällen ist in den späteren Ausführungen keinerlei Aufnahme und Verarbeitung dieses Zieles zu finden.

25 Vgl. z. B. Kreiss: a. a. O., 102.

26 Erste Aspekte hierzu sind bei Seybold zu finden (a. a. O., 214 ff.).

27a Für die Frauengymnastik versucht dies Loew in der vorliegenden Festschrift.

b Erste Aspekte für Geräteturnen, Gymnastik und Schwimmen sind hierzu bei Seybold zu finden (a. a. O., 215).

28 Erste Aspekte hierzu sind bei Seybold zu finden (a. a. O., 215).

29 Die Gliederung von Kopp in kognitive, soziale, emotionale Bereiche (a. a. O., 339–341) ist, wie seine Beispiele zeigen, nicht sehr glücklich.

30 Erste Aspekte sind hierzu bei Hahn (a. a. O., 309–311) und Kopp (a. a. O., 340/1) zu finden.

31 S. Brodtmann, D.: Lernzielbestimmungen für den Sportunterricht. In: Sportwissenschaft (1971) 123 ff.

32 So taucht z. B., da von den Mentoren usw. in der Regel operante Formulierungen verlangt werden, in den Ausbildungs- und Examenslehrprobenentwürfen Kreativität als Zielangabe so gut wie nie auf.

33 Vgl. Vester, H.: Zur Formulierung von Verhaltenszielen – Theorie und Praxis in den USA. In: Ztschr. für Päd. (1975) 867–888.

34 Trotz der Einschränkung aus testtheoretischer Sicht lassen die empirischen Ergebnisse bezüglich kreativitätshemmender Faktoren Schlüsse zu. Vgl. hierzu Krause: a. a. O., 138.

35 Vgl. Dieckert: a. a. O., S. 137. – Seybold: a. a. O., 212 ff. – König: a. a. O., 121. – Kopp, a. a. O., 338/9.

36 Vgl. König: a. a. O.; kritisch anzumerken ist aber, daß Musik allein sicherlich noch kein kreatives Verhalten auslöst.

37 Vgl. Landau: a. a. O., 61–73. – Ulmann: Kreativität . . ., a. a. O., 20–33.

38 Inzwischen wurde diesbezüglich das fachspezifische Begriffsvokabular durch die moderne Erziehungswissenschaft geprägt, so daß man heute auch in der Sportpädagogik von ‚deductiv' und ‚inductiv' spricht. Vgl. hierzu auch Söll, W.: Zur Methodik des motorischen Lernens und Übens. In: Leibeserziehung (1972) 195 ff.

39 Vgl. Hanebuth, O.: Grundschulung zur sportlichen Leistung. Frankfurt 1961[3], 113 bis 125. – Hanebuth, O.: Freie Sprunggymnastik. In: Der Vorturner (1955), 90. – Hanebuth, O.: Übungswege in der Gymnastik. In: Der Vorturner (1955), 73.

40 Hierzu sei auch auf den Aufsatz von Loew in dieser Festschrift verwiesen.

41 Vgl. Seybold: Art. ‚Bewegungsaufgabe'. In: Röthig (Red.), Sportwissenschaftl. Lexikon. Schorndorf 1972, 42.
Eine Auswertung der Forderung nach Bewegungsaufgaben im österr. Schulturnen (Gaulhofer/Streicher und Burger/Groll) und der Wiederaufnahme dieser Diskussion in den 50iger Jahren (Paschen, Heuser, Roch) könnten die für aktuelle Kreativitätsdiskussion vielleicht einige Anregungen bringen.

42 Vgl. Dieckert in dieser Festschrift! Erste Ansätze wurden hierzu bereits gemacht in Dieckert: a. a. O., 137/8.

43 Dies gilt für fast alle affektiven Ziele.

44 Dieses äußerst schwierige Bemühen ist keineswegs mit einem manchmal zu beobachtenden ‚Laissez-faire-Unterrichtsstil' zu verwechseln.

45 Aus der Sicht des Breitensportes wurde dies von Dieckert (a. a. O., 136) gefordert.

46 Es ist zu betonen, daß gerade im Bereich der Kreativität keine Rezepte möglich sind, und so derartige Musterlektionen nur als Anregungen zu sehen sind.

47 Von Hanebuth, Dieckert, Loew, Seybold, Brüggemann u. a. wurden bereits auf Kongressen und internationalen Lehrgängen in Lehrdemonstrationen Ansätze hierzu gegeben.

48 Einige Hinweise sind bereits bei Dieckert (a. a. O., 136) zu finden.

ELLA LOEW

Lehr- und Übungswege in der Gymnastik

Das Vorhaben, die Anwendung von Lehrverfahren in der Gymnastik aufzuweisen, sieht sich mit der Schwierigkeit konfrontiert, die in der terminologischen Bestimmung methodischer Verfahren zu suchen ist. Ein Vergleich von fachbezogenen Methodikaussagen in der Literatur der letzten 20 Jahre zeigt in dieser Hinsicht eine bemerkenswerte begriffliche Vielfalt. Ohne auf diese Problematik näher eingehen zu wollen (1), soll hier nach einer kurzen Bestandsaufnahme der einzelnen Konzeptionen das jeweilige Lehrverfahren in seinen für den Lehrer-Schüler-Bezug wichtigsten Eigenschaften herausgestellt werden, um dann in der fachspezifischen Anwendung der Gymnastik einige spezielle Fragen zu klären.

HANEBUTH (2) sieht in den „Formalen und Freien Lehr- und Übungswegen" eine Zuordnung von Lehr- und Lernvollzügen, die der jeweiligen Lehrtätigkeit die erwartete Schülerreaktion entgegensetzt. Dementsprechend unterscheidet er in den Formalen Lehr- und Übungswegen:

Vormachen — Nachmachen,	Begleiten — Mitmachen,
Beschreiben — Nachvollziehen,	Belasten — Anpassen.

und in den Freien Lehr- und Übungswegen:

Aufgeben — Finden,	Anregen — Erfinden,
Auswählen — Entwickeln,	Selbstsuchen — Selbstgestalten.

FETZ (3) setzt „Unterrichts- bzw. Lehrverfahren" synonym, innerhalb derer er „komplexe Lehrmethoden", nämlich

Lernmethode,	Führungsmethode — Trainingsmethode,
Arbeitsmethode,	

von „methodischen Grundformen" unterscheidet. Den Grundformen des Lehrens setzt er die Grundformen des Lernens gegenüber:

Darbieten — Nachvollziehen,	Erheben — Leisten.
Anregen — Erproben,	

SCHMITZ (4) entscheidet sich für den Begriff des Lehrverfahrens, weil Verfahren „komplexer und dynamischer Natur" ist und zudem „das notwendige Arrangement zu ihrer Effizienz wie etwa die jeweils erforderlichen Organisationsmaßnahmen (Ordnungs- und Betriebsformen), Materialien (Geräte) und Medien (Lehr- und Lernmittel)" umschließt. So unterscheidet er im direkten Lehrverfahren das „Darstellende oder Darbietende Lehrverfahren" vom indirekten Lehrverfahren des „Erarbeitens oder Entwickelns."

Hasenkrüger und Burisch (5) unterteilen ein „Deduktives Verfahren" vom „Induktiven Verfahren".

Seybold (6) sieht letztlich in der Leibeserziehung drei Methoden wirksam:

Das Vormachen und Nachmachen,
das fragend-entwickelnde Lehrverfahren,
das handelnde Lernen.

Den hier dargestellten Methoden und Verfahren haften zwar begriffliche und inhaltliche Unterscheidungen an, die letztlich aber nicht so gravierend sind, daß eine synonyme Verwendung nicht erlaubt sein mag. Zumal die praktische Anwendung der Lehrverfahren im Unterricht auf charakteristische methodische Maßnahmen hinzielt, die von den hier genannten Autoren gleichermaßen vertreten werden. So entscheidet sich der folgende Beitrag für die Begriffe der „Formalen und Freien Lehr- und Übungswege".

Die *Formalen Lehr- und Übungswege* bedingen einen vorwiegend lehrerzentrierten Unterricht. Ihre Mittel sind das Vorbild, sei es Lehrer, Schüler oder sonstiges Anschauungsmaterial, die verbale Information in Form einer Bewegungsanweisung oder Erklärung. Im Mittelpunkt steht das zu erlernende materiale Ziel, die Fertigkeit. Sie wird unmittelbar angestrebt und erarbeitet als Lernziel von der Grob- zur Feinform.

Die Formalen Lehr- und Übungswege verlangen vom Lehrer das Beherrschen bestimmter Bewegungsabläufe bzw. die Kenntnis ihrer methodischen Darbietungen. Wo aus Altersgründen u. ä. das Lehrervorbild fragwürdig wird, dürfte das stärkere methodische Repertoire eine Kompensation bieten. Hier wird die verbale Information vorrangig, die, wenn sie einen schnellen Lernerfolg bewirken soll, nach Ungerer (7) drei Bedingungen zu erfüllen hat:

1. Sie muß puberalspezifisch sein,
2. sie muß „an dem als technisch richtig erkannten Bewegungsablauf ausgerichtet sein",
3. sie muß von eindeutiger terminologischer Aussage sein.

Der Lehrer muß im übrigen entscheiden können, in welcher unterrichtlichen Situation das Vormachen oder die Erklärung bzw. die Anweisung für den Lernprozeß des Schülers den Vorrang hat.

Bei den Formalen Lehr- und Übungswegen hat der Schüler eine unmittelbare Vorstellung vom Lerngegenstand. Er handelt rezeptiv, versucht also, Vorgemachtes oder Erklärtes sofort in die gewünschte Bewegungsleistung umzusetzen. Sein

Bewegungsspielraum wird vom Lehrer bzw. von der Sache, dem Lerngegenstand begrenzt. Die Phantasie des Schülers wird nicht angesprochen. Der leistungsschwache Schüler hat bei diesem Lehrverfahren keine Kompensationsmöglichkeit. Das Lernziel ist die festgelegte Übung, die er u. U. mangels motorischer Voraussetzungen nicht erreichen kann. Fehlende Erfolgserlebnisse provozieren dann eventuell weitere negative Einstellungstendenzen.
Mit den Methoden der Formalen Lehr- und Übungswege wird das materiale Ziel des Unterrichts im direkten Zugriff zielgerecht vermittelt. Die betonte Führungsrolle des Lehrers garantiert einen Lehrweg ohne zeitraubenden Umweg. Der normal begabte Schüler erreicht relativ schnell ein gewisses Fertigkeitsniveau. Auch größere Gruppen sind ohne Schwierigkeiten mit den Formalen Lehr- und Übungswegen zu unterrichten.
Der Überbewertung negativer Tendenzen dieses Lehrverfahrens steht heute eine weit nüchterne Betrachtungsweise gegenüber. SCHMITZ (8) verweist zu Recht auf die Tatsache, daß jede Übertreibung eines Lehrverfahrens „eine Frage des Lehrverhaltens bzw. des Lehrstils" ist. So sehen auch wir nur dann eine Gefahr, wenn dieses Lehrverfahren ausschließlich oder überbetont angewandt wird und den Schüler in der Rolle einer gewissen Unselbständigkeit beläßt (9). Auch HANEBUTH (10) sieht neben den Vorteilen dann eine „einseitige Leistung, wenn dadurch dem Schüler womöglich alle Selbständigkeit und Selbsttätigkeit des Suchens, Probierens und Zielsetzens abgenommen wird." Wir sind aber nicht der Meinung von Fetz, daß die Nachteile der Lernmethode die Vorteile überwiegen. Auch teilen wir nur bedingt die Auffassung, daß diese Arbeitsweise nicht kindgemäß sei (11). Bewegungsanweisungen können durchaus altersspezifisch formuliert werden. Auch liegt es in der Lehrerphantasie begründet, wie weit eine formale Schulung im Kindesalter einer stofflichen Beschränkung unterliegt. Im Zuge der Entwicklung programmierter Unterrichtsmodelle muß allerdings gefragt werden, ob der Erziehungsauftrag im schulischen Sport eine Überbetonung der Fertigkeitsschulung, wie sie sich heute mit der ausschließlichen Anwendung der Formalen Lehr- und Übungswege teilweise darstellt, rechtfertigt.

Die Formalen Lehr- und Übungswege in der Gymnastik

Die Anwendung der Mittel der „Formalen Lehr- und Übungswege" hat in der Gymnastik seine Tradition. Von ihren Anfängen her dominierte im Unterrichten das Vormachen — Nachmachen, das Beschreiben — Erklären; insbesondere dann, wenn es um das Erlernen bestimmter Bewegungsabläufe geht, wird der Lehrer zu Erklärungen oder zum Vormachen neigen. SEYBOLD (12) verweist darauf, daß zwar auch Aufgaben zur Erreichung der Grobform führen können, die Feinform aber nur vom Vorbild her anschaulich wird. Da die gymnastische Schulung in zunehmendem Maße von den bekannten und natürlichen Tätigkeiten wie Hüpfen, Laufen, Gehen, Springen zu den stilisierten Tätigkeiten vorgeht, z. B. Federn und Schwingen, wird in dem Maße auch das Vormachen im Unterricht zunehmen. Das

Doppel-Federn in seiner steten Rumpfveränderung des Hoch und Tief und seiner differenzierten Beinschwingung wird vom Schüler vom Vorbild her schneller aufgefaßt als durch langatmige Erklärungen, die mehrere, die Schüler oft überfordernde Informationen erfordern. Erklärungen sollten sich hier auf die Korrektur beschränken. Bei Bewegungsverbindungen ist es oft notwendig, die fließende Nahtstelle zu demonstrieren, indem bei dafür aufnahmefähigen Schülern die Erklärung hinzutritt, daß ein Abbremsen, also eine Verzögerung der ersten Bewegungsphase den fließenden Übergang in die zweite Bewegungsphase ermöglicht. Erklärungen über bestimmende Bewegungsfaktoren werden aber erst dann gegeben werden können, wenn das Aufnahmevermögen und Interesse der Schüler dafür vorhanden ist.

Die „Formalen Lehr- und Übungswege" erfordern vom Lehrer in der Gymnastik eine starke motivierende Geschicklichkeit. Diese muß altersspezifisch verschieden sein und kann z. B. durch den spielerischen Umgang mit Handgeräten, durch Bewältigung von Geschicklichkeitsformen und Kunststücken mit dem Gerät oder mit folgenden Anweisungen erreicht werden:

— Kannst Du Deinen Reifen rollen und ständig mit dem Fuß durchtippen?
— Kannst Du dasselbe mit der Hand?
— Kannst Du mit Fuß und Hand abwechseln durchtippen?
— Kannst Du abwechselnd das rechte und linke Bein über den rollenden Reifen schwingen?
— Kannst Du nacheinander: Fuß und Hand durchtippen, rechtes und linkes Bein überschwingen?

Zu frühe Feinformung der gymnastischen Bewegung erzeugt beim Schüler Desinteresse und Langeweile. Die Grobform muß in ihrer Bewegungsstruktur erfaßt sein, da sonst die Besonderheiten der Feinform nicht interessieren können (13). Z. B. die Fähigkeit, rhythmisch und räumlich differenzierte Federungen auszuführen, setzt die Beherrschung der Körperfederung mit beweglicher Fußarbeit voraus, die mit Hilfe beider Lehrverfahren erarbeitet werden können. Es muß dann situativ entschieden werden, wann der Lehrer die Formalen, wann die Freien Lehrwege anwendet.

Im Vorgriff auf die Freien Lehr- und Übungswege kann hier bereits darauf hingewiesen werden, daß dem Formalen Erarbeiten einer Bewegungsfähigkeit das Freie Vertiefen in Variationen und Aufgaben folgen könnte. Ebenso kann auch aus dem Freien Erproben und Erfinden das Erarbeiten einer bestimmten Bewegungsfähigkeit erfolgen. Hier gibt es keine Gesetzmäßigkeit der logischen Folge, da sich das Unterrichten in keine Schablone pressen läßt. Maßgebend ist die situative Bedingung; d. h., die Aufnahmekapazität, das Interesse und die Bereitschaft der Schüler bestimmen innerhalb des Bewegungsthemas die Wahl des Lehrverfahrens.

Hanebuth verweist in seinen „Formalen Lehr- und Übungswegen" auf das Begleiten — Mitmachen als eine methodische Dimension (14). In der täglichen Unterrichtspraxis der Gymnastik spielt die Bewegungsbegleitung eine große Rolle (15). Die Art und Weise einer Bewegungsbegleitung ist entscheidend für die lustbetonte oder gleichgültige Bewegungsbereitschaft. Die Gymnastik beansprucht zwar keineswegs eine ständige Begleitung. Doch in dem Maße, in dem eine Bewegungsbegleitung Bewegungshilfe sein kann, ist ihre Anwendung im Unterricht sinnvoll und sollte gezielt eingesetzt werden. Die einfachste Form dieser Begleitung ist das rhythmisierte Sprechen, das in Silben oder Worten erfolgen kann, die das Bewegungsgeschehen charakterisierend wiedergeben. HANEBUTH (16) verweist auf die Bedeutung und Hilfe rhythmisierender Klangbilder, die er sowohl bei leichtathletischen Sprüngen und Würfen, im Gerätturnen und besonders auch in der Gymnastik fordert. Daneben können Klatschen, Stampfen ebenso mit einbezogen werden wie letztlich technische Hilfsmittel, also alle Elemente des Orffschen Instrumentariums sowie die Musik, sei es improvisierender Art, z. B. Klavier oder die Konserve als Schallplatte und Tonband.

Die Anforderung an eine Bewegungsbegleitung im Sinne BODES (17), der die Beziehung Bewegung und Musik so eng verflochten sieht, daß er in der Musik hörbar machen will, was in der Bewegung sichtbar ist, verlangt das spontane Improvisieren zur Bewegung. Musik als untermalende Begleitung mit zufälliger metrischer Übereinstimmung mit den Bewegungsphrasen kann und darf nicht genügen. Jede Bewegungsmusik muß dem Anspruch genügen, Dynamik, Akzente, Tempo, Phrasierung, Rhythmus und Charakter einer Bewegung hörbar wiederzugeben. Insbesondere gilt dies beim Versuch einer Bewegungsgestaltung, wo eine bestimmte Komposition zu einer Synthese Musik – Bewegung ausgestaltet werden soll.

Die tägliche Unterrichtspraxis der Gymnastik, die sich oft mit dem einfachen Hilfsmittel einer Bewegungsbegleitung begnügen muß, ist in gleichem Sinne auf die prononcierte Aussage einer Bewegungsbegleitung verwiesen.

Es ist selbstverständlich, daß jede unterrichtliche Ansprache im Sinne einer Bewegungsaufgabe eine Bewegungsbegleitung verbietet, sei es als eine Einzel-, Partner- oder Gruppenaufgabe. Anders ist die Lernsituation, wenn von allen die gleichen Bewegungsabläufe vollzogen werden, deren Ablaufgesetze rhythmisch geordnet sind. Hier kann eine gute Bewegungsbegleitung, die situativ entsteht, eine echte Bewegungshilfe sein, indem sie im Sinne des o. a. Anspruches in der Begleitung hörbar macht, was in der Bewegung sichtbar ist.

Im übrigen ist jede rhythmische Schulung geeignet — ob sie nun die Bewegung zur Musik oder Begleitung vorgibt, oder umgekehrt die Bewegung durch Rhythmen oder Musik improvisatorisch fordert — die Beziehung Musik—Bewegung in einfacher, aber stilistisch sauberer Eigenart zu fördern. Die Schüler können unmittelbar durch differenzierte Gruppenarbeit an der Bewegungsbegleitung beteiligt werden, indem eine Gruppe zur Bewegung der anderen Gruppe klatscht, schlägt oder instrumentiert. Ganz gleich aber, welcher Art eine Bewegungsbegleitung ist, ihre qualitativen Ansprüche im Sinne der erwähnten Forderungen bleiben bestehen.

Die *„Freien Lehr- und Übungswege“* verweisen in den Bereich der Kreativität. Ihr Charakteristikum ist die Bewegungsaufgabe, die „den Übenden auffordert, ein Bewegungsproblem selbständig und sachgerecht zu lösen“ (18). Die Differenzierung in „freie“ und „gebundene“ Bewegungsaufgaben ermöglicht dem Schüler ein jeweils unterschiedliches Maß an eigenem Bewegungsspielraum. Im Mittelpunkt dieses Lehrverfahrens steht nicht irgend eine bestimmte Übung, sondern das Suchen und Ausprobieren einer Problemlösung durch den Schüler. Die aktive Beteiligung des Schülers am Lernprozeß erfolgt im Sinne eines sozialintegrativen Erziehungsstils, der dem Schüler eigene, freie Entscheidung und Verantwortung überläßt.

Die Freien Lehr- und Übungswege verlangen eine Lehrtätigkeit, die über den Rahmen der motorischen Fertigkeiten hinaus dem Schüler einen Freiraum spontaner Selbstbetätigung ermöglicht. Gezielte, verbal klar formulierte Problemstellungen sind das Kennzeichen einer situativen Unterrichtsgestaltung, die ein Bewegungsthema nach vielen Möglichkeiten ausschöpft. Der vom Lehrer vorab überschaubare Bewegungsspielraum muß auf seine reale Durchführbarkeit überdacht werden, was ein bestimmtes Maß an Bewegungserfahrung beim Schüler voraussetzt. Gefundene Bewegungslösungen werden vom Lehrer akzeptiert. Im Sinne des angestrebten Lernzieles können sie mit den Schülern gemeinsam verbessert und ausgestaltet werden. Dabei beschränkt sich die Lehrerfunktion auf ein Beraten und Helfen.

Seybold (19) sieht die Aufgabe des Schülers in der Durchführung des Bewegungsproblems, das verschiedene Phasen durchläuft: „Planen — Erproben — Verbessern — Vergleichen — Auswählen — Begründen“. Damit ist dem Schüler ein komplexes Handlungsfeld erschlossen, in dem sowohl die freie Spontaneität wie die denkende Mitarbeit angesprochen werden. Von besonderer Bedeutung ist die mögliche Mitarbeit leistungsschwacher Schüler, denen eine Bewegungslösung nach individuellen Gegebenheiten ermöglicht wird.

Die Vorteile der „Freien Lehr- und Übungswege“ zeigen sich in der Förderung der Selbständigkeit des Schülers, dem die geglückte eigene Lösung ein gewisses Maß an individueller Freiheit sichert. Die Möglichkeit der individuellen Ansprache kann eine starke Motivation sein; insbesondere dann, wenn mit geeigneten Aufgaben kooperative Zusammenarbeit provoziert wird. In diesem Sinne kommt der Gruppenarbeit eine echte Erziehungsfunktion zu. Werden beim jüngeren Schüler unter Ansprache der Bewegungsphantasie vielseitige Bewegungserfahrungen gesichert, steht beim älteren Schüler vorab der komplexe Prozeß des handelnden Lernens im Vordergrund, der auch beim leistungsschwachen Schüler ein Erfolgserlebnis bedingen kann.

Die Schwierigkeiten der „Freien Lehr- und Übungswege“ liegen in mangelnder Kenntnis ihrer gezielten Möglichkeiten und sind somit ein Problem des Lehrverhaltens. Wo im direkten Zugriff eine bestimmte Fertigkeit unmittelbar erreicht werden kann, wird ein zeitraubender „Umweg“ dem Schüler ein Erfolgserlebnis unnötig lange vorenthalten. Da aber in den meisten Fällen die Aufgabenstellung ein anderes, neues Bewegungsverhalten intendiert, speziell in der Gymnastik, entfällt der Zeitfaktor als ein negativer. Im Gegenteil, Probieren und Erfinden bedürfen der Zeit, die nicht zu kurz bemessen werden darf. Wo aber die „Freien Lehr- und Übungswege" unreflektiert und vom Lehrer unkontrolliert eingesetzt werden, zeigen sich Planlosigkeit einerseits und mangelndes Interesse andererseits.

Die „Freien Lehr- und Übungswege" in der Gymnastik

Bewegungsaufgaben und Bewegungsimprovisationen haben in der Gymnastik ihren ausgeprägten Stellenwert. Das formale Erarbeiten bestimmter Bewegungformen muß vom freien Spiel der Bewegungsvariationen und -improvisationen begleitet werden. Dabei sollten die gewählten Bewegungsaufgaben anfänglich die Klasse so führen, daß in der Bindung an ein stoffliches Thema eine individuelle Bewegungsvariation möglich wird. Hier bietet sich eine typische Form der Bewegungsaufgabe an, die wir als eine „Motiventwicklung" bezeichnen. Wir verstehen darunter eine Bewegungsverbindung, die in der Folge weitere Bewegungsvariationen zuläßt. Werden diese Bewegungsvariationen vom Lehrer vorgegeben, spricht dies für seine eigene Bewegungsphantasie, die notwendig ist, den Schüler aber im Bereich eines vorgeschriebenen oder vorgemachten Nachvollzuges beläßt. Die Entwicklung eines Bewegungsmotives, die den Schüler an der Findung eigenständiger Verbindungen beteiligt, geht von einem Grundmotiv aus, das von allen beherrscht wird. Die erste Aufgabenstellung wird dann auf eine kleine Variation hinzielen, die innerhalb einer Bewegungsverbindung einen Bewegungsaustausch zuläßt. Erfolgt auf diese Aufgabe keine positive Reaktion, muß die Aufgabe eingegrenzt werden und durch konkrete Bewegungsforderungen auf mögliche Bewegungsvariationen hingewiesen werden. Ein praktisches Beispiel mag dies verdeutlichen:

Grundmotiv: zwei Hüpfer vorwärts, zwei Galopphüpfer seitwärts.

Dieses Motiv wird zunächst von allen Schülerinnen in mehreren Wiederholungen quer durch die ganze Halle durchgeführt.

1. Aufgabe:

Behalte dieses Motiv bei, aber ersetze das Galopphüpfen durch eine andere Bewegung

Erfolgt keine Lösung, wird die Aufgabe im Sinne einer Bewegungsanregung eingegrenzt:

Kannst Du Drehungen einschalten, Tieffederungen, Klatschen, Federn auf der Stelle, einen Sprung auf der Stelle usw.

2. Aufgabe:

Kannst Du zwei verschiedene Bewegungsmöglichkeiten anstelle des Galopphüpfens miteinander verbinden?

z. B. Hüpfer — Hüpfer — Tieffedern — Hoch,
Hüpfer — Hüpfer — Luftgrätsche.

3. Aufgabe:
Kannst Du jedesmal anstelle des Galopphüpfens eine andere Form einschalten?
z. B. Hüpfer — Hüpfer — Tieffedern — Hoch,
Hüpfer — Hüpfer — federn — federn (jeweils 1/2 Drehung)
Hüpfer — Hüpfer — Luftgrätsche
Hüpfer — Hüpfer — Klatsch — Klatsch — Klatsch

4. Aufgabe:
Könnt Ihr zu zweien aus den vorherigen Verbindungen eine Partnerform finden?
z. B. Paarweise nebeneinander stehend:
Hüpfer — Hüpfer — Klatsch — Klatsch
(mit der Partnerin 1 x rechts, 1 x links)
Hüpfer — Hüpfer — Galopp — Galopp (auseinander)
Hüpfer — Hüpfer — Klatsch — Klatsch — Klatsch
(Erde — Hände — hoch)
Hüpfer — Hüpfer — Galopp — Galopp (zusammen)

5. Aufgabe:
Könnt Ihr zu Vieren eine gemeinsame Form finden?

Diese letzten Aufgaben fordern neben der Wahl der Variationen zusehends eine räumliche Varianz, die im Sinne zukünftiger Gestaltungen notwendig erfahren werden muß.

Die angeführten Beispiele einer Motiventwicklung von der Einzel- zur Partner- und Viererform sind bewußt einfach gehalten, um ihre Übertragung in schulische Verhältnisse aufzuweisen. Im Prinzip lassen sich in jeder gymnastischen Verbindung, speziell auch mit Handgeräten, solche Motiventwicklungen vornehmen, die natürlich immer dem jeweiligen Verhaltensrepertoire einer Klasse entsprechen müssen.

Die „Formalen und Freien Lehr- und Übungswege" haben in der Gymnastik in fachspezifischer Ausprägung gleichwertigen Rang. Es ist letzlich Sache des Lehrers, sie sinnvoll und damit für den Schüler produktiv und situationsangemessen einzusetzen.

ANMERKUNGEN:

1 Schmitz, J. N.: Vgl. zusammenfassende Darstellung bei: Lehr-, Unterrichts- und Curriculumprobleme. Schorndorf 1972, 36 ff.

2 Hanebuth, O.: Grundschulung zur sportlichen Leistung. Frankfurt 1964[4], 98 ff.

3 Fetz, F.: Allgemeine Methodik der Leibesübungen. Frankfurt 1972[5], 45 ff.

4 Schmitz, J. N.: a. a. O., 39.

5 Stiehler, G.: Methodik des Sportunterrichts. Berlin 1973, 209 ff.

6 Seybold, A.: Zur Wahl der Lehrverfahren in der Leibeserziehung. In: Die Leibeserziehung (1968), 7.

7 Ungerer, D.: Leistungs- und Belastungsfähigkeit im Kindes- und Jugendalter. Schorndorf 1967, 95.

8 Schmitz, J. N.: a. a. O., 41.
9 Stiehler, G.: a. a. O., 212.
10 Hanebuth, O.: a. a. O., 101.
11 Fetz, F.: a. a. O., 47.
12 Seybold, A.: a. a. O., 219.
13 Seybold, A.: a. a. O.: 219/220.
14 Hanebuth, O.: a. a. O., 103.
15 Haselbach, B.: Die Verbindung von Musik und Bewegung als Unterrichtsprinzip. In: Die Gestaltung. IV. Kongreß für Leibeserziehung. Schorndorf 1967, 174 ff.
16 Hanebuth, O.: a. a. O., 104.
17 Bode, R.: Musik und Bewegung. Frankfurt 1953[3].
18 Bernett, H.: In Sportwissenschaftliches Lexikon. Schorndorf 1972, 43.
19 Seybold, A.: a. a. O., 222.

Herbert Karl

Überlegungen zu einer koedukativen rhythmisch-methodischen Grundausbildung im Fach Gymnastik für Sportstudenten

Die Bedeutung des Rhythmus ist heute in der musischen Elementarerziehung, der allgemeinen Kreativitätsförderung und der Leibeserziehung allgemein anerkannt. Zum einen finden wir in fast allen Sportarten eine rhythmische Gliederung der Bewegungen, rhythmische Wiederholungen, rhythmische Reihen als methodisches Mittel eines sachgerechten und motivierenden Bewegungsunterrichtes. Zum anderen haben der Rhythmus als solcher, die rhythmisch gesteuerte Bewegung, das rhythmische Mitschwingen mit Musik und die rhythmisch-musische Gestaltung als gesteuerte Eigenbewegung, Eigenwert und sind selbständiges Ziel einer ganzheitlichen Leibeserziehung (1). Von einer Forderung nach rhythmisch-motorischer Qualifikation zu sprechen, scheint demnach durchaus angebracht zu sein.

In sich am geschlossensten und in der Methodik am konsequentesten durchgeführt finden wir das rhythmische Prinzip heute in der rhythmischen Gymnastik, die nach Hanebuth „Ausübung, Schulung und Gestaltung naturgesetzlicher, organischer Ganzheitsbewegungen auf der Grundlage allgemein menschlicher und individueller Anlagen und Fähigkeiten in spielerisch spontaner, in zweckgerechter oder in musisch-schöpferischer Ausdrucksform“ (2) ist.

Sehen wir nun, wer sich gymnastisch betätigt, welche Art von Gymnastik angeboten wird, so erkennen wir eine erschreckende Diskrepanz von Theorieforderung und praktischem Angebot in diesem Bereich der Leibesübungen. Die rhythmisch-musische Gymnastik stellt sich auch heute noch als eine fast ausschließliche Domäne des weiblichen Geschlechtes dar. Vorführungen rhythmischer Gymnastik durch Männer, wie sie in so bestechender Art und Weise auf der Gymnaestrada 1975 in Berlin von den Japanern vorgeführt wurden, sind zur Zeit noch „Eintagsfliegen“.

Allzusehr sind wir, ist unsere Umwelt noch von Vorurteilen über eine angeblich biologisch und psychologisch bedingte geschlechtsspezifische Trennung von männlicher und weiblicher Körperbewegung bzw. der Realisierung männlichen oder weiblichen Wesens mittels Körperbewegungen geprägt (3); ein rascher Umschwung scheint nicht erkennbar zu sein.

Aus Hanebuths Definition der Gymnastik geht jedoch keineswegs hervor, daß dieses Fach und die in diesem Fach liegenden Entwicklungschanchen etwa nur für Frauen und Mädchen gelten sollten. Im Gegenteil, die einzelnen Übungen, die Bilder in der *„Grundschule“* sagen deutlich, daß alle seine Forderungen und Erkenntnisse auch für den männlichen Sportler gelten.

Können wir HANEBUTHS Bemerkungen über die verschiedene Wesensart von Mann und Frau, die eine Trennung von männlicher und weiblicher Gymnastik notwendig mache, noch als eine zeitbedingte rollenspezifische Bemerkung verstehen, die sich damals völlig im Rahmen der herrschenden Meinung bewegte, — die „Grundschule“ wurde 1964, vor 12 Jahren, zum letzten Male aufgelegt —, so müssen wir jedoch Tendenzen, diese Meinung zu tradieren, heutzutage als bedenklich ansehen (4). Es muß einmal in aller Deutlichkeit festgestellt werden, daß keinerlei Erkenntnisse aus dem anatomischen, physiologischen und biomechanischen Bereich vorliegen, die eine Begründung dafür brächten, daß sich Männer qualitativ anders bewegen müßten als Frauen (5). Der Gebrauch einer schweren Kugel, eines schweren Diskus durch die männlichen Athleten verändert nur den quantitativen Aspekt seiner Bewegung im Vergleich mit der einer Frau.

Selbst ENGEL/KÜPPER, deren Konzept einer Koedukation im Fach Gymnastik ein begrüßenswerter Schritt nach vorne bedeutet, bleiben irgendwie noch in der rollenspezifischen Vorstellung von einer Notwendigkeit verschiedener Bewegungen von Mann und Frau gefangen. Sie stellen zwar fest, daß nur geschlechtsspezifische, *physische* Unterschiede *in der Belastbarkeit* von Mann und Frau zwingende Notwendigkeit einer *verschiedenen* Bewegung von Schüler und Schülerin darstellen, der „bereichsspezifische motorische Erfahrungshintergrund“ und die „traditionsgebundenen Zuordnungsweisen von Bewegungsausprägungen“ jedoch nur *„vorurteilige“* Zuordnungen sind (6). In ihren Unterrichtsbeispielen einer Aufgabendifferenzierung im koedukativen Unterricht findet sich jedoch gerade die alte rollenspezifische Sicht von männlicher und weiblicher Bewegung wieder; wobei der Junge eben harte kräftige Bewegung macht, während das Mädchen die weichen, schwungvollen Bewegungen ausführt (7).

Aus dem Wissen um die Bedeutung des Rhythmus im Bereich der Methodik und seiner Bedeutung als Konkretisierungsfeld von kreativem Verhalten durch rhythmisch gestaltete Selbstbewegung, ergibt sich die Forderung, daß der Bereich der rhythmisch-musischen Gymnastik unbedingt auch in das Bewegungsangebot für Männer aufgenommen werden muß, um auch ihnen durch ein rhythmisch-motorisches Bewegungsangebot die durch diese Bewegung möglichen Erkenntnis- und Erfahrungsmöglichkeiten zu bieten, die für eine umfassende „motorische Bildung“ im kognitiven, affektiven und motorischen Bereich unerläßlich sind.

Nach und nach emanzipieren sich die Frauen in den bisher dem Manne vorbehaltenen Sportarten, erweitern hiermit ihre motorische Qualifikation und lernen ihnen bisher fremde Erlebnisgehalte von ihnen bisher fremden Bewegungen kennen. Es ist Zeit, daß auch der Mann wagt, aus seiner eingeengten Bewegungswelt auszubrechen, seinerseits seine Bewegungsqualifikation zu erweitern und ihm fremde Bewegungserfahrungen zu machen.

„Leibeserzieher sollten sich in der Hauptsache mit dem Aspekt menschlichen Verhaltens befassen, dessen charakteristisches Merkmal beobachtbare, absichtliche, willkürliche Bewegungen sind, Bewegungen, in deren Mittelpunkt eine Aufgabenstellung steht, und solche, die einigermaßen komplex sind". Er ... sollte mit allen Aspekten des Bewegungsverhaltens vertraut sein" (8).

Diese Forderung CRATTYS, die hier stellvertretend für eine Vielzahl didaktischer Begründungen in der Sportlehrerausbildung stehen soll, macht deutlich, daß sich jeder zukünftige Sportlehrer mit dem Problem der menschlichen Willkürmotorik, besonders der sportlichen Motorik befassen muß, was auch eine intensive Beschäftigung mit der rhythmisch-musischen Gymnastik einschließt. Selbst wenn eine koedukative rhythmisch-motorische Ausbildung in der Schule, wie wir sie vertreten, auf absehbare Zeit nicht aktuell wäre, so kann es nicht angehen, daß dem zukünftigen Sportlehrer ein wesentlicher Bereich der kognitiven, affektiven und motorischen Qualifikation fremd bleibt. Unbestritten ist, daß hierzu auch ein wesentliches Maß an Eigenrealisierung notwendig ist. Gerade der Bereich der emotional affektiv gesteuerten, kreativen Selbstbewegung läßt sich ohne Selbsterfahrung, die erst ab einer gewissen höheren Bewegungsqualifikation möglich ist, nicht voll erschließen.

Mit der Forderung nach Aufnahme der rhythmisch-musischen Gymnastik in die Sportlehrerausbildung, muß man die Forderung nach *Koedukation* in dieser Ausbildung verbinden. Nur über einen koedukativen Unterricht werden sich die starken rollenspezifischen Fixierungen, mit denen auch heute noch die überwiegende Mehrzahl der Studenten ihr Sportlehrerstudium beginnt, bewußt abbauen lassen. Die bisherigen Auffassungsunterschiede bezüglich dessen, was weibliche bzw. männliche Bewegung sei, lassen sich nur durch die direkte Anschauung verdeutlichen, wobei die bisher unbekannte Bewegung auch nachvollzogen werden muß, da sie nur so in allen ihren Dimensionen erkennbar ist und nur auf diese Weise die affektiv-psychischen Inhalte fremder Bewegungen sich dem Übenden erschließen. Nach einiger Zeit erkennen auch bisher jeder „geschlechtsfremden" Bewegung äußerst distanziert gegenüberstehende Studenten, wie unsere Erfahrungen am IfL Göttingen zeigen, — an dem unseres Wissens nach bisher als einzigem in der BRD eine koedukative rhythmisch-musische Gymnastik Pflichtfach ist — , daß das gesamte Übungsgebiet aus den bisher männlich bzw. weiblich ausgerichteten Gymnastikrichtungen für beide Geschlechter anwendbar ist und großen Erlebniswert besitzt.

Der direkte Weg über die selbstvollzogene Bewegung ist die unmittelbarste Möglichkeit, Einstellungen, die wir als die Neigung eines Menschen verstehen, sozialen Objekten oder Aktionen gewogen oder nicht gewogen zu sein (9), überprüfen und gegebenenfalls revidieren zu können.

Im folgenden soll an zwei Beispielen aufgezeigt werden, wie HANEBUTHS Konzept einer rhythmischen Grundschule, das wir in Saarbrücken kennen und schätzen gelernt haben, weiterzuentwickeln ist und als rhythmisch-motorische Ausbildung im Fach Gymnastik in einer koedukativen Sportlehrerausbildung angeboten werden kann. Hier werden praktische Erfahrungen mit einer solchen koedukativen Gymnastikausbildung verwertet, die am IfL Göttingen seit SS 1975 durchgeführt wird.

Da innerhalb der Sportlehrerausbildung im praktisch-methodischen Bereich für jedes Fach nur jeweils zwei Semester zur Verfügung stehen, gilt es bei der Erarbeitung eines Curriculums für das Fach Gymnastik im Bereich der rhythmisch-motorischen Qualifikation für Sportstudenten/innen nun, die Inhalte aus dem Bereich des rhythmisch-musischen Bewegungsverhaltens herauszusuchen, die sich für eine exemplarische Arbeit zur rhythmisch-motorischen Qualifikation besonders eignen. Bei diesen Inhalten ist auch der Tanz in allen seinen Erscheinungsformen zu berücksichtigen, den Hanebuth in der „Grundschule" für den Bereich der Gymnastik überhaupt nicht erwähnt, obwohl er ihn an anderem Ort als „Kunst der menschlichen Lebensbewegung" anspricht, in der nach Wigman „Seelisches und Geistiges einander durchdringen" und der sich „als rhythmisch gegliederter und klar geformter körperlicher Bewegungsablauf" darstellt (10).

Im folgenden sollen nun zwei solcher Teillernziele einer rhythmisch-motorischen Grundausbildung vorgestellt werden. Als Beispiele für eine exemplarische Arbeit in diesem Bereich sollen die Teilziele
— rhythmisch-motorische Grundlagen
— Einführung in den Tanz
angeführt werden.

Zu den beiden Bereichen werden verschiedene einführende Übungen vorgeschlagen, die sich zum Einstieg in die jeweiligen Fragenkomplexe als geeignet erwiesen haben. Anschließend folgt ein kurzer didaktischer methodischer Kommentar zu den vorgestellten Übungen mit stichwortartiger Angabe, welche theoretischen Erklärungen und Erarbeitungen mit den jeweiligen Übungen verbunden werden sollten. Es muß jedoch darauf hingewiesen werden, daß eine Einführung in den rhythmisch-musischen Bereich sehr stark von der einzelnen Gruppe und dem Gruppenleiter abhängig ist, so daß die Anwendungsmöglichkeit der vorgeschlagenen Übungen von Gruppe zu Gruppe verschieden sein kann.

Lernziel: Rhythmisch-motorische Grundlagen

1. Teilziel: Rhythmisch-motorische Grundschulung, Bewegungsbegleitung

Übungen:

— Eigenbegleitung zu verschiedenen Laufformen, Lauf-Sprung-Kombination.
— Versuch, nach verschiedenen Rhythmen zu gehen, laufen, hüpfen etc.
— Ein Teilnehmer der Gruppe schlägt einen selbstgesuchten Rhythmus, die an-
— deren versuchen, sich hiernach zu bewegen.

— Analyse, welcher Rhythmus paßt zu welcher Bewegung.
— Erarbeitung des Unterschiedes zwischen geradem und ungeradem Takt; rhythmische Variierung der einzelnen Taktarten.
— Eigenbegleitung mit dem Tamburin zu selbst vorgegebenem Lauftempo.
— Vorspielen verschiedener Musikstücke, Rhythmusanalyse, Versuch, den jeweiligen Rhythmen angepaßte Bewegungen zu finden.
— Analyse der Musik nach Rhythmus und Melodie. Bewegung nach der Musik, wobei der Rhythmus das Tempo, die Melodie die Bewegungsart bzw. den Bewegungswechsel steuert.
— Nachvollziehen verschiedener Tanzrhythmen mit Bewegungen wie Schwingen mit dem Eisenring; Ballprellen, Seilspringen, Laufformen.

Kommentar
In diesem Abschnitt der Ausbildung kommt es darauf an, zu erkennen, daß die verschiedenen Bewegungsformen einen eigenen, jeweils spezifischen Rhythmus besitzen und daß und inwieweit ein von außen vorgegebener Rhythmus die Bewegung, vor allem ihre Kraft-Zeit-Komponente, steuern kann. Mehr oder weniger feste Rhythmen für Laufen, Springen, Hüpfen, Prellen, Schwingen, Gehen sollten als feste rhythmische Schemata erkannt und für eine Begleitung automatisiert werden.
Die Erfahrung mit sich selbst und anderen Gruppenmitgliedern wird zeigen, daß Taktsicherheit, Heraushören von verschiedenen Rhythmen etc. von der jeweiligen Erfahrung der einzelnen abhängig und keineswegs eine geschlechtsbedingte Konstante ist. Zwar haben die Studentinnen in diesem Bereich meist mehr Erfahrung, da sie oft in der Schule schon rhythmische Gymnastik angeboten bekamen und so einen Vorsprung den Studenten gegenüber haben. Doch zeigen Beispiele von Studenten, die ein Musikinstrument spielen, oder von Studentinnen, die keine rhythmische Gymnastik kennen, wie sehr rhythmische Sicherheit von der Erfahrung abhängig ist. Im theoretischen Bereich sollte man hier die rhythmische Bewegungslehre durchsprechen: Akzent der Bewegung; Phasengliederung; Zyklische bzw. azyklische Bewegung; Auftakt-Akzent-Abtakt; Aushol-Anlaufbewegung etc.
Aus dem Bereich der Musiktheorie müssen die verschiedenen Taktarten und ihre Gliederungsmöglichkeiten sowie ihre verschiedenen Spezifika erötert werden, 4- bzw. 8-Taktigkeit der Melodiezüge, Synkopierung, Beat- und Jazz-Rhythmus etc.

2. Teilziel: Erarbeitung und Einstudierung einer 6- bis 8teiligen Übungsfolge mit der Gruppe (Aufgabe für jeden Teilnehmer der Ausbildung)
Übungen:
— Vorführen der gesamten Übung mit oder ohne Musik.
— Einstudieren einzelner Übungsteile mit rhythmischer Bewegungsbegleitung und Bewegungskorrektur.

— Rhythmische Führung bzw. Begleitung der Gruppe, die die gesamte Übungsfolge durchführt.

Kommentar

Hier sollen die Studenten versuchen, die im vorherigen Bereich angesprochenen Inhalte in Situationen, die der späteren Lehrtätigkeit ähneln, anzuwenden. Bei der Übungsfolge kommt es darauf an, eine für die einzelnen Bewegungsteile entsprechende akustische Begleitung zu finden und so einzuführen, daß die Begleitung den übenden Kommilitonen wirklich hilft und ihre Bewegung steuern kann. Tempoveränderungen, die von Bewegungsänderungen abhängen, lassen auch hier die wechselseitige Bedingtheit von Bewegung und äußerem Rhytmus erkennen. Der Student lernt die verschiedenen Möglichkeiten der Bewegungsbegleitung wie Sprache, Klatschen, Tamburin, evtl. Klavier, Orffsche Instrumente, Musik etc. kennen und anwenden. Tempoangabe (Auftakt) vor Übungsbeginn, zeitige Ansage von Bewegungswechseln, deutliche und präzise Ansage, werden von jedem selber als methodische Hilfsmöglichkeiten später Unterrichtsgestaltung ausprobiert und von der Gruppe besprochen und kritisiert.

Innerhalb einer geschlossenen Gruppe, in der jeder jeden kennt, lassen sich ohne allzugroße Hemmungen schon einige Komponenten des Lehrerverhaltens probieren und durchsprechen. In diesem Ausbildungsabschnitt sollten grundlegende Verhaltensweisen für methodisches Arbeiten angesprochen werden. Sprache, Stellung zur Klasse, Grundfragen der Unterrichtsorganisation sowie die allgemeinen Grundlagen der Methodik, sind theoretisch zu erarbeiten und werden in die Praxis übertragen. Die exakte Bewegung selber steht hier nicht im Mittelpunkt.

Die Zeit von etwa 15 Minuten für jede Erarbeitung mit anschließender 15minütiger Diskussion über die Bewegungsbegleitung, über das Lehrverhalten des jeweiligen Übungsleiters und die rhythmischen Besonderheiten der verschiedenen Übungsteile sowie weitere 15 Minuten in denen jeder Teilnehmer des Kurses versuchen kann, die vorgeschlagene Übung bei sich zu festigen oder zu variieren, scheint eine optimale Synthesemöglichkeit zwischen Selbstlehren, Üben und theoretischer Reflexion zu bieten.

Lernziel: Erwerb von Bewegungsmustern mit hohem Freizeitwert

1. Teilziel: Einführung in den Tanz; Erlernen verschiedener Tanzformen von der gebundenen Bewegung zur freien Improvisation.

— Langsamer Walzer, Wiener Walzer.
— Foxtrott 1/2 Tempo.
— Cha Cha Cha.
— Rock'n Roll, Jife.
— Jazz Gymnastik.
— Jazz Dance.
— Freie Improvisation zu vorgegebenen Themen (Pantomime).

Kommentar:
Der Tanz, rhythmisch geformte Bewegung, die ihrem Wesen nach Spiel ist, läßt besonders die international-emotionale Komponente des Rhythmus erleben und verdeutlicht sie. In ihm stehen das Spiel, die Gestaltung und die Leistung als Aspekte einer rhythmischen Bewegung im Vordergrund. Erlebnis und Intention, die beiden für das rhythmische Bewegungsverhalten bedeutsamen Momente (11), werden im gebundenen wie auch im freien Tanz besonders deutlich. Da freie, kreative Gestaltung, weniger einer Frage des Willens und der Phantasie als vielmehr des Verfügens über Gestaltungsmitteln, über ein ausreichendes und für die jeweiligen Situationen adäquates Bewegungsrepertoire ist (12) halten wir den methodischen Weg von relativ gebundenen und festgelegten Bewegungsformen über freie Formen der lateinamerikanischen Tänze zum Rock'n Roll und verwandten Tänzen für geeignet. Bei der anfangs völlig festgelegten Bewegung werden Unterschiede in der Bewegungserfahrung zwischen Studentinnen und Studenten nicht so deutlich, was eine gemeinsame Tätigkeit, ohne daß ein Teil der Gruppe das Gefühl des Unterlegenseins hat, besonders begünstigt.
Die Erweiterung des Bewegungsrepertoires durch weitere Tänze geht dann parallel mit einer freien Bewegungsmöglichkeit bis hin zum Rock'n Roll und den modernen Beattänzen, bei denen feste Grundschritte lediglich noch Sicherungsfunktion in dem Sinne haben sollten, daß die Tanzpartner hier immer wieder die Möglichkeit haben, ihre Bewegungsformen, Bewegungstempo etc. zu koordinieren und „schöpferische Pausen" einzulegen. Hier bieten sich besondere Möglichkeiten, kreatives musisches Verhalten zu initiieren und zu schulen.
Die Einführung der Jazz-Gymnastik, des Jazz-Dance's — einer Bewegungsrichtung, die scheinbar den Gesetzen der rhythmischen Ganzkörperbewegung widerspricht; die Gesetzmäßigkeiten der rhythmischen Bewegung lassen sich jedoch fast alle auch auf diese Bewegungen anwenden — , stellt zum einen eine wesentliche Erweiterung des allgemeinen Bewegungsrepertoires und der motorischen Ausdrucksmöglichkeit dar, da hier eine völlig anders geartete Bewegung zusätzlich eingeführt wird, zum anderen lassen sich gerade in der Gegenüberstellung von westlich-europäischer und afro-amerikanischer Bewegungsvorstellung Erkenntnisse über die rhythmisch-ganzheitliche Bewegung und die soziale Gebundenheit und Wertung von Bewegungen gewinnen. Die direkte Gegenüberstellung dieser scheinbar gegensätzlichen Bewegungen vermittelt im besonderem Maße ein Körpergefühl für Spannung und Lösen der Muskulatur, für Explosivität oder langsames Steigen der Bewegungsintensität und macht den Unterschied zwischen weicher gelöster Bewegung und harter Spannung deutlich.
Die abschließende Aufgabe an kleine, etwa fünfköpfige Gruppen, die Gestaltung eines vorgegebenen Themas als Pantomime zu versuchen, soll den Studenten sofort die Möglichkeit bieten, das neu erworbene Bewegungsrepertoire anzuwenden. Wir haben besonders gute Erfahrung mit Themenstellungen aus dem sportlichen Bereich gemacht, bei denen die Kursteilnehmer die Gelegenheit hatten, bekannte

Bewegungsmuster miteinzubauen, zu variieren und so zu verändern, daß nur noch ihre Struktur erhalten blieb und das fast schon als fest genormte Bewegung angesehene Bewegungsmuster mit Jazz- und rhythmisch-ganzheitlichen Bewegungen vermischt werden konnte. Bei einer solchen Gestaltung, — wir verstehen hier Gestaltung als einen „Prozeß, der eine beherrschte und vorgegebene (Thema) Bewegungsform unter bewußter Variation in ihrer räumlichen, zeitlichen und dynamischen Struktur und Form verändert und zu einer selbsttätig gefundenen Abwandlung und/oder Ausdrucksform steigert und/oder reduziert" —, die den Charakter des Tanzes als Bewegungsspiel besonders hervorhebt, wird kreatives motorisches Handeln geübt und gefördert.

2. Teilziel: Anwendung des Tanzes als freizeitrelevante Tätigkeit

Übungen

— Häufiger Partnerwechsel beim Tanz.
— Erarbeitung der einzelnen Tanzschritte, rhythmische Festigung etc. in kleinen Gruppen.
— Erarbeitung eines vorgegebenen Themas zu einer Pantomime — Jazz und rhythmisch-ganzheitliche Bewegungen — in einer Dreier- oder Fünfer-Gruppe.

Kommentar

Freizeiterziehung und Erziehung zu sozialer Kompetenz sind wesentliche Ziele des Sportunterrichts. Gerade im Tanz bietet sich die Möglichkeit, dem Schüler Bewegungsmuster zu vermitteln, die einen hohen Freizeitwert haben. Die Realisierung des Tanzes in der Freizeit ist weder an das Wetter, an große Plätze oder Hallen, an komplizierte oder teure Geräte noch an eine besondere Ausrüstung des Tänzers gebunden. Weiterhin bietet der Tanz vielfältige Möglichkeiten des sozialen Kontaktes, und es ist eine Sportart, bei der das *Miteinander besonders* im Mittelpunkt steht. Am Beispiel des Tanzes kann im Rahmen der Grundausbildung Gymnastik das Problem der Freizeiterziehung und der Erziehung zu sozialer Kompetenz besonders gut besprochen werden. Kooperation, Koedukation, Freizeiterhalten, Life-Time-Sport etc. drängen sich als Themen geradezu auf.

ANMERKUNGEN:

1 Zur rhythmischen und rhythmisch-motorischen Erziehung:
HANEBUTH, O.: Der Rhythmus in den Leibesübungen. Frankfurt 1961.
HANEBUTH, O.: Grundschulung zur sportlichen Leistung. Frankfurt 1964^4.
BÜNNER, G./RÖTHIG, P. (Hrsg.): Grundlagen und Methoden rhythmischer Erziehung. Stuttgart 1971.
KRIMM, C. (Hrsg.): Musikalisch rhythmische Erziehung. Freiburg 1974.
RÖTHIG, P. (Hrsg.): Beiträge zur Theorie und Lehre vom Rhythmus. Schorndorf 1966.
RÖTHIG, P.: Rhythmus und Bewegung. Schorndorf 1970^2.
Kongreßbericht: Das rhythmische Prinzip in den Leibesübungen. Frankfurt 1962.

Institut für Frühpädagogik: Musik und Bewegung im Elementarbereich. München 1964.

2 HANEBUTH, O.: Grundschulung, 148.

3 So z. B. MEDAU, H.: Moderne Gymnastik. Für den Mann: Der Sport – Für die Frau: Die Gymnastik. Celle 1967, 30. Ähnlich: DIEM, C.: Wesen und Lehre des Sports. Berlin 1960[2], 199; – FORSTREUTER, H.: Gymnastik. Frankfurt 1972[27], 7.

4 NATTKÄMPER: Gymnastik für Jungen. Schorndorf 1971; Er, der versucht, Gymnastik durch Einbeziehung rhythmischer Elemente und verschiedener Handgeräte attraktiv für Männer zu machen, sieht immer noch Wesensunterschiede zwischen Mann und Frau (S. 11) die zu verschiedenen Bewegungen führen.
Vgl. auch ENGEL, R./KÜPPER, D.: Gymnastik, Finden – Üben – Variieren – Gestalten. Schorndorf 1972. Auf Seite 37 ff. bringen die Autoren doch wieder typische männliche oder weibliche Bewegungen für Jungen oder Mädchen bei ihrer Unterrichtsdifferenzierung.

5 WARTENWEILER, J./WETTENSTEIN, A./LEHMANN, G.: Die Bewegungsführung bei Mann und Frau. Basel 1970.

6 ENGEL/KÜPPER: 38.

7 ENGEL/KÜPPER: 38 ff.

8 CRATTY, B. C.: Motorisches Lernen. Frankfurt 1975.

9 GUILFORD, J. P.: Persönlichkeit. Weinheim 1971[5], 211.

10 HANEBUTH, O.: Der Rhythmus in den Leibesübungen, 10.

11 RÖTHIG, P. Rhythmus und Bewegung, 93.

12 JÜRGENS, I.: Eine Lücke in der Leibeserziehung – Tanz in der Schule. In: Leibeserziehung (1968), 34 ff.

Karl Koch

Zur rhythmischen Bewegungsschulung im motorischen Lernprozeß

Es zählt zu den wesentlichsten Verdiensten von Otto Hanebuth, daß er durch seine Untersuchungen zum rhythmischen Verlauf turnerischer Bewegungen zugleich praktische Möglichkeiten im Lernen und Üben zu erschließen vermochte. Diese Impulse führten besonders in der Praxis der schulischen Grundausbildung zu einem Lösen von erstarrten Formen des Turnens an Geräten und ließen mehr und mehr eine *rhythmische* Bewegungsschulung Fuß fassen; und: sind Schüler „erst im Bann der rhythmischen Bewegung, wächst mit der zunehmenden Freiheit der Bewegung auch die Freude" (Möckelmann). Durch eine angemessene Akzentuierung der rhythmischen Bewegungsschulung in *allen* Lernstufen werden zudem Lernökonomie und Lerneffektivität außerordentlich verbessert. Ziel dieses Beitrages ist demnach, diese Akzentuierung mit ihren methodischen Maßnahmen in den verschiedenen Lernstufen zu charakterisieren und in praktischen Beispielen zu erhellen. Der Praxis wiederum ist wenig gedient, sich im vorauf und in epischer Breite mit den in einer Vielzahl vorhandenen terminologischen Deutungen der Begriffe Rhythmus und Bewegungsrhythmus auseinanderzusetzen; wohl aber muß der nachfolgenden Charakteristik methodischer Möglichkeiten ein gewisses „Bekennen" zu einer Begriffserklärung zugrunde gelegt werden. Und Hanebuth selbst hat m. E. in seiner Lehrhilfe „Rhythmisches Turnen – eine sportliche Kunst" aus der Sicht der Bewegungslehre – und damit geht eine begriffliche Einengung einher – eine klare und einsichtige Begriffserklärung gegeben:

„Im Bereich der leiblichen Bewegungen äußert sich der Rhythmus

1. in einem stetigen Wechsel zwischen Beugen, Strecken und Drehen aller Gelenke.
   Das ist der rhythmische Ablauf in der Bewegungsform.
2. in einem stetigen, ökonomischen Wechsel zwischen Kraftentspannung, Kraftakzent und Kraftabspannung der Muskelfunktionen.
   Das ist der rhythmische Ablauf in der Bewegungskraft.
3. in einem stetigen, ökonomischen Wechsel zwischen Bewegungsbeschleunigung, Geschwindigkeitshöhepunkt und Bewegungsverlangsamung der Eigenbewegungen aller Gliedmaßen.
   Das ist der rhythmische Ablauf in der Bewegungszeit.

4. in einem stetigen, ökonomischen Wechsel zwischen engen und weiten, hohen und tiefen, geraden und runden Bewegungsbahnen der Eigenbewegungen aller Gliedmaßen.
   Das ist der rhythmische Ablauf im Bewegungsraum."

Damit hat HANEBUTH die für rhythmische Bewegungsabläufe typischen *Erscheinungsmerkmale* in einem Kanon erfaßt. Kurt MEINEL meint die gleichen Merkmale bei sprachlich engerer Fassung: „Unter Bewegungsrhythmus verstehen wir die dynamisch-zeitliche Struktur der sportlichen Bewegung, den fließenden Wechsel von Spannung und Entspannung. Der Bewegungsrhythmus spiegelt die Verteilung der Kraftimpulse im räumlich-zeitlichen Ablauf wider" (Bewegungslehre, Berlin 1971, S. 177). MEINEL fordert, bereits im Vorschulalter mit einer planmäßigen rhythmischen Schulung zu beginnen. Sowohl MEINEL als auch HANEBUTH heben deutlich heraus, daß das rhythmische Bewegungsgeschehen für den „Lehrer lehrbar und für den Schüler lernbar" ist (HANEBUTH). Wenden wir uns nun den methodischen Möglichkeiten in den Lernstufen zu. Zur Veranschaulichung werden Modellbeispiele aus der Grundausbildung des schulischen Bereichs herangezogen.
Bei jedem Erlernen einer neuen Bewegungsfertigkeit führt der Weg bewegungsgesetzlich von einer Stufe zur anderen. Lerntheorien versuchen – je nach wissenschaftstheoretischem Standort – das Wechselspiel zwischen aufnehmenden und ausführenden Systemen zu erhellen, am formalen Grundablauf vermögen sie kaum etwas zu ändern. Zu Beginn jedes motorischen Lernprozesses ist zu überprüfen, ob die zum Erlernen einer Bewegungsfertigkeit notwendigen *Lernvoraussetzungen* vorhanden sind. Unter Lernvoraussetzungen soll nicht nur die entwicklungsbedingte sensomotorische Leistungsfähigkeit im Sinne von UNGERER verstanden werden, sondern auch das Niveau motorischer Grundeigenschaften. Selbst die sorgfältigst gereihte methodische Entwicklung wird zum Mißerfolg in bezug auf die Realisierung von Lernschritten verurteilt sein, wenn nicht eine zumindest angemessene „Funktionsreife" von Kraft, Schnelligkeit, Ausdauer, Gewandtheit u. a. – je nach Art der Zielübung – entwickelt ist. Sind diese Lern- und Leistungsvoraussetzungen nicht vorhanden, dann müssen sie vorerst geschaffen werden. Und in diesem Lern- und Übungsfeld bietet sich eine *rhythmische* Schulung motorischer Grundeigenschaften geradezu an. Nehmen wir als Beispiel eine rhythmische Sprungschulung zum Zwecke der Entwicklung der Sprungkraft.

Organisatorische Maßnahmen:
Drei Zauberschnüre werden durch die Länge der Halle gespannt. Höhe – je nach durchschnittlicher Leistungsfähigkeit der Übungsgruppe – etwa 60 bis 80 cm.

Übungsaufgaben:
Federnde Schlußsprünge aus der Seitstellung über die Schnur mit je zwei Zwischenhüpfern (rhythmische Reihe);
dasselbe mit einem Zwischenhupf;
dasselbe ohne Zwischenhupf (rhythmische Übungskette n. HANEBUTH)

Variation:
Die Zwischenhüpfer werden in der tiefen Hocke ausgeführt;
Die Übungsaufgaben werden mit Belastung vollzogen (Sandsäckchen, Medizinbälle);
Die Übungsaufgaben werden über feste Hindernisse erprobt *(Abb. 1).*

Schließlich können solch vorbereitende Übungen auch deutlich *techniknahen* Charakters sein. Das wird vor allem dann notwendig werden, wenn die technomotorische Struktur einer Zielübung eine spezifische Vorbereitung erfordert. Hier genügt in der Regel nicht allein das verbale und visuelle Vertrautmachen mit den Sequenzen der zu erlernenden Übungsform. So ist z. B. das sichere, formgerechte und schnelle Aufschwingen in den Handstand eine fast unumgängliche vorbereitende Übung für den Handstandüberschlag vorwärts.

Abb. 1

Die dazu mögliche rhythmische Übungsfolge:
Die Gruppe tritt in Dreiergruppen hinter einer Mattenbahn an. Der mittlere Schüler übt, die seitlich der Mattenbahn mitlaufenden Partner fangen mit Griff an den Oberschenkeln auf: ... lauf – lauf – Hopser – aufschwingen – zurück ... lauf – lauf – Hopser – aufschwingen ... usw.
Nach einem Durchgang wechseln die Übenden.

Zusammenfassend kann in bezug zum Schaffen der Lernvoraussetzungen gesagt werden: Die Auswahl vorbereitender Übungsformen richtet sich nicht nur nach dem konditionellen Niveau einer Übungsgruppe und nach dem sensomotorischen Profil (Ungerer), sondern auch nach der Struktur des Lerngegenstandes bzw. der Zielübung. So gesehen ist der motorische Lernvorgang nur bei einfachen turnerischen Grundübungen ein „einmaliger, punktueller Akt des Ergreifens oder Gestaltens eines Lerninhaltes" (Roth) – bei komplizierten Übungsformen bedarf der Lernprozeß der Ordnung und sinnvollen Stufung.
In der folgenden Stufe des *Erwerbs der Grobform* einer Bewegungsfertigkeit – Meinel spricht von Grobkoordination – kommt es in bezug auf das zeitgerechte Erfassen eines ökonomischen Einsatzes der Muskelkraft darauf an, daß der Ler-

nende den Grundrhythmus der Zielübung aufnimmt. Meinel postuliert sogar, daß dann die Grobform einer Bewegungsfertigkeit geleistet ist, wenn ihr Rhythmus im Grundablauf deutlich aufscheint. Turnerische Bewegungsfertigkeiten sind in der Regel – wenn man also von Verbindungen absieht – azyklische Bewegungen mit einer typischen Dreigliederung:

Vorbereitungsphase – Hauptphase – Endphase.

Hanebuth hat zur Veranschaulichung der Spannungsverhältnisse die bekannte Lautiersprache geschaffen, die ohne Frage dazu beiträgt, über den akustischen Analysator eine Vorstellung über den jeweilig spezifischen Bewegungsrhythmus zu entwickeln *(Abb. 2)*. Im Sinne einer Sofortinformation kann die akzentuierende

Vorbereitungsphase		Hauptphase	Endphase
Strecken	Beugen	Strecken	Beugen
taa	ta	támm	taa

Abb. 2

Sprache begleitend eingesetzt werden; besser noch bei Bewegungsanalysen in Koppelung mit einem Betrachten von Film-Arbeitsstreifen (Schnellinformation).
In der nächsten Lernstufe – der Stufe der *Feinformung* (Feinkoordination) einer erlernten Fertigkeit – nimmt bekanntlich das Einlernen und Üben unter verschiedenen Aspekten einen breiten Raum ein. Sicher ist es in diesem Lernstadium notwendig, an Teilsequenzen formende Arbeit zu leisten. Das schließt jedoch nicht aus, daß das Üben und Formen in rhythmischen Reihen und rhythmischen Übungsketten den gebührenden Platz erhält. Methodisch kann dieses Einüben, Formen und Festigen in folgender Stufung verlaufen, wobei wir wiederum ein Bewegungsmuster elementarer Art zur Veranschaulichung auswählen: Hockwende über den quergestellten Kasten.

Erste Übungsstufe:

Die Hockwende wird unter *Lernbedingungen;* d. h. unter den Bedingungen (Höhe des Kastens) geübt, die den Schülern vom Erlernen her bekannt sind. Der weiterführende methodische Schritt erfordert lediglich den Vollzug in einem fließenden Nacheinander bei *zwei* aufgestellten Kästen, wobei die Abstände eine rhythmische Lauffolge gestatten (Fünfschrittfolge ca. 7–8 m Abstand).

Zweite Übungsstufe:

Die Abstände der Kästen werden auf eine mögliche *Dreischrittfolge* verringert. Ein Kasten wird hinzugefügt.

Dritte Übungsstufe:
Vier Kästen werden in einem Abstand von ca. 1,5 m aufgestellt. Aus den rhythmischen Sprungreihen der ersten beiden Übungsstufen, in der der azyklische Charakter des Stützsprunges noch erhalten blieb, wird eine zyklische Bewegung, in der Landung und neuer Absprung verschmelzen (rhythmische Übungskette)

Abb. 3

Variationen:

In allen Übungsstufen bieten sich noch Abwandlungen in bezug auf die Übungsbedingungen an:
– unterschiedliche Höhen der Kästen
– wechselseitiges Springen.

In der Lernstufe der *Stabilisierung* und *Automatisation* der Bewegungsfertigkeit kommt es wiederum nicht nur darauf an, am Einzelgerät unter unterschiedlichen Bedingungen den gewünschten Festigkeitsgrad zu erreichen – bei Überschlag-, Kipp- und Schwungformen z. B. in Art des Übens in *rhythmischen Übungsketten* – sondern auch in Übungsverbindungen durch Koppelung mit strukturell andersgearteten Übungsformen die Verfügbarkeit zu erhöhen. Das schulische Turnen hat besonders diesem Üben in Art *rhythmischer Bewegungsfolgen* in den letzten Jahren besondere Beachtung geschenkt. Wie eine solche Folge ablaufen kann, veranschaulicht die *Abb. 4.* Daß die Motivation der Schüler bei einem Turnen an

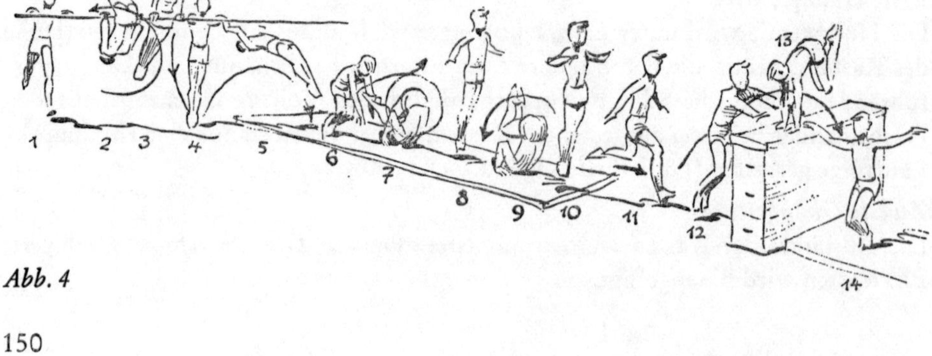

Abb. 4

Geräten mit solcher Zielstellung eine andere ist, als in ständiger Jagd nach einer evtl. besseren Zensur ein immer höheres Gerät zu überwinden oder aus der Oberarmkippe in den Grätschsitz doch noch eine Kippe in den Stütz werden zu lassen, dürfte einsichtig sein. Zum anderen kann durch geschickte Aufgabenstellung oder nur durch einen anregenden Impuls dem kreativen Tun ein mögliches Feld erschlossen werden.
Wenn das Turnen an Geräten in der Zeit nach 1950 sich deutlich dem rhythmischen Prinzip – besonders in der Grundausbildung – zuwandte, dann ist das den vielen Untersuchungen und Anregungen von Otto HANEBUTH ohne Einschränkungen zuzuschreiben.

Peter Koch

Zur Entwicklung und Steuerung der sportlichen Form im leichtathletischen Zehnkampf

Analysen und grundsätzliche Anmerkungen

I.

Die Entwicklung der sportlichen Höchstleistung im Zehnkampf ist ein Prozeß der systematisch geplanten und realisierten Aneignung von Fertigkeiten und Fähigkeiten im motorischen, affektiven und kognitiven Bereich. Die „sportliche Form" ist in der Trainingswissenschaft erst seit jüngerer Zeit Gegenstand von Untersuchungen und als Terminus eindeutig festgelegt. Definiert wird die sportliche Form nach Matwejew (1972) als *„Zustand der optimalen Leistungsbereitschaft, den der Sportler durch entsprechende Ausbildung auf jeder neuen Stufe der sportlichen Entwicklung erreicht"*. Die sportliche Form ist somit ein mit Hilfe von Trainingsmaßnahmen gesteuerter und zeitlich begrenzter Zustand erhöhter Leistungsfähigkeit in unterschiedlichen Etappen der Entwicklung. Die gezielte Steuerung der sportlichen Form erfolgt erst ab einem fortgeschrittenen Zeitpunkt der Entwicklung, wenn hierzu in den frühen Phasen der Entwicklung die Voraussetzungen erworben wurden.

Das Sammeln möglichst vielfältiger Bewegungserfahrungen ist eine Grundmaxime sowohl der Sportpsychologie als auch der Methodik und Trainingslehre (Ungerer, 1967; Schmolinsky, 1971; Harre, 1971). Somit wird der Mehrkampf zur Grundlage jeglicher sportlichen Ausbildung, unabhängig von der späteren Spezialisierung. Eigentlich müßte dies als optimale Voraussetzung für die Leistungsentwicklung im Zehnkampf angesehen werden, wenn man annimmt, daß nach der vielseitigen Grundschulung (1) und nach Erkennen einer gewissen universellen motorischen Begabung ein spezielles Zehnkampftraining geplant und durchgeführt wird. Tatsächlich finden wir jedoch bei der Mehrzahl der bundesdeutschen Zehnkämpfer nicht diese kontinuierliche Entwicklung vor, sondern es erfolgt, wie der Jugendzehnkampf sehr deutlich zeigt, nach Ablauf der Grundausbildung eine Spezialisierung über 3—4 Jahre mit beiläufigen Mehrkämpfen und erst nach der Jugendklasse die endgültige Hinwendung zum Zehnkampf. Dies führt zu schwerwiegenden Beeinträchtigungen einer optimalen Leistungsentwicklung und ergibt ganz spezifische Leistungs- und Entwicklungsprofile unserer Zehnkämpfer.

Sportliche Höchstleistungen sind zur Zeit nur noch erreichbar auf der Grundlage eines systematisch vorgeplanten Trainings, ausgerichtet nach objektiven Normen und Gesetzmäßigkeiten der Trainingswissenschaften. Die Komplexität der Struktur des Trainings steigt mit dem motorischen Leistungsstand der Athleten. Die

Planung und Entwicklung der sportlichen Höchstleistung vollzieht sich auf zwei Ebenen:

1. soll in einem langfristigen Prozeß kontinuierlich und konsequent auf das Erreichen einer optimalen Leistungsfähigkeit hingewirkt werden,
2. soll die sportliche Höchstform in bestimmten Etappen dieser Entwicklung zu genau definierten Zeitpunkten erreicht werden.

Die Schwierigkeit besteht darin, in einen langwierigen Entwicklungsprozeß genau determinierte Plateaus einzufügen, ohne daß damit die Entwicklung beeinträchtigt wird. Graphisch ergibt sich somit folgender (idealer) Entwicklungsverlauf, wobei die sportliche Entwicklung parallel zu anderen Bereichen (vgl. OERTER, 1972) in Form einer Exponentialkurve dargestellt wird.

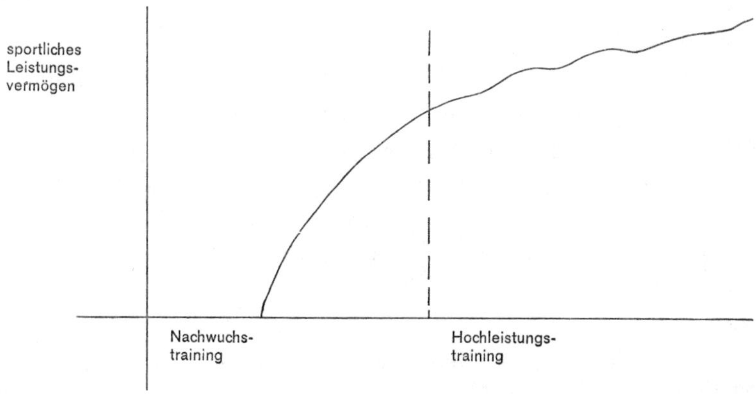

Die folgenden Ausführungen beziehen sich vorwiegend auf die Entwicklung der sportlichen Leistungsfähigkeit, ohne daß jedoch auf detaillierte Trainingsanweisungen eingegangen werden kann (s. hierzu OBERBECK, 1972). Vielmehr sollen Prinzipien und Probleme der Entwicklung des Zehnkämpfers aufgezeigt werden. Die sportliche Leistung ist determiniert von verschiedenen Faktoren, die zum Teil sehr wenig wissenschaftlich erforscht sind; insbesondere gilt dies für den affektiven und kognitiven Bereich.

Solche Faktoren sind:
- die motorischen Eigenschaften (Kraft, Ausdauer, Schnelligkeit, Beweglichkeit, Gewandtheit)
- die motorischen Fertigkeiten (Bewegungselemente, Techniken)
- sportliche Fähigkeiten (Taktik, Wettkampfverhalten)
- psychologische Eigenschaften (Motivation, Willensqualitäten usw.)
- intellektuelle Fähigkeiten (rationales Erfassen von biomechanischen Gesetzmäßigkeiten, Trainingszusammenhängen usw.)

Zur Optimierung dieser Faktoren sind ganz spezifische Trainingsmaßnahmen erforderlich, deren Ausprägung und Zusammensetzung sich orientieren an objektiven wissenschaftlich überprüfbaren Kriterien, subjektiven Kriterien des betr. Athleten und Umweltfaktoren. Zu beachten sind dabei Zeitpunkt, Anordnung, spezielle Mischung und insbesondere Interferenzen der einzelnen Trainingsmaßnahmen. Beispielsweise kann beim Aufeinanderfolgen verschiedener technischer Übungen oder Techniken positiver aber auch negativer Transfer sich einstellen (vgl. Leist, 1974); Eigenschaften wie Schnelligkeit und Ausdauer lassen sich kaum gleichzeitig entwickeln, da sie unter sehr unterschiedlichen, teilweise gegensätzlichen Bedingungen erworben werden.

Überhaupt sind zahlreiche Wechselwirkungen der motorischen Eigenschaften und Fertigkeiten zu berücksichtigen. So wie die Bewegungsfertigkeiten (Techniken) abhängig sind vom Eigenschaftsniveau und sich mit diesem modifizieren, ist auch die Ausprägung der motorischen Eigenschaften abhängig von der Ausprägung der aktualisierten Fertigkeit.

Angesichts der Verschiedenartigkeit der Disziplinen des Zehnkampfs treten diesbezüglich natürlich besonders schwierige und zahlreiche Probleme auf.

Wenn Grundlinien und Maximen der Leistungsentwicklung aufgezeigt werden, basieren diese nur teilweise auf gesicherten Untersuchungsergebnissen. Somit können die aufgestellten Thesen, die ausgehen von einer Analyse des Ist-Zustandes, zum Beleg größtenteils nur ihre Plausibilität heranziehen.

II.

Die Entwicklung im Männerzehnkampf verläuft, wie sehr deutlich von Joch (1974) und Bergmann (1974) aufgezeigt, immer stärker zum Universalen Zehnkämpfer mit ein bis zwei überdurchschnittlichen Spezialübungen. Die Spezialbegabungen liegen meist im Bereich der Läufe und Sprünge und nur selten in den Würfen. Schlüsselstellungen nehmen ein:

Der Stabhochsprung, der Hürdenlauf, der 400-m-Lauf und zunehmend der 1500-m-Lauf. Die erheblichsten Leistungsverbesserungen sind beim Stabhochsprung und beim 1500-m-Lauf zu registrieren, die Wurfleistungen stagnieren. Morphologisch ist festzustellen, daß die erfolgreichen Zehnkämpfer der Gegenwart weniger Muskelmasse bei zunehmender Körpergröße aufweisen. Im Bereich der motorischen Eigenschaften ist eine Verlagerung von der Kraft hin zur Schnelligkeit, Ausdauer und Gewandtheit feststellbar. Die motorischen Fertigkeiten sind allgemein noch sehr verbesserungsfähig, die Zahl der absolvierten Zehnkämpfe nimmt zu.

Auch im Jugendzehnkampf zeigt sich ähnlich wie im Männerbereich eine deutliche Tendenz zum A-S-Typ, wobei jedoch die Streuung erheblich größer ist — ausgeprägtere Spitze, oft nur eine Spezialdisziplin und beträchtliche Schwächen —. Die Lauf-Sprung-Begabungen dominieren auch in der Jugendklasse, der Hürdenlauf nimmt hier die Schlüsselstellung ein. Weitere bevorzugte Disziplinen sind

Sprint, Hoch- und Weitsprung. Große Schwächen treten vor allem im Diskus- und Speerwurf sowie im 1000-m-Lauf auf. Fast ausnahmslos erbringen die jugendlichen Zehnkämpfer auch in Einzeldisziplinen Spitzenleistungen, ein Faktum, das im Männerzehnkampf nicht mehr zu beobachten ist. Morphologisch ist eine weite Streuung feststellbar, im Bereich der motorischen Eigenschaften dominieren eindeutig Kraft und Schnelligkeit gegenüber Ausdauer und Gewandtheit. Die motorischen Fertigkeiten sind sehr unterschiedlich entwickelt; dem hohen Standard in den Spezialdisziplinen stehen eklatante Schwächen in anderen Disziplinen — insbesondere der Diskuswurf — gegenüber. Wettkämpfe werden extrem selten absolviert, oftmals nur ein Zehnkampf pro Jahr.

Wie erklärt sich nun diese doch sehr stark abweichende Situation im Jugendzehnkampf?

Die ausgeprägte Leistungsspitze in meist einer Disziplin deutet darauf hin, daß es sich bei den jugendlichen Zehnkämpfern meist — fast ausnahmslos — um Spezialisten handelt. Damit könnte auch ein Grund aufgedeckt sein für die hohe Ausfallquote der jugendlichen Zehnkämpfer in der Männerklasse; entweder sie spezialisieren sich endgültig oder sie verlieren infolge ungenügender Vorbereitung unter den härteren Bedingungen des Männerzehnkampfs den Anschluß.

Das Dominieren der Lauf-Sprung-Begabungen verstärkt die generelle diesbezügliche Tendenz. Das bereits hohe Niveau der Kraft läßt auf frühes intensives Krafttraining schließen, dagegen sind Ausdauer, allgemeine Gewandtheit und auch die motorischen Fertigkeiten infolge der Ausrichtung des Trainings auf die speziellen Anforderungen der starken Disziplin ungenügend entwickelt. Somit ergibt sich der Typus des unentschlossenen oder beiläufigen jugendlichen Mehrkämpfers, dessen Entwicklung bezüglich des Zehnkampfs nicht oder falsch gesteuert ist.

III.

Aus der Analyse der gegenwärtigen Situation im Jugend- und Männerzehnkampf und unter Berücksichtigung der Leistungsanforderungen desselben lassen sich generelle Hinweise und Empfehlungen für die Entwicklung des jugendlichen Zehnkämpfers formulieren.

Um eine optimale Leistungsentwicklung im Zehnkampf zu erreichen, muß das jugendliche Training geplant und durchgeführt werden mit der eindeutigen Perspektive auf den Zehnkampf. Ausgehend von der inzwischen üblichen Einteilung in Nachwuchs und Hochleistungstraining (Harre, 1971) ist das Training des jugendlichen Mehrkämpfers ausschließlich als Nachwuchstraining anzusehen, da das Hochleistungsalter im Zehnkampf sehr spät liegt. Der Beginn des Nachwuchstrainings kann m. E. bei 10—11 Jahren angesetzt werden; in diesem Alter sollten bei 2—3 Einheiten pro Woche möglichst vielseitig motorische Fertigkeiten erworben werden. Im Bereich der motorischen Eigenschaften sollten vorrangig

Schnelligkeit, allgemeine Gewandtheit und insbesondere die Ausdauer gefördert werden. Die ersten zwei bis drei Jahre werden sich kaum von einer möglichst vielseitigen allgemeinen Grundausbildung unterscheiden. Neben der Leichtathletik sind auch andere Sportarten, insbesondere Spiele und Gerätturnen zu betreiben. Wenn sich gegen Ende der Schülerklasse eine offenkundige Mehrkampfbegabung diagnostizieren läßt, kann von diesem Zeitpunkt an das Training auf die speziellen Belange des Zehnkampfs ausgerichtet werden. Nach wie vor nehmen jedoch Elemente anderer Sportarten einen beträchtlichen Raum im Trainingsprozeß ein. Der Umfang des Trainings ist bei 3—4 Einheiten pro Woche von 90—120 Minuten anzusetzen und kann gegen Ende der Jugendklasse leicht gesteigert werden.

Während des Schüler- und B-Jugend-Alters sollten alle Disziplinen (Techniken) des Zehnkampfs bereits über die Grobstruktur hinaus erlernt werden, wobei den Disziplinen Hürdenlauf und Stabhochsprung besonderes Gewicht zukommt. Daneben verlangen auch die Wurfdisziplinen verstärkte Beachtung, da das Kraftdefizit durch bessere Technik ausgeglichen werden muß und da gerade hier bei Jugendlichen sehr oft bereits schwerwiegende Fehler automatisiert sind und die Leistungsentwicklung enorm behindern. Ein weiteres Argument für die vorrangige Ausrichtung auf die motorischen Fertigkeiten ergibt sich aus der besonders hohen motorischen Lernfähigkeit in dieser Altersstufe.

Von den motorischen Eigenschaften sollte die Ausdauer, insbesondere die aerobe Komponente der Ausdauer, sehr früh entwickelt und gefördert werden und dies aus verschiedenen Gründen: Die Ausdauer ist nicht nur leistungsbestimmend für den Langsprint und den Mittelstreckenlauf innerhalb des Mehrkampfs, sondern wirkt sich positiv auf den gesamten Wettkampf aus — beispielsweise bessere Erholungsfähigkeit nach intensiven Kurzleistungen —. Schließlich wird ein sehr wesentlicher Gesichtspunkt allzu oft übersehen: Die Motivation zum Zehnkampf und damit auch die Wettkampfhäufigkeit wird stark beeinflußt von der Leistungsfähigkeit in den von der Ausdauer abhängigen Disziplinen. Das zu beobachtende schlechte Ausdauerniveau vieler jugendlicher Mehrkämpfer belegt ebenfalls die These, daß Mehrkampfnachwuchstraining meist gleichgesetzt wird mit allgemeiner Grundausbildung, wobei die Vernachlässigung der Ausdauer in der Grundausbildung leider sowohl im Vereins- als auch im Schulsport ein bereits traditionelles Versäumnis darstellt. Auf die aerobe Ausdauerentwicklung wird sich gerade in den ersten Jahren des Nachwuchstrainings deshalb beschränkt, weil die aerobe Komponente der Ausdauer die Grundlage für die anaerobe Ausdauer darstellt und diese weitgehend bestimmt, weil der Prozeß des Erwerbs langfristig anzusehen ist und weil der Erwerb der aeroben Ausdauer recht problemlos ist und die Gefahr der Schädigung nahezu ausgeschlossen wird.

Die übrigen motorischen Eigenschaften werden in diesem Stadium der Entwicklung ausreichend gefördert in Verbindung mit den zu erlernenden Fertigkeiten, beziehungsweise innerhalb des ergänzenden allgemeinen Konditionstrainings, ohne daß beispielsweise gesonderte Krafttrainingseinheiten durchgeführt werden müßten. Größere Bedeutung kommt lediglich noch der allgemeinen Gewandtheit und der Schnelligkeit zu; beide lassen sich sehr gut mit anderen Trainingsmaßnahmen und -zielen kombinieren.

Der Übergang zum Hochleistungstraining erfolgt gegen Ende der Jugendklasse und erfordert größere Veränderungen in der Trainingsmethodik: Neben der weiterführenden Verbesserung der motorischen Fertigkeiten sind jetzt die motorischen Eigenschaften verstärkt zu fördern — beispielsweise gezieltes Training der Kraft in den spezifischen Ausprägungen und besondere Schulung der anaeroben Ausdauer. Auch wird die Optimierung der sportlichen und intellektuellen Fähigkeiten und Fertigkeiten vermehrt im Trainingsprogramm berücksichtigt. Die Trainingsbelastungen nehmen quantitativ und qualitativ zu und die Dynamik von Umfang und Intensität des Trainings muß exakter geplant und überwacht werden. Die sportliche Form wird bewußt gesteuert, indem die verschiedenen determinierenden Faktoren der sportlichen Leistung in einem bestimmten zeitlichen und inhaltlichen Verhältnis zueinander herausgebildet werden. Darum wird der Trainingszyklus — im allgemeinen ein Jahr — in Perioden mit unterschiedlicher Schwerpunktlegung bezüglich der inhaltlichen und dynamischen Ausprägung unterteilt. Diese zyklische Differenzierung von Inhalt und Intensität wird Periodisierung genannt und dient sowohl der Trainingsoptimierung als auch der Steuerung der sportlichen Form im Hinblick auf wichtige Wettkämpfe. Zu berücksichtigen sind dabei subjektive Faktoren des Athleten, exogene Faktoren (Umwelt) und objektive Gesetzmäßigkeiten der Trainingswissenschaft.

Der Beginn einer systematischen und detaillierten Periodisierung markiert im Zehnkampf den Übergang vom Nachwuchs- zum Hochleistungstraining. Eine systematische Periodisierung wird jedoch erst dann sinnvoll und effizient, wenn eine solide Grundausbildung innerhalb eines spezifischen Nachwuchstrainings erreicht wurde. Somit ist besonders für die Entwicklung des Zehnkämpfers das Nachwuchstraining von entscheidender Bedeutung.

ANMERKUNGEN:

1 Es ist ein besonderes Verdienst von O. Hanebuth, diese vielseitige Grundschulung bereits sehr früh propagiert zu haben. In seiner „Grundschulung zur sportlichen Leistung“ gibt er eine Fülle wertvoller praktischer und methodischer Anweisungen.

LITERATUR:

Bergmann, W.: Fragebogen: „Zehnkampf – international“. In: Ztschr. Leichtathletik (1974) 44/45.

Hanebuth, O.: Grundschulung zur sportlichen Leistung, Frankfurt/Main 1964.

Joch, W.: Jugendzehnkampf – Analyse und Interpretation der Entwicklung 1962–1972. In: Ztschr. Leichtathletik (1973) 5.

Joch, W.: Zur sportmotorischen Entwicklung jugendlicher Zehnkämpfer. In: Ztschr. Leichtathletik (1974) 44.

Kudu, F.: Wege und Aufgaben im Zehnkampf. In: Ztschr. Leichtathletik (1974) 45.

Autorenkollektiv (Hrsg. Schmolinsky, G.): Leichtathletik. Berlin 1971.

Leist, K. H.: Transfer beim Erwerb von Bewegungskönnen. In: Ztschr. Sportwissenschaft (1974) 2.

Martin, D.: Trainingsstruktur – Trainingsplanung. In: Ztschr. Leistungssport (1971) 2.

Matwejew, L. P.: Periodisierung des sportlichen Trainings. Berlin 1972.

Oerter, R.: Moderne Entwicklungspsychologie. Donauwörth 1972.

Oberbeck, H.: Das Training des jugendlichen Leichtathleten. Schorndorf 1972.

Autorenkollektiv (Hrsg. Harre, D.): Trainingslehre. Berlin 1971.

Ungerer, D.: Leistungs- und Belastungsfähigkeit im Kindes- und Jugendalter. Schorndorf 1970.

Dieter Kruber

Untersuchungen zu externen Lernbedingungen im Schulsport

1. Vorbemerkungen

Wir sind der Meinung, daß curriculare, didaktische und unterrichtliche Entscheidungsprozesse nach folgendem Modell (1) verlaufen müssen:

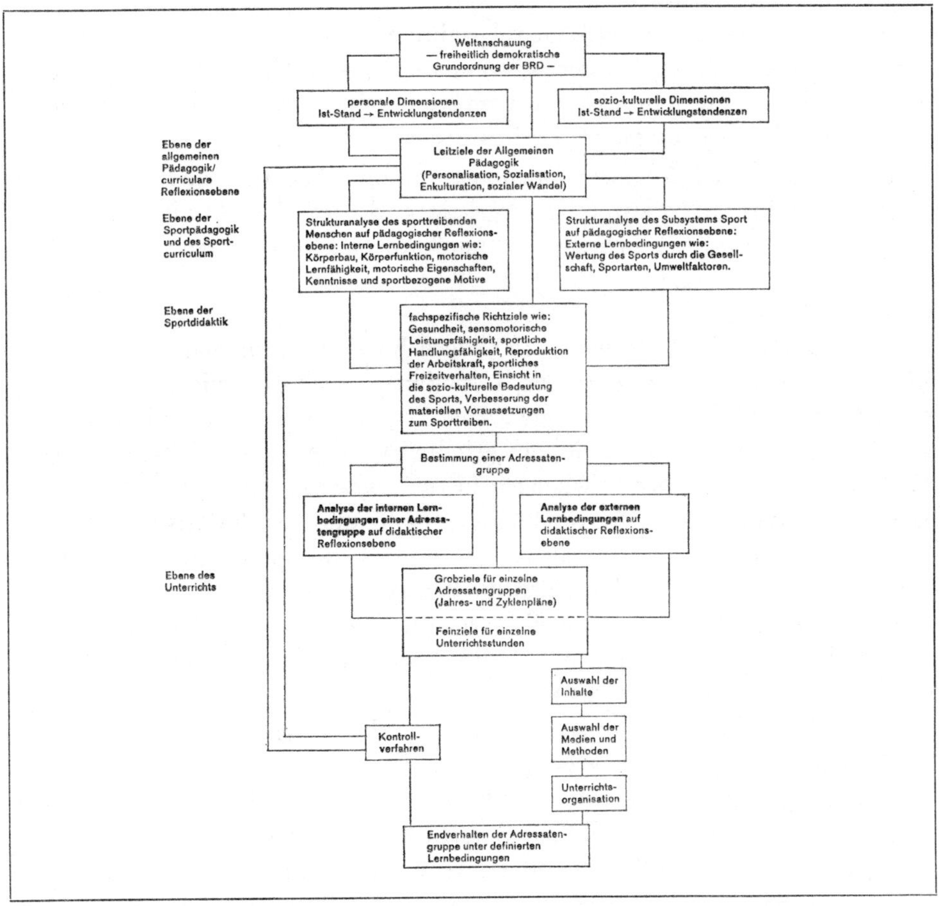

Das Modell möge verdeutlichen, daß Zielentscheidungen im Bereich der Pädagogik nur dann verantwortet werden können, wenn zuvor eine Analyse der internen und der externen *Lernbedingungen* vorgenommen wurde.

Wo derartige Untersuchungen fehlen, entsprechen die aufgestellten Ziele im allgemeinen weder dem Anspruchsniveau der jeweiligen Adressatengruppe noch den personellen, sachlichen und organisatorischen Möglichkeiten unter denen die jeweiligen Lernprozesse stattfinden müssen.
Nachdem wir bereits an anderer Stelle (2) Analysen der internen Lernbedingungen von Kindern, nach Abschluß des 4. und des 8. Schuljahres skizziert haben, sollen hier die wichtigsten Ergebnisse unserer Erhebungen zu *externen* Lernbedingungen im rheinhessen-pfälzischen Schulsport dargestellt werden.

2. *Externe Lernbedingungen im Schulsport*

2.1. *Unterrichtszeit*

2.1.1. *Vorbemerkungen*

Während wir uns bei den folgenden Angaben zur *Anzahl* der Unterrichtsstunden auf Ergebnisse anderer Autoren stützen, ist das Datenmaterial zur *Nutzungsintensität* der einzelnen Sportstunde zum großen Teil von uns in einer nicht repräsentativen Erhebung zusammengestellt worden.
Wir werteten dazu 185 Sportstunden aus. Jeweils 2 Sportstudenten stoppten dabei die Zeit erkennbarer körperlicher, geistiger oder sozialer Aktivität von 2 Schülern pro Klasse, die diese im Sinne des Stundenthemas entwickelten.

2.1.2. *Ergebnisse*

2.1.2.1. Anzahl der Sportstunden. In einigen Bundesländern sind für die Grundschüler eine tägliche Bewegungszeit, in anderen — ähnlich wie für die Schüler weiterführender Schulen — im allgemeinen 3 Sportstunden verbindlich. Wie viele der vorgesehenen Stunden tatsächlich gehalten werden, ist sehr schwer zu ermitteln, da die entsprechenden Erhebungen zu viele Fehlerquellen aufweisen.
Das von Martin (3) 1972 für die Bundesrepublik und vom Sportbeirat der CDU (4) 1974 für Nordrhein-Westfalen zusammengestellte empirische Material läßt lediglich die Aussage zu, daß die tägliche Bewegungszeit, auch dort, wo sie vorgeschrieben ist, bei vielen Schulen nicht realisiert wird, und daß in den Grundschulen, Hauptschulen, Realschulen und Gymnasien nur etwa 2 der häufig verbindlichen 3 Sportstunden erteilt werden.
An den Berufsschulen wird meist nur in Vollzeitschulen Sport unterrichtet.
In Teilzeitschulen fehlt er fast völlig. Damit versäumt es die Schule, an mehr als 1,5 Millionen Jugendlichen die gesundheitsfördernden und erzieherischen Möglichkeiten, die ein wohldosierter Sportunterricht bietet, zu nutzen.
Auch in den Schulen des Elementarbereichs finden wir derzeit kaum eine gezielte Sporterziehung vor, und dies in einem Alter, in dem Bewegung das dominierende Ausdrucksmittel des Kindes darstellt.
Diese Tatsachen werden ins rechte Licht gerückt, wenn man weiß, daß aus ärztlicher Sicht wenigstens 4 leistungsintensive Sportstunden für erforderlich gehalten

werden, um auf den jugendlichen Organismus optimale Erhaltungs- und Wachstumsreize auszuüben (Reindel/Bätzner, Roskamm [5]).

Derartige Minimalforderungen der Ärzte werden heute lediglich an einigen Gesamtschulen und an den Sportzügen verschiedener Gymnasien erreicht.

Auch aus pädagogischer Sicht erscheinen 2 Sportstunden als viel zu wenig, um optimale Lernerfolge und tiefgreifende erzieherische Einflußnahmen zu gewährleisten, zumal die vorhandene Unterrichtszeit oft recht leichtfertig vergeudet wird.

2.1.2.2. Nutzungsintensität der Sportstunden. Wählt man die Zeitdauer zielorientierten Lernens zum Kriterium der Unterrichtsintensität, so erhält man in sämtlichen gängigen Schulsportarten außerordentlich schlechte Nutzungswerte der Sportstunden (Dietrich, Kretschmer, Kruber [6]).

		Gerätturnen		Schwimmen		Leichtathletik		Spiele	
		H.T.	Ges.Std.	H.T.	Ges.Std.	H.T.	Ges.Std.	H.T.	Ges.Std.
Dietrich 1964		11,5%	24,2%	–	–	–	–	–	–
Kretschmer 1970		13,2%	22,8%	–	–	–	–	–	–
Kruber	5. Kl.	10,6%	21,0%	14,3%	20,4%	15,3%	24,9%	10,4%	17,6%
1973	9. Kl.	9,4%	19,6%	12,6%	18,6%	13,1%	22,4%	11,8%	19,8%

Zeichenerklärung: H.T. = Hauptteil; Ges.Std. = Gesamtstunde

Tabelle 1 Nutzungsintensitäten von Sportstunden

Unsere Tabelle verdeutlicht, daß die Schüler nur während eines geringen Teils des Unterrichts im Sinne der jeweiligen Aufgabenstellungen erkennbare geistige oder körperliche Aktivitäten entwickeln und den Großteil der Unterrichtszeit damit verbringen, sich umzukleiden, darauf zu warten, bis sie wieder an die Reihe kommen, miteinander zu ringen, Pläne für den Nachmittag zu schmieden, Hausaufgaben zu besprechen, also Beschäftigungen nachzugehen, die nicht der Realisierung der Unterrichtsziele dienen.

2.2. *Sportstätten und Sportgeräte*

2.2.1. *Vorbemerkungen*

Bei der Einschätzung der Größe und Nutzungsintensität der Sportstätten können wir uns, ähnlich wie bei den folgenden Zahlenangaben, zur Zahl der Sportgeräte nur auf unsere eigenen, 1975 in Rheinhessen-Pfalz durchgeführten Erhebungen stützen, da die in den Länderberichten zu findenden statistischen Angaben oft „vage und kaum verwertbar" sind (Martin [3]).

Wir stellten dazu eine repräsentative Zufallsstichprobe von
N = 26 Gymnasien
N = 49 Hauptschulen und
N = 41 Grundschulen
zusammen.

Die Versuchsleiter (Sportstudenten) füllten die Erhebungsbogen in direkter Zusammenarbeit mit Schulleitern, Sportlehrern und Hausmeitern aus.

2.2.2. *Ergebnisse*

In Tabelle 2 wird nachgewiesen, daß in Schulen, in denen nur eine Halle zur Verfügung steht, diese in 23 bis 45 % der anfallenden Sportstunden mehrfach belegt ist. Wo eine zweite Sporthalle bzw. eine teilbare Halle vorhanden ist, reduziert sich die Zahl der Doppelbelegungen auf 4—29 %. Kann eine dritte Halle benutzt werden, gibt es kaum Doppelbelegungen mehr. Dieser Idealfall ist aber in den allerwenigsten Schulen gegeben.

	Gymnasien N = 26	Hauptschulen N = 49	Grundschulen N = 41
Schulen mit einer nicht teilbaren Halle	23 %	35 %	45 %
Schulen mit zwei oder einer teilbaren Halle	4 %	10 %	29 %
Schulen mit drei oder einer zweifach teilbaren Halle	0 %	0 %	0 %

Tabelle 2 Mehrfachbelegung der Sporthallen Rheinhessen-Pfalz 1975

Neben der für einen optimalen Sportunterricht nötigen Anzahl und Größe der Sporthallen, mangelt es häufig auch an den wichtigsten Geräten.

Wir fanden 1975, daß nur 7,2 Prozent der Gymnasien und Realschulen, 10,5 Prozent der Hauptschulen und 20,4 Prozent der Grundschulen in ihrer *Geräteausstattung* die vom Internationalen Arbeitskreis für Sportstättenbau bzw. die von uns in dem Handbuch „Sport“ empfohlenen Sollwerte erreichen (7). 73,6 Prozent der Gymnasien und Realschulen, 68,7 Prozent der Hauptschulen und 71,2 Prozent der Grundschule besitzt *nicht einmal die Hälfte* der dort für optimal gehaltenen Gerätezahl.

Ein besonders hoher Fehlbedarf besteht an Kleingeräten wie Eisen- und Gummikugeln, Spiel- und Wurfbällen, Speeren, Disken, Hürden, Schwimmbrettern, Tauchringen, Tischtennisschlägern, Speckbrettern, Badmintonschlägern, Tennisschlägern, Tennisringen und Indiacabällen, die oft gar nicht vorhanden sind.

Dagegen sind die Schulen mit Großgeräten wie Recks, Barren, Ringen, Sprossenwänden und Pferden im allgemeinen recht gut ausgestattet.

Was oben für die Zahl, Größe und Ausstattung der Sporthallen gesagt wurde, gilt in ähnlicher Form auch für die Spiel- und Leichtathletikanlagen im Freien.

Hier ergibt sich folgendes Bild:

	Gymnasien N = 26	Hauptschulen N = 49	Grundschulen N = 41
Einen vollausgebauten Sportplatz, der weniger als 10 Gehminuten von der Schule entfernt ist, können benutzen	85%	80%	52%
Sonstige Freianlagen, wie Spielflächen, Weitsprunggruben, Wurf- und Stoßanlagen, Laufbahn, die weniger als 10 Gehminuten von der Schule entfernt sind, können benutzen	15%	12%	33%
Weder einen Sportplatz noch sonstige Freianlagen, die weniger als 10 Gehminuten von der Schule entfernt sind, können benutzen	0%	8%	14%

Tabelle 3 Möglichkeiten zur Benutzung von Freianlagen im Schulsport (Rheinhessen-Pfalz 1975)

Das beschriebene Datenmaterial weist deutlich darauf hin, daß der Fehlbedarf an rasch erreichbaren Sportstätten trotz der segensreichen Auswirkungen des goldenen Planes noch immer erheblich ist.

Daß sich aus dem gleichen Grund in der heutigen Schule Sportarten wie Tennis, Tischtennis, Badminton, wegen ihrer Geräteintensität und ihres relativ großen Raumbedarfs kaum etablieren können, darf in diesem Zusammenhang gleichfalls nicht unerwähnt bleiben.

2.3. Neigungsgruppen

2.3.1. Vorbemerkungen

Es ist unbestritten, daß die Motivation der Schüler zum Sporttreiben vom sportlichen Angebot abhängt. Auch das Niveau des Unterrichts spielt vermutlich eine große Rolle. Beide Variablen der Motivation können in einem Neigungsgruppenunterricht zweifellos differenzierter berücksichtigt werden als beim Unterricht im Klassenverband.

Daher ist es für eine realistische Einschätzung der derzeitigen Lernbedingungen im Schulsport wichtig, zu wissen, wie viele Neigungsgruppen angeboten werden und für welche Sportarten dieses Angebot gilt.

2.3.2. *Ergebnisse*

	Gymnasien/ Realschulen N = 26	Hauptschulen N = 49	Grundschulen N = 41
keine Neigungsgruppe	12%	27%	72%
1 bis 5 NG	23%	53%	19%
6 bis 10 NG	42%	20%	9%
11 bis 15 NG	4%	–	–
16 bis 20 NG	8%	–	–
21 bis 25 NG	12%	–	–

Tabelle 4 Anzahl der Neigungsgruppen im Schulsport (Rheinhessen-Pfalz 1975)

Tabelle 4 verdeutlicht, daß in den Gymnasien und Realschulen das Neigungsgruppensystem recht gut ausgebaut ist, daß in den Hauptschulen dagegen noch recht viel zu wünschen übrig bleibt. In den Grundschulen ist dagegen ein Ausbau des Neigungsgruppensystems nicht erforderlich.

Nach Sportarten aufgeschlüsselt ergibt sich folgendes Bild:

	Gymnasien/ Realschulen	Hauptschulen	Grundschulen
Leichtathletik	13%	8%	15%
Volleyball	13%	12%	4%
Gerätturnen	12%	20%	19%
Basketball	12%	6%	–
Handball	10%	19%	13%
Schwimmen	10%	6%	21%
Fußball	8%	19%	13%
Gymnastik	6%	2%	6%
Judo	4%	1%	–
Fechten	4%	–	–
Badminton	3%	–	–
Tischtennis	2%	1%	4%
Schilauf	1%	–	–
Tanz	1%	6%	6%
Trampolinspringen	1%	–	–
Hockey	–	1%	–
Tennis	–	1%	–

Tabelle 5 Anteil der Sportarten am Neigungsgruppenunterricht (Rheinhessen-Pfalz 1975)

2.4. *Unterrichtsformen / Organisationsformen / Betriebsformen (8)*

2.4.1. *Vorbemerkungen*

Von großer Bedeutung für die Unterrichtsgestaltung ist die Art der im heutigen Kinder- und Jugendsport verwendeten Unterrichtsformen. Sie beeinflussen nicht nur die sensomotorische und konditionelle sondern auch die kognitive und sozialpädagogische Effektivität des Unterrichts.

Bei unserer 1974/75 in Rheinhessen-Pfalz durchgeführten Erhebung ergab sich hier in den verschiedenen Schularten folgendes Bild:

2.4.2. Ergebnisse

		Gymnasien/ Realschulen	Hauptschulen	Grundschulen
Frontalunterricht	häufig:	51%	39%	56%
	selten:	39%	54%	35%
	nicht beantw.:	10%	8%	8%
Riegenunterricht	häufig:	81%	87%	78%
	selten:	16%	10%	17%
	nicht beantw.:	3%	3%	5%
Circuittraining	häufig:	45%	41%	21%
	selten:	49%	51%	59%
	nicht beantw.:	6%	8%	20%
Mannschaftsbetrieb	häufig:	84%	74%	64%
	selten:	10%	19%	29%
	nicht beantw.:	6%	6%	7%
Riegenunterricht mit Zusatzaufgaben	häufig:	58%	51%	48%
	selten:	31%	42%	49%
	nicht beantw.:	11%	8%	4%
Mannschaftsbetrieb mit Zusatzaufgaben	häufig:	33%	18%	30%
	selten:	49%	69%	62%
	nicht beantw.:	18%	13%	8%

Tabelle 6 Befragte Lehrkräfte: N = 467 (Gymnasien und Realschulen: N = 152; Hauptschulen: N = 225; Grundschulen: N = 90) (Rheinhessen-Pfalz 1975)

Die Zusammenstellung zeigt folgende Sachverhalte:

1. Der Frontalunterricht ist insbesondere in den Grundschulen anscheinend eine der am meisten verwendeten Unterrichtsformen. Diese Tatsache ist begrüßenswert, da der unmittelbare Lehrer-Schüler-Kontakt im Grundschulalter von besonderer Bedeutung ist. Andererseits zeigen die Erhebungen zum Bestand an Kleingeräten, daß die Effektivität dieser Unterrichtsform durch die schlechten externen Lernvoraussetzungen entscheidend beeinträchtigt wird.
2. Dies ist sicherlich ein wichtiger Grund, warum viele Sportlehrer so häufig den Riegenbetrieb als Unterrichtsform bevorzugen. Diese Unterrichtsform gewährleistet im sensomotorischen Bereich aber nur dann hohe Lernerfolge, wenn die Schüler bereit sind, selbständig zu arbeiten und wenn ihnen Unterrichtsmedien zur Verfügung gestellt werden.

   Insbesondere das Letztere ist jedoch in mindestens 50 Prozent aller Fälle nicht gewährleistet.

3. Daß das Circuittraining von etwa der Hälfte der Lehrerschaft offenbar relativ selten eingesetzt wird, ist nur für den Bereich der Grundschule entschuldbar. In Gymnasien und Hauptschulen ist dies vermutlich eine wichtige Ursache für das relativ schlechte konditionelle Niveau der Schuljugend.
4. Ähnliches gilt für den Einsatz von Zusatzaufgaben im Riegen- und im Mannschaftsunterricht. Die durch Zusatzaufgaben gegebenen Möglichkeiten einer Intensivierung des Unterrichts im konditionellen und im kognitiven Bereich werden vom überwiegenden Teil der Sportlehrer nicht genutzt.
5. Es ist erfreulich, daß die meisten Sportlehrer mit ihren Schülern offenbar recht häufig spielen. Der hohe Prozentsatz von Lehrkräften, der von sich sagt, daß er oft den Mannschaftsunterricht einsetzt, deutet darauf hin. Damit ist allerdings noch nicht über die Qualität der betriebenen Spielerziehung ausgesagt.
   Hier zeigen noch nicht abgeschlossene Unterrichtsbeobachtungen, daß dem sozial-pädagogischen, dem sprachlichen, dem kognitiven und dem handlungsorientierten Lernaspekt im allgemeinen viel zu wenig Rechnung getragen wird.

2.5. Medien

2.5.1. Vorbemerkungen

Überall wo gruppenunterrichtliche Verfahren eingesetzt werden, ist der Einsatz von Medien eine zwingende Notwendigkeit, wenn eine zureichende Effektivität des Unterrichts angestrebt wird.

2.5.2. Ergebnisse

Tabelle 7 zeigt, daß etwa die Hälfte der befragten Sportunterricht erteilenden Pädagogen angibt, Medien, und zwar hier insbesondere Filme, Arbeits- und Bildkarten einzusetzen. Diese Zahl erscheint uns als ein Zeichen einer sicherlich etwas zu optimistischen Eigenbeurteilung der Lehrkräfte. Beobachtungen von 185 Unterrichtsstunden und eine Befragung von 47 während verschiedener Praktika bei Sportlehrern hospitierenden Sportstudenten bestätigen diese Vermutung. In 405 Sportstunden wurden hier nur 32mal Medien (Bilder, Zeichnungen, Arbeitskarten) eingesetzt, in den übrigen Sportstunden fehlten Medien völlig.
Immerhin betonen 52 Prozent der Sportpädagogen, daß sie keine Medien verwenden. Nur ein ganz geringer Prozentsatz tut dies aber, weil er der Meinung ist, daß die herkömmlichen Unterrichtsverfahren ausreichten. Die meisten würden offenbar derartige Informationsträger einsetzen, wenn sie genügend Geld hätten, sie anzuschaffen, und wenn ihnen Medien bekannt bzw. zugänglich wären.
Diese Tatsache wirft ein erfreulich helles Licht auf die Aufgeschlossenheit der Sportlehrerschaft technologischen Innovationen im Sportunterricht gegenüber.

2.6. Einsatz von Fachlehrkräften

2.6.1. Vorbemerkungen

Einige der Mängel des derzeitigen Schulsports mögen in der Tatsache begründet liegen, daß zu viele der im Sport ausgebildeten Lehrkräfte fachfremd eingesetzt

	Gymnasien Realschulen	Hauptschulen	Grundschulen
Medien setzen ein	48 %	55 %	54 %
Filme	25 %	11 %	34 %
Lehrprogramme	%	16 %	17 %
Arbeits- und Bildkarten	29 %	37 %	17 %
Bildreihen	18 %	12 %	8 %
Medien setzen nicht ein	52 %	45 %	46 %
weil die herkömmlichen Verfahren ausreichen	11 %	7 %	10 %
weil kein Geld vorhanden ist	14 %	20 %	4 %
weil die Medien unbekannt oder nicht zugänglich sind	28 %	28 %	29 %
sonstige Gründe	14 %	7 %	13 %
nicht beantwortet	1 %	2 %	1 %

Bezugssystem ist jeweils die Gesamtstichprobe von N = 467. Da die Sportlehrer teilweise mehrere Medientypen verwenden, überschreiten die Prozentwerte bei den Einzelangaben die in den Kopfzeilen angegebenen Werte oft erheblich.

Tabelle 7 Befragte Lehrkräfte: N = 467 (Gymnasien und Realschulen: N = 152; Hauptschulen: N = 225; Grundschulen: N = 90) (Rheinhessen-Pfalz 1975)

	Gymnasien	Realschulen	Hauptschulen	Grundschulen	Sonderschulen	Berufsschulen
Baden-Württemberg	14 %	31 %	67 %	67 %	82 %	–
Nordrhein-Westfalen	51 %	58 %	41 %	67 %	69 %	66 %
Rheinhessen-Pfalz	12 % (Gymnasien und Realschulen)		57 %	82 %	–	–

Tabelle 8 Anteil der Lehrkräfte, der ohne abgeschlossenes Sportstudium Sportunterricht erteilt (9)

	Gymnasien Realschulen	Hauptschulen	Grundschulen
keinen Sport erteilen	3 %	7 %	3 %
bis zu 5 Stunden Sport erteilen	13 %	36 %	35 %
bis zu 10 Stunden Sport erteilen	39 %	25 %	28 %
mehr als 10 Stunden Sport erteilen	45 %	32 %	18 %

Tabelle 9 Zahl der Sportstunden, die von ausgebildeten Sportlehrern gehalten werden (Rheinhessen-Pfalz 1975)

werden, und daß ein erheblicher Teil des Sportunterrichts von Laien erteilt wird (vgl. dazu die Tabellen 8 und 9).

2.6.2. *Ergebnisse*

Wer diese Tabellen aufmerksam liest, bemerkt, daß ein großer Teil der Sportstunden von Lehrern erteilt wird, die keine oder nur eine unzulängliche sportliche Ausbildung genossen haben. Am besten ist die Situation in den Gymnasien und Realschulen, am schlechtesten in den Grundschulen.

2.7. *Unterrichtsmethoden*

Als Wege zur Verbesserung des kognitiven und des sozialen Lernaspekts herrschten in den von uns analysierten Unterrichtsstunden (N = 185) die Methoden Aufforderung, Ermunterung, Lob, Tadel, Gewöhnung und Hilfe vor. Die Methoden Gespräch, Erörterung, Diskussion, fehlten in mehr als 60 Prozent der Stunden vollkommen.

Dies deutet auf ein im wesentlichen monodirektionales Verständnis von Unterricht hin, das den Lehrer als Sender und den Schüler als Empfänger von Anweisungen versteht. Daß sich auf diese Weise verschiedene Erziehungsziele wie der Aufbau einer Lerngruppensprache, die Herausbildung sportbezogener Kenntnisse und kommunikative Kompetenz nur schwer oder gar nicht erreichen lassen, ist selbstverständlich.

Diese Tatsache wird durch die falschen Unterrichtstechnologien beim Einsatz gruppenunterrichtlicher Verfahren, durch die fehlende Ausgewogenheit bei der Wahl der Lehrmethoden und durch die häufig anzutreffenden autoritären Verhaltensweisen der Lehrer noch verstärkt.

Eine Analyse der Methoden zur Verbesserung sensomotorischer Fähigkeiten ergab, daß in den Individualsportarten Turnen, Leichtathletik und Schwimmen sowohl in den Grundschulen als auch in den weiterführenden Schulen eindeutig die Methoden Vormachen und Erklären vorherrschen.

Beim richtigen Einsatz dieser Methoden sind insbesondere im sensomotorischen und konditionellen Lernbereich recht hohe Unterrichtserfolge zu erwarten. Leider überfordern die meisten Lehrer aber die Informationsaufnahmefähigkeit ihrer Schüler erheblich, indem sie zu viel auf einmal vormachen und zu viele Anweisungen gleichzeitig geben.

Besonders krasse Fehler werden beim Gruppenunterricht gemacht. Die Sportlehrer geben ihren Lerngruppen nach dem gemeinsamen Aufwärmen bestimmte Aufträge und lassen dann im Riegen- oder Stationsbetrieb üben. Da die Anweisungen der Übungsleiter meist zu lang, zu umständlich formuliert und nirgends fixiert sind, kann sie der Schüler natürlich nur schlecht speichern. Hinzu kommt, daß der Sportlehrer bei vier Übungsgruppen den Lernprozeß höchstens während eines Viertels der Übungszeit überwachen, seine Informationen verstärken und

Fehler korrigieren kann. Daher ist es kein Wunder, wenn die Schüler beim Riegen- und Stationsbetrieb unserer Tage kaum etwas lernen.

Diese Situation läßt sich nur durch den *planmäßigen Einsatz von Arbeitsmitteln wie Arbeitskarte, Ringfilm, Lehrprogramm, Bildstreifen etc.* ändern, die es dem Schüler ermöglichen, sich auch dann, wenn der Lehrer nicht anwesend ist, die Informationen zu holen, die er nötig hat.

Völlig anders ist die Lage in Spielstunden. Dort herrschen die Methoden Anregen, Aufgeben etc. vor.

Der Lehrer läßt die Schüler spielen, unterbricht das Spielgeschehen allenfalls durch einen Pfiff und versäumt es meist auch, das Spiel abschließend zu besprechen. Hier baut der Sportlehrer offenbar auf die richtungsweisende Kraft der Regel und darauf, daß sich spielorientierte Handlungsmechanismen von alleine aufbauen. Diese Erwartung mag für weite Teile des Spielgeschehens zutreffen, in vielen Fällen ist sie sicherlich nicht gerechtfertigt, so z. B. bei der Lösung von Konfliktsituationen und dort, wo sich bestimmte technische und taktische Fehler häufen.

Hier müßte entweder während oder nach dem Spiel der Versuch gemacht werden, durch Erklären, Besprechen, Erläutern etc. die nötigen Einsichten zu schaffen und fehlerhafte motorische Stereotype abzubauen. Dies aber geschieht in den wenigsten Fällen.

3. Folgerungen

Wir haben uns in den vorangegangenen Kapiteln darum bemüht, dem Leser einen Einblick in die derzeitige Lage des Schulsports zu geben, wie sie sich in einem Teil der Bundesrepublik heute darstellt.

Dabei mag deutlich geworden sein, daß zahlreiche in Lehrplänen und Lehrplanvorschlägen gestellten Lernziele vor allem deshalb nicht realisiert werden können, weil ungünstige externe Lernbedingungen es nicht zulassen. Diese Lernbedingungen zu verändern, muß daher ein wichtiges Anliegen langfristiger bildungspolitischer Bemühungen sein. Damit diese eingeleitet bzw. verstärkt werden, ist jedoch ein höheres politisches Engagement all jener Persönlichkeiten erforderlich, die eine Intensivierung der Sporterziehung anstreben.

Dieses politische Engagement muß bereits in der Schule beginnen, wo der Sportlehrer seine Anliegen mit dem nötigen Nachdruck gegenüber Schulleitern, Hausmeistern, Eltern und Schülern vertreten muß. Es setzt sich in sportpolitischen Aktivitäten der Sportpädagogen in Elternbeiräten, Gemeinderäten und Länderparlamenten mit dem Ziel fort, der Sporterziehung mehr Ansehen zu verschaffen und für ihren Ausbau mehr Geld bereitzustellen.

Neben dieser langfristigen Planung, in die eine Verbesserung der Sportstätten, eine Vermehrung der Sportgeräte, eine Ausweitung der für den Sportunterricht zur Verfügung stehenden Unterrichtszeit und eine Intensivierung der Sportlehreraus- und Fortbildung eingeschlossen sein muß, gibt es aber eine ganze Reihe von Sofortmaßnahmen, mit deren Hilfe negative Auswirkungen schlechter interner und externer Lernbedingungen gemildert werden können. Sie zu schildern kann jedoch hier nicht unsere Aufgabe sein.

ANMERKUNGEN:

1 Vgl. dazu KRUBER, D. und Mitarbeiter: Sport. Bochum 1976². KRUBER, D. und Mitarbeiter: Die Sportstunde. Berlin/München/Frankfurt 1976.

2 Vgl. dazu KRUBER, D.: Sinn und Grenzen des programmierten Unterrichts im Sport. In: Koch, K./Rothenberg, L., Beiträge zur Lehrerfortbildung im Sport. Schorndorf 1975, 195 f.

3 MARTIN, D.: Schulsport in Deutschland. Schorndorf 1972.

4 CDU-Sportbeirat im Land Nordrhein-Westfalen: Zur Situation des Schulsports im Lande Nordrhein-Westfalen. In: Sportunterricht (1974) 3, 77 f.

5 REINDELL / BÄTZNER / ROSKAMM: Ist die tägliche Turnstunde eine zwingende Notwendigkeit? In: Die Leibeserziehung (1962) 73 f.

6 DIETRICH: Intensivierung des Turnunterrichts durch Zusatzaufgaben. Berlin 1964. KRETSCHMER, J.: Grundlagen und Methoden zur Intensivierung des Unterrichts im Gerätturnen, Schorndorf 1970.

7 Internationaler Arbeitskreis für Sportstättenbau, Turn- und Sporthallen. Köln 1974. KRUBER, D.: Sport. Bochum 1976².

8 Wir gebrauchen die Begriffe Unterrichtsform, Organisationsform, Betriebsform synonym und zählen sie, ebenso wie die Methoden, mit Eigler und Gagné zu den externen Lernbedingungen im Sport.

9 Sportlehrer mit abgeschlossenem Sportstudium waren für uns Lehrkräfte, die das Fach Sport studiert und darin ein Examen abgelegt hatten. Bei Absolventen Pädagogischer Hochschulen nahmen wir von diesem Personenkreis aber diejenigen Lehrkräfte aus, die Sport nicht als Wahlfach gewählt hatten.
Die relativ hohen Prozentwerte nicht voll ausgebildeter Sportlehrer aus Nordrhein-Westfalen, die wir der in Anmerkung 4 genannten CDU-Erhebung entnommen haben, werden verständlich, wenn man weiß, daß der Kreis der Gymnastiklehrerinnen hier offenbar nicht als voll ausgebildete Lehrkräfte angesehen wurde.

Karl Knauf

Bewegungs-Funktion versus Bewegungs-Form

Einige Gedanken zu einem Grundproblem des motorischen Lernens

I.

Zwei Freunde möchten Tennisspielen lernen. Der eine nimmt sich hierzu einen „Trainer" und wird von diesem nun ganz „systematisch" in die einzelnen Bewegungstechniken des Tennis eingeführt. Er lernt so die verschiedenen Schlagweisen des Balles — wie Vorhand, Rückhand, Aufschlag, Volley usw. — und erfährt, daß diese eine je eigene Schlägerhaltung, Armführung, Schulterdrehung und Beinbewegung erfordern, die nur dann „technisch richtig" sind, wenn dabei ganz bestimmte Winkel (z. B. zwischen Schläger und Unterarm) eingehalten und ganz bestimmte Bögen und Schleifen beschrieben werden. Sein Bemühen ist daher darauf gerichtet, seine Schlagbewegungen immer genauer diesen vorgegebenen räumlichen „Schablonen" anzupassen und die vom Tennislehrer exakt zugespielten Bälle möglichst „sauber", d. h. der angestrebten Form gemäß, zurückzuschlagen. Beschränkt auf diesen Aktionsrahmen des wechselseitigen Zuspiels lernt so unser Tennisschüler sukzessiv die einzelnen Grundschlagarten der Anfängerschule.

Einen ganz anderen Weg zur Erlernung des Tennisspiels schlägt demgegenüber sein Freund ein. Ihm geht es darum, möglichst bald zum „richtigen" Spielen zu kommen und sich die nötige Spielfertigkeit — motorisch wie taktisch — in den echten Spielsituationen selbst zu erwerben. So sucht er sich Spielpartner und trägt mit diesen schon bald richtige „Zähl"-Spiele aus. Mit zunehmender Spielerfahrung gelingt es ihm, die Bälle nicht nur „irgendwie" zurückzuschlagen, sondern sie auch selbst immer besser zu plazieren. Seine Aufmerksamkeit ist so grundständig auf den Spieleffekt seiner Aktionen gerichtet, der zugleich die Bewertungsbasis für die Zweckmäßigkeit und Situationsgemäßheit derselben darstellt. Zweckmäßig ist aber für ihn, was Punkte bringt, und so werden mehr und mehr diejenigen Bewegungsweisen bevorzugt und verstärkt, die dieses gewünschte Ergebnis haben — auch wenn es sich dabei um „Techniken" handelt, die „in keinem Lehrbuch stehen"! Doch, während sein Freund noch mit der Ausformung seiner Grundschläge beschäftigt ist, versucht er bereits seine Gegner mit unterschnittenen und überrissenen Bällen, mit Stops und Lobs auszutricksen.

Es bleibt nicht aus, daß die beiden sich eines Tages über ihre so unterschiedliche Zugangsweise zum Tennis unterhalten und — beide überzeugt von der Richtigkeit *ihres* Lernweges — in eine heftige Diskussion geraten.

Der Trainergeschulte stellt dabei seinem Freund die wenig hoffnungsvolle Prognose, daß er mit seiner „hausgemachten Technik“ nicht mehr allzuweit kommen werde; denn mit einer falschen Schläger- und Armhaltung könne man bestimmte Spezialschläge gar nicht ausführen (z. B. Rückhand-Topspin mit nach außen gestelltem Ellenbogen), außerdem sei auch die Gefahr von Verletzungen und Dauerschäden („Tennisarm“) sehr viel größer. Der Autodidakt stellt demgegenüber heraus, daß er fast mit jedem Ball „noch etwas anfangen könne“, auch wenn der Treffpunkt mal nicht stimme. Er müsse überhaupt bezweifeln, ob sich auf dem Übungswege jede Spielsituation erfassen und ein darauf bezogenes situationsgerechtes Verhalten schulen ließe. Auf alle Fälle sei ihm dieser Schulungsweg zu langwierig und umständlich und sein Ausgang zu unsicher.

So tauschen die beiden Freunde ihre Argumente aus und streiten über eine Frage, die — allgemein gefaßt — sich auf die Alternative zuspitzen ließe, ob der motorische Lernprozeß von der jeweils objektiv-gültigen Bewegungstechnik oder von dem Ergebnis bzw. Effekt der jeweils subjektiv-möglichen Bewegungsweise seinen Ausgang nehmen sollte. Kurz gesagt: Ist über die Form oder über die Funktion der Bewegung zu lernen?

II.

Da mit dieser Fragestellung letztlich ein Grundproblem jeglichen motorischen Lernens angesprochen wird, ist es angebracht, einmal unsere Fachtheorie unter diesem Aspekt zu beleuchten und sie daraufhin zu befragen, ob und inwieweit sie bislang dieses Problem in ihr wissenschaftliches Blickfeld genommen, es kategorial erfaßt und systematisch dargestellt hat.

Eine recht eingehende und aufschlußreiche Behandlung dieses Fragekomplexes finden wir nun bereits in den rund ein halbes Jahrhundert zurückliegenden Schriften von K. Gaulhofer und M. Streicher vor, wo der relevante Sachverhalt m. E. erstmals in grundsätzlicher Weise thematisiert und problematisiert wurde (1).

So versteht M. Streicher die „natürlichen Tätigkeiten“ (Laufen, Werfen, Klettern usw.) im Anschluß an den Funktionsbegriff Haglunds (vgl.: a. a. O., III, 111 ff!) als die kleinstmöglichen Bewegungsganzheiten oder „Bewegungsindividuen“, deren Sinn in der Erreichung oder Verwirklichung von Zielen oder Zwecken liegt, die sich immer „außen“ (a. a. O., 118), d. h. außerhalb der Bewegung selbst, befinden. Lerntheoretisch ist nun die Aussage zuhöchst bedeutsam, daß bei allen „wirklich funktionellen Bewegungen“ sich „die gegebene Zielvorstellung . . . in Bewegung“ (a. a. O., 119) umsetzt, wobei der „Bewegungsablauf . . . nicht in allen Einzelheiten gewollt und gewußt“ (a. a. O., 119) wird.

Von den schulischen Leibesübungen, die sie bekanntlich in „Schulformen“, „Zweckformen“ und „Kunstformen“ unterteilt, sind die beiden letzten Bewegungsgruppen unmittelbar aus diesen „Tätigkeiten“ hervorgegangen, weshalb sie sich prinzipiell von der ersten Gruppe unterscheiden. Während aber bei den „Zweckformen“ dieses ursprüngliche Außenziel noch direkt gegeben ist, haben sich die „Kunstformen“ als reines „Spiel mit der Bewegung“ (a. a. O., II, 4 u. V, 134) aus dem unmittelbaren Zusammenhang der „Lebensnotwendigkeiten“ gelöst und sind zu Formen eines eigenständigen Sinnbereichs (von M. Streicher wie auch K. Gaulhofer mit „Spiel“ bezeichnet) geworden. Im Gegensatz hierzu haben die „Schulformen“ keinen Eigenwert, sie sind vielmehr künstliche Mittel zur Behebung von ganz bestimmten Mängeln der Bewegung und Haltung. Damit dies bestmöglich geschehen kann, ist hier — und nur hier (!) — die *Ablaufsform* der Bewegung präzise festgelegt und bei dem Vollzug — und somit beim Erlernen dieser Formen — genauestens zu beachten.

Aufs Ganze gesehen kann so gesagt werden, daß für M. Streicher bei den „Schulformen“ die Ablaufgestalt, bei den „Zweck-“ und „Kunstformen“ jedoch der „Zweck“ bzw. „Sinn“ der Bewegung bestimmend für den Vollzug und sein Erwerb ist.

Diese grundlegenden Gedanken der beiden großen „Turnerneuerer“ Österreichs haben im weiteren eine vorwiegend systemtheoretische Aufnahme und Weiterführung erfahren (2, 3, 4).

Der funktionelle Aspekt in *lerntheoretischem* Bezug ist demgegenüber erst wieder in jüngster Zeit aufgegriffen worden. Die Anstöße hierzu kamen nun allerdings von anderer Seite, was im folgenden am Beispiel zweier derzeitiger Lernkonzeptionen verdeutlicht werden soll.

So zeigt K.-H. Leist in einer Abhandlung über das Transferproblem (5) an verschiedenen Lernsituationen (Skilauf, Volleyball, Basketball) exemplarisch auf, welche Rolle die „Effekterwartung“ für den Erwerb und Vollzug von Bewegungsfertigkeiten spielt. Bei diesen Fertigkeiten handelt es sich — in seiner Sicht — *nicht* „um eine starre Reiz-Reaktion-Verbindung . . . , sondern um eine Organisation des eigenen Verhaltens in Relation zu gegebenen Voraussetzungen . . . und bestimmten Zielen“. (a. a. O., 157) Didaktisch zieht er hieraus die Folgerung, daß „so zunächst nicht die Bewegungsformen oder -figuren oder -fertigkeiten zu lernen“ sind, „sondern eine Organisation von Informationen über Bewegungsausführung und Effekte im Hinblick auf Sollagen . . .“ (a. a. O., 149)

Wird hier Lernen von der Subjektseite her, von seiten des inneren Lernprozesses — verstanden als „Aufbau eines kognitiv-affektiv organisierten, hierarchischen Systems bewegungssteuernder Informationen“ (a. a. O., 148) — angegangen, so setzt U. Göhner von der Objektseite her, von seiten der Bewegungsstruktur der Fertigkeiten an, um von hier Aufschluß über den funktionellen Charakter des motorischen Lernens zu erhalten (6).

Über eine Analyse der „Tiefenstruktur“ sportmotorischer Fertigkeiten gelangt (auch) er zu der Feststellung, daß alle Elemente oder Phasen der Bewegung in einem engen hierarchisch strukturierten, funktionalen Zusammenhang stehen. Zentralpunkt einer solchen „funktionalen Hierarchisierung“ (ders., 1974/2, 126)

ist die „Zielgerichtetheit“ (ders., 1975/1, 5) der sportlichen Bewegung die nach seiner Meinung gleichermaßen auch die „psychische Verhaltensstruktur“ (a. a. O., 4) prägt. Bei rechter didaktischer Beachtung dieser strukturellen Gegebenheiten erwartet so U. Göhner eine „Approximation der psychischen Struktur an die objektiv äußere Bewegungsstruktur“ (a. a. O., 8). Für die Unterrichtspraxis schlägt U. Göhner einen Lehr- und Übungsweg vor, der von der zentralen „Hauptfunktionsphase ausgeht und von da zu den vor- und nachgeschalteten „Hilfsfunktionsphasen“ zur Entwicklung der Gesamtfertigkeit übergeht (vgl.: ders., 1975/1 u. 2!). Für unsere Fragestellung ist noch seine These, daß nicht „die vorgeschriebene Norm einer Ausführungsvorschrift, sondern die *funktionale Notwendigkeit* der einzelnen Phasen ... die Führungsgröße für den Bewegungsablauf“ (ders., 1975/2, 50) darstellt, von besonderem Interesse. Darin sieht U. Göhner nicht zuletzt auch die methodische Chance der individuell angemessenen Modifikation und Variation des Lernprozesses, da nicht „der fest vorgegebene Bewegungsablauf ... Leitbild des Lehrwegs sein“ muß, „sondern lediglich ein fest gewähltes Ziel ...“ (a. a. O., 50).
Wie an der Terminologie der beiden letztgenannten Autoren schon deutlich wird, sind deren Lernmodelle vor einem ganz anderen wissenschaftstheoretischen Hintergrund konzipiert. Es sind vor allem die kognitiven und handlungstheoretischen Ansätze der heutigen Lern- und Arbeitspsychologie — verbunden mit Namen wie Tolman, Klauer, Fuchs, Miller u. a., Hacker und Kaminski — die in jüngster Zeit eine starke Beachtung, Aufnahme und fachspezifische Umsetzung von unserer Bewegungstheorie erfuhren. Ihre Ergebnisse treffen und decken sich interessanterweise mit Aussagen eines Wissenschaftsbereiches, der methodologisch ganz anders verfährt: mit der phänomenologisch arbeitenden „funktionellen Bewegungslehre“, wie sie von F. J. J. Buytendijk im Rahmen einer übergreifenden Verhaltenslehre entwickelt wurde (7). Bevor jedoch hierauf näher eingegangen werden kann, soll noch eine Lernkonzeption skizziert werden, die in den letzten Jahren eigentlich im Mittelpunkt der lerntheoretischen Fachdiskussion gestanden hat, ich meine die kybernetisch ausgerichtete Sensomotorik, wie sie von D. Ungerer und seinen Mitarbeitern vertreten wird (8). Die Sensomotorik geht didaktisch von bestimmten, technisch perfektionierten Bewegungsfertigkeiten aus (ersichtlich an den „Standardbeispielen“ des Hitch-Kick, Flick-Flack usw.), zerlegt diese nach ihrer räumlichen Struktur oder „Konfiguration“ in bestimmte Einheiten, die „Sequenzen“, von denen die didaktisch wichtigsten als „Schlüsselsequenzen“ ausgewählt werden, um — als „Basaltext“ „codiert“ — den informationellen „Input“ des „Funktionskreises“ zwischen dem „lehrenden“ und dem „lernenden System“ darzustellen. Der Lernende versucht sodann — pointiert gesprochen — mit seinem motorischen „Output“ eine möglichst originalgetreue Kopie der „eingegebenen“ sensomotorischen Fertigkeit „herzustellen“, wobei die Güte dieses Lernergebnisses sich bestimmt nach dem Kongruenzgrad der Formmerkmale. Das Bewußtsein des Lernenden ist bei diesem Vorgang zunächst zentriert auf die Erfassung der Infor-

mation über das Lernziel und während des Vollzugs auf das Treffen der „Entscheidungsstellen“ der geforderten „Sequenzen“.

Somit haben wir es hier mit einer Lernkonzeption zu tun, die sich sowohl ihren internen wie externen Lernbedingungen nach als ausgesprochen *formbezogen* darstellt. Die Sensomotorik bildet unter diesem Aspekt die lerntheoretische Gegenposition zur „funktionellen Lerntheorie“.

III.

Doch was ist jetzt eigentlich unter einer — nun phänomenologisch gefaßten — „funktionellen Lerntheorie“ zu verstehen?

Anstelle einer systematischen Darstellung, die aus mehreren Gründen hier nicht gegeben werden kann, sei versucht, an Hand einiger Beispiele das Grundanliegen dieser Theorie und ihre didaktischen Möglichkeiten perspektivisch aufzuzeigen.

„Die Funktion formt die Bewegung“, auf diese knappe „Formel“ könnte die lerntheoretische Auffassung gebracht werden, daß durch die sinnvolle motorische Auseinandersetzung eines Individuums mit seiner Um- und Mitwelt die adäquate Bewegungsform sich gewissermaßen „von selbst“, als „Nebenprodukt“ sozusagen eben dieser Auseinandersetzung, ergibt.

Ein „reiner Fall“ für diese (Hypo-) These könnte in dem Vorgang des menschlichen Sprechenlernens gesehen werden, obgleich dies von den wenigsten überhaupt als ein Prozeß des *motorischen* Lernens betrachtet werden wird. Doch brauchen wir uns nur bewußt zu machen, daß die Sprache (als Lautgebilde) ja das akustische Ergebnis des Vollzugs ganz bestimmter Bewegungen und Haltungen unserer Sprachorgane — vom Kehlkopf bis zu den Lippen — ist, um zu erkennen, daß von den ersten Lallversuchen des Kleinkindes bis zu der durchartikulierten Sprache des Erwachsenen ein weiter Weg des motorischen(!) Lernens zurückzulegen ist. Ein Weg allerdings, bei dem das Bewußtsein des Sprechenlernenden im allgemeinen *nie* auf die Vollzugsweise dieser Sprachorgane gerichtet ist, sondern immer nur auf deren akustischer Effekt, d. h. auf das, was die Sprechbewegung funktionell zu leisten hat: die richtig artikulierte und modulierte Sprache. Nur da, wo z. B. durch Taubheit keine „Kohärenz“ (v. WEIZSÄCKER) mehr zwischen Sprechbewegung und Sprache besteht, wo — kybernetisch gewendet — dieser natürliche Regelkreis gestört ist, muß für das Sprechenlernen notwendigerweise die Sprechbewegung selbst „ins Auge gefaßt“ werden. Doch jeder, der einmal solche Sprechübungen in einer Sonderschule konkret miterlebt hat, weiß um die bedrückende Mühsal eines solchen Verfahrens.

Setzt vielleicht in gleicher Weise der Sportlehrer — doch ohne Not — seine Schüler einer solchen Mühsal aus?

Nun, sicherlich ist ein direkter Vergleich unangebracht; denn die inneren und äußeren Lernbedingungen sind im Sport doch wesentlich andere. Wir haben — leider — im sportlich-großmotorischen Bereich keine solch zwingende „Kohärenz“, keinen solch geschlossenen und feinabgestimmten Regelkreis, der ein „funktionelles Lernen“ im obengenannten Sinne gestatten würde. Damit ist zugleich ausgesprochen, daß sich die richtige Bewegungsform im Bereich sportlicher Fertigkeiten nicht gleichsam „von selbst“ ergibt, sie kann hier nur auf intentional-didaktischem Wege optimal entwickelt werden.

„Funktionelles Lernen“ im Sportunterricht darf so nicht verwechselt werden mit der — für den Lehrer ach so bequemen — „Methode“ des „laissez faire“, die vom Schüler her gesehen bestenfalls ein „Lernen nach Versuch und Irrtum“ oder „Lernen am Erfolg“ provozieren kann. Daß diese — behavioristisch konzipierten — Verfahren für den Sport weitgehend ungeeignet und wenig effektiv sind, darauf hat D. UNGERER mit Recht hingewiesen.

„Funktionelles Lernen“ im Bereich der Leibesübungen setzt somit immer — wenn es optimal sein soll — methodisch durchdachtes Lehren voraus. Daß jedoch dieses Lehren auch und gerade im Sport funktionsorientiert sein kann, sei an zwei Beispielen noch kurz verdeutlicht:

Aus der Praxis wissen wir, daß bei einem Speer-Zielwurf die Position des im Boden steckenden Gerätes (Zeigt das Speerende genau zur Wurfhand?) eine recht gute Auskunft gibt über die Güte (Geradlinigkeit der Speerführung, Dynamik) der Wurfbewegung. Über die optische Rückmeldung der „Außenleistung“ des Werfens kann so eine ständige „effektgesteuerte“ Bewegungskorrektur erfolgen. Ein auditiver Funktions- und Regelkreis liegt demgegenüber vor, wenn es darum geht, eine bestimmte Schrittfolge durch begleitendes Klatschen zu verdeutlichen und auf diese Weise die dynamisch-zeitliche Gliederung dieser Laufbewegung zu verändern, sie z. B. zu Rhythmisieren. Mit der kraft-zeitlichen Änderung muß notwendigerweise auch eine raum-zeitliche Veränderung einhergehen, obgleich bezüglich der Bewegungsform noch „mehrere Freiheitsgrade“ möglich sind. Auf alle Fälle aber besitzt hier die „Rhythmische Lehrweise“, wie sie vor allem durch O. HANEBUTH entwickelt wurde, eine hervorragend *funktionell*-lerntheoretische Bedeutung (10).

Überhaupt sollte abschließend noch herausgestellt werden, daß die didaktisch reflektierte Praxis eigentlich schon immer bestimmte Elemente des „funktionellen Lernens“ enthielt, wenngleich diese anderen, meist pädagogisch-didaktischen Prinzipien — wie Anschaulichkeit, Ganzheit, methodische Vielseitigkeit usw. — zugeordnet wurden.

So sind uns, den Schülern von Otto HANEBUTH, sicher noch seine funktionell gefaßten Bewegungsanweisungen im Ohr, wenn er uns mit dem ihm eigenen Humor aufforderte, „einen Damenstrumpf anzuziehen“ (wenn es darum ging, bei der Kippe am Reck die Beine von den Fußspitzen bis zur Hüfte möglichst nahe an der Reckstange entlangzuführen) oder wenn er von uns verlangte, die Kugel „dort drüben über die Bäume“ zu stoßen (um ein Gefühl für den richtigen Stoßwinkel zu entwickeln)!

IV.

Es wird die Aufgabe einer künftigen Fachdidaktik sein, all diese aus der Praxis wie Theorie erwachsenen funktionellen Aspekte und Ansätze aufzugreifen und weiterzuentwickeln zu einer umfassenden Konzeption des funktionellen Lernens und Lehrens, die vor den konkreten Ansprüchen des Sports und des Unterrichts zu bestehen vermag. Ein weitgehender Konsens dürfte diesbezüglich heute schon darüber herrschen, daß eine gültige Lösung bei keiner der eingangs aufgezeigten Alternativen liegen kann, sondern wohl auf einem Weg zu suchen ist, der es dem Lernenden ermöglicht, durch die Bewältigung gezielt eingesetzter und methodisch gestalteter Bewegungsaufgaben und -situationen die hierfür angemessene motorische Realisierungsform zu finden. Kürzer gefaßt: das methodisch veranlaßte, situationsgerechte Bewegungsverhalten sollte zur sportgerechten, d. h. technisch gültigen Bewegungsform hinführen.

ANMERKUNGEN:

1 GAULHOFER, K./STREICHER, M.: Natürliches Turnen, Bd. I–V. Wien 1949–1959.
2 BURGER, E. W./GROLL, H.: Leibeserziehung. Wien–München 1959[2].
3 FETZ, F.: Beiträge zu einer Bewegungslehre der Leibesübungen. Wien 1964.
4 SOBOTKA, R.: Formgesetze der Bewegungen im Sport. Schorndorf 1974.
5 LEIST, K.-H.: Transfer beim Erwerb von Bewegungskönnen. In: Sportwissenschaft (1974) 2.
6 GÖHNER, U.: Zur Strukturanalyse sportmotorischer Fertigkeiten. In: Sportwissenschaft (1974) 2. Lehren nach Funktionsphasen (I u. II). In: Sportunterricht (1975) 1 u. 2.
7 BUYTENDIJK, F. J. J.: Allgemeine Theorie der menschlichen Haltung und Bewegung. Berlin 1956.
8 UNGERER, D.: Zur Theorie des sensomotorischen Lernens. Schorndorf 1972[2].
9 KOCH, K. u. a.: Motorisches Lernen – Üben – Trainieren. Schorndorf 1972.
10 HANEBUTH, O.: Grundschulung zur sportlichen Leistung. Frankfurt 1964[4]. – Der Rhythmus in den Leibesübungen. Frankfurt 1961.

Karl-Heinz Leist

Zur Theorie und Praxis einer ganzheitlichen Bewegungserziehung

Das Problem der Ganzheit hat nie aufgehört die Pädagogik zu befassen. „Bewegung als Ganzheit", „Der Mensch als Ganzheit", „Ganzheitlicher Unterricht" waren so auch immer wieder Themen für die Leibeserziehung und ihre Didaktik. Allerdings wurde das Problem der Ganzheit infolge der Begriffsverwirrung verdunkelt, die durch Klages, Driesch u. a. geschaffen (vgl. Nagel, 1966; Schlick, 1966) und insbesondere über Bode in die Leibeserziehung getragen wurde.

In jüngerer Zeit ging man im Gefolge der Aufbereitung des Sportunterrichts nach dem Muster der Bloomschen Taxonomie dem Problem aus dem Wege. Die je isolierte Systematisierung von Lehrzielen und Unterrichtsinhalten nach einer affektiven, kognitiven und psychomotorischen Dimension hat dann u. a. den Unfug hervorgebracht, kognitive Lehrziele im Bereich der Bewegungsvermittlung darin zu sehen, dem Lernenden physikalische Gesetzmäßigkeiten von Bewegungsabläufen wie z. B. dem Kugelstoß in abstrakt-mechanischer Form zu vermitteln (1). Einer solchen Curriculumkonzeption ist Schmitz (1972) frühzeitig entgegengetreten. Er wird nicht zuletzt dadurch bestätigt, daß man das Vorhaben aufgegeben hat, nach der Herausgabe zweier Handbücher zur affektiven und kognitiven Dimension des Lehrens und Lernens auch ein Handbuch zur psychomotorischen Dimension zu veröffentlichen (vgl. Meyer, H., 1975[2]).

Wäre dies schon Anlaß genug, sich auf das Problem der Ganzheit zu besinnen und dabei auch *Theorie-Praxis-Modelle*, wie das von Hanebuth (1964[4]) auf Lösungsbeiträge zu befragen, so drängt sich dieser Schritt angesichts der Entwicklung einer *integrativen Handlungstheorie* geradezu auf. Weist sie doch auf der Grundlage der *inneren* und *äußeren Strukturanalyse von Bewegung*, der *Prozeß-Analyse des Bewegungshandelns* und *Funktionsanalyse seiner Motivation* sowie der *„Interaktionstheorie"* des sozialen Handelns und Lernens auf, daß das, was an der Peripherie des menschlichen Organismus als „motorischer output" erscheint, von dahinterstehenden Prozessen der Handlungsplanung und des Erwartungsaufbaus gesteuert wird, daß diese Prozesse in Beziehung zu Faktoren der Persönlichkeitsaufbaus wie „Selbstkonzept" „Fähigkeit", „Anstrengung" usw. oder Motivationstypus stehen, Faktoren, die ihrerseits mit Variablen interagieren, die, wie z. B. die Rollenerwartung, Prozesse des sozialen Verhaltens und Lernens bestimmen.

Nach der *Handlungstheorie* (vgl. z. B. Kaminski (1973), Nitsch (1975), Thomas

(1975)) kennzeichnen Zielorientierung und Erwartungssteuerung, Rückmeldungen über Bewegungsausführung und Ausführungseffekt das *Vollziehen einer Bewegung als Handeln*, das in drei sich *überlappenden* Phasen verläuft: *Antizipation, Realisation, Interpretation.* Ein Beispiel:

In der *Antizipationsphase* des *Schleuderns an den schwingenden Ringen* können für einen bestimmten Turner *zwei übergreifende Ziele* gegeben sein: „Übergang vom Sturzhang zum Langhang" und „Nicht weh tun!" (2).

Nur wenn der Turner erwartet, daß er in der Lage ist, eine Folge von *Wahrnehmungs-* und *Bewegungsaktivitäten* so auszuführen, daß sie die gewünschten *Effekte* nach sich ziehen, wird er den Vollzug beginnen. So wird er erwarten, daß ihm das Auskugeln der Arme im Schultergelenk, das ihn vom Sturz- in den Langhang bringt, schmerzlos gelingt, dies, weil er wiederum erwarten kann, daß die dem Auskugeln vorangehende *Bewegungsaktion* (Hüft- und Körperstreckung) für den notwendigen Entlastungseffekt im Schultergelenk sorgt.

Während der *Realisation* liefern Rückmeldungen über Ausführung von Operationen und deren Effekte Möglichkeiten zur Überprüfung und Korrektur der Operationen. Zum Beispiel wird man beim Rückpendeln seine Wahrnehmungsaktivität auf die Lage im Sturzhang richten. Merkt man bei einer solchen Überprüfung, daß man nicht ruhig genug hängt, kann man noch einmal vorpendeln, um seine Lage zu stabilisieren. Merkt man, daß man zu steil gestreckt hat und daher (aus Angst) die Arme gebeugt und den Körper zusammengekauert hat, wird man beim Abschwingen „Gegenstemmen". Nach Beendigung der Übung wird der Turner Gelingen oder Mißlingen von Übungsteilen *interpretieren*: „Habe ich zu steil, zu früh nach hinten oben gestochen?" „Beim Auskugeln habe ich die Arme nicht weit genug nach außen gestreckt!" „Habe ich nach dem Auskugeln die Arme gebeugt und den Körper zusammengekauert?" Die *Interpretation* bezieht sich aber auch auf eigene Fähigkeiten, Anstrengungen, Konzentrationen, denen man Gelingen oder Mißlingen zuschreibt und hat damit Einfluß auf das Selbstkonzept der Person.

In diesem Beispiel sind bis auf den Aspekt sozialen Verhaltens alle oben genannten Gesichtspunkte angesprochen:

Zur inneren (eigenmotorischen) und äußeren Strukturanalyse von Bewegung (3).

Die beispielhafte *Innensicht von Bewegung* enthält zunächst *strukturelle Momente*: Bewegungsaktivitäten bzw. Operationen führen den Körper bzw. seine Teile aus einer bestimmten Lage (Sturzhang beim Schleudern, Rückpendeln aus ausgelenktem Sturzhang bei der Laufkippe) in eine neue zielbezogene oder zielerreichende Lage (Entlastung beim Schleudern, Stütz bei der Kippe) über. Wahrnehmungsaktivitäten ermöglichen eine Überprüfung dieser Zusammenhänge (s. o.).

Das setzt nun *Maßstäbe* bezüglich der Lagen voraus! Sie sind dem Turner in eigenmotorischer – und nicht bildhafter – Anschauungsform gegeben („Bewegungsgefühl“). In entsprechender Form kann er sich die Operationen vergegenwärtigen, eine Form, die in Bezeichnungen wie Stoß, Druck, Kicken, Schleudern, Spannen zum Ausdruck kommt und sich vor allem auf Spannungs- und Druckerfahrungen an bestimmten jeweils charakteristischen belasteten Körperabschnitten bezieht (4). Eine solche Innensicht von Bewegung läßt sich durch *äußere Funktionsanalysen* der Außenseite von Bewegung untermauern. Nach ihr lassen sich Bewegungen nach Funktionseinheiten gliedern (vgl. KNAUF, 1971; GÖHNER, 1974; LEIST, 1973 a, b, 1974), die insbesondere durch Aktions- bzw. Operations-Effektzusammenhänge gekennzeichnet sind (vgl. LEIST, 1974) *(Abb. 1)*:

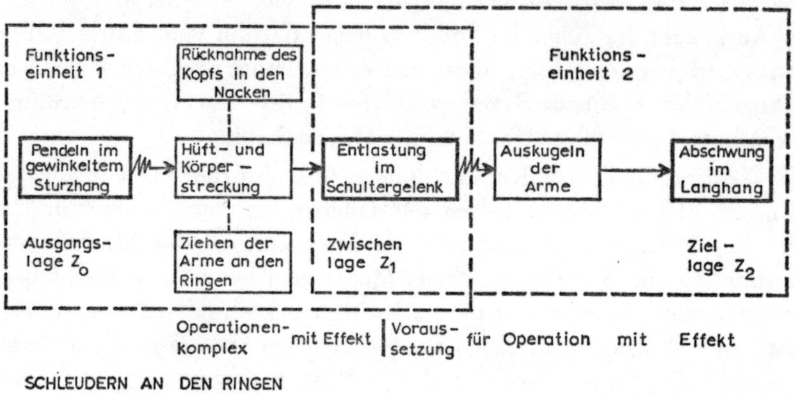

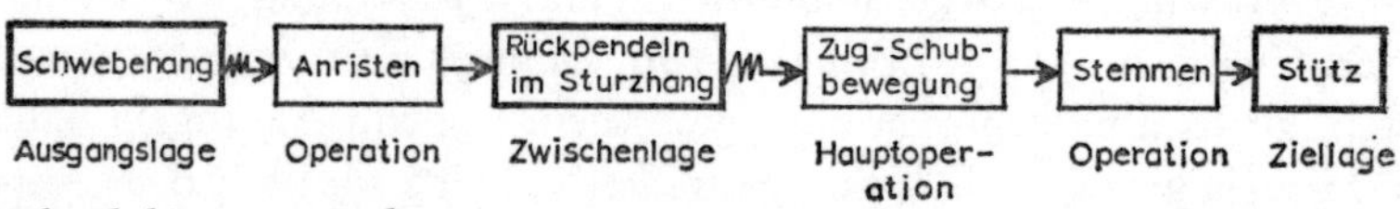

Schwebekippe am Reck

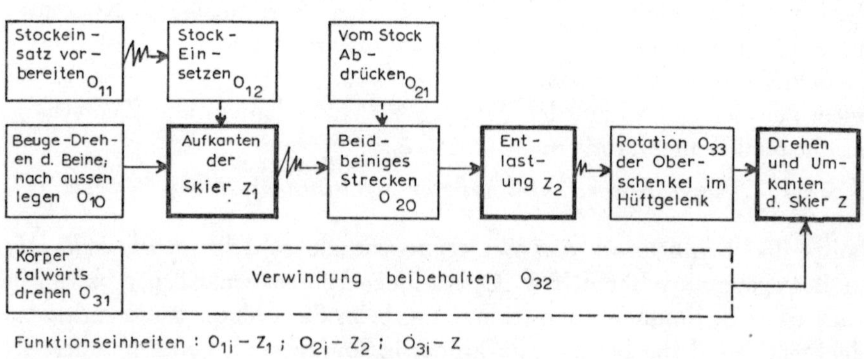

Parallelschwung (5)

Abb. 1

Solche *Zusammenhänge* entfallen einer nur *raum-zeitlichen Analyse* des Bewegungsverlaufs nach Sequenzen bzw. nach Einheiten wie Beugen, Strecken und

Drehen. Das wird auch am Beispiel der Riesenfelge vorlings rückwärts deutlich (vgl. WIEMANN, 1976):

Während der ersten Phase befindet sich der Körper des Turners in einem Schräghandstand; dabei wirkt auf jeden Punkt des Körpers die Erdbeschleunigung. Um eine daraus resultierende unzweckmäßige Hohlkreuzhaltung zu vermeiden, muß der Turner dem ständig aktiv entgegenwirken. Dadurch bleibt er im Idealfall gerade! Seine Aktivität ist dann nicht sichtbar. Die Erfahrung aber sagt dem Turner, daß er das durch „Nach-unten-drücken der Fußriste“ erreicht hat!

Unterrichtsthemen

Nach dem Gesagten ergibt sich für die Methodik die Aufgabe, zum richtigen Zeitpunkt *eigenmotorische Anschauungen* über Lagen und Operationen als Thema des Unterrichts vorzusehen (6). Das hat sie zwar immer schon berücksichtigt (Sammeln von Erfahrungen); aber einmal wurde es zu wenig systematisch aufgebaut, zum anderen blieben die Gegenheiten der taktilen mechanischen Umwelt oft zu wenig beachtet, die z. B. bzgl. der Kipplage bei der Oberarmkippe am Barren und der Kippen am Reck zu gänzlichen anderen Befindlichkeiten (eigenmotorischen Anschauungen) führen. Die „neue Methodik“ hat GÖHNER (1975) am Beispiel der Kippe am Reck verdeutlicht (vgl. auch LEIST, 1973, 1976). In einem ersten Lehrschritt ist danach über geeignete Vorübungen die eigenmotorische Anschauung bzgl. der Pendellage zu vermitteln (7) und zu lehren, über sie durch die funktionellen Aktionen Zug-Schub-Bewegung und Stemmen die Ziellage Stütz zu erreichen. Dem ist die Vermittlung der zeitlichen vorangegangenen Funktionseinheit nachzuschalten. Auf diese Weise sind dem Lernenden im zweiten Vermittlungsabschnitt Orientierungsmöglichkeiten gegeben, die selbständiges Lernen und Üben ermöglichen.

Weiterhin sind die oben angesprochenen *Zusammenhänge* zu Unterrichtsthemen zu machen. Dazu ist der Lernende nicht am Band einer normierten Ausführungsvorschrift über den Verlauf der Bewegung zu gängeln. Vielmehr sind die Operationen experimentell zu verändern, um daraus resultierende Effekte kennenzulernen. So sollte bei der Kippe am Reck einmal zu hoch, dann zu schnell angeristet werden. Beim Schwingen an den Ringen sollte einmal vor, einmal hinter der Pendelmitte aufgesetzt werden usw.

Die so erfahrenen Effekte werden gleichzeitig in ihrer Relation zum weitergehenden Ziel kennengelernt, so daß später z. B. bei der Schwungkippe am Reck ein zu geringer Rückschwung mit einer kräftigeren Zug-Schub-Bewegung ausgeglichen werden kann, daß man sich bei der Schwungstemme am Reck aus dem Entfernen von der Stange während des Rückschwungs durch eine Felge in den Stütz retten kann. *Kennen- und Ausnutzen-Lernen von regelhaften Zusammenhängen* heißt also ein weiteres Lehrziel im ersten größeren Vermittlungsabschnitt von Fertigkeiten. Deren automatisierte Verfügbarkeit ist später über rhythmische Reihen und variierende Bewegungsketten sicherzustellen (vgl. HANEBUTH, 1964).

An dieser Stelle sei einmal auf die Differenzierungsmöglichkeiten des handlungstheoretischen Konzepts verwiesen: Lagen (Pendeln, Entlastung im Schultergelenk, Stütz) sind *perspektivisch* zu sehen; z. B. ist die Pendellage bei der Laufkippe am Reck a) Effekt des Anristens und b) Voraussetzung für die Zug-Schub-Bewegung. Der Stütz ist Ergebnis dieser Bewegung und des Stemmens und Voraussetzung z. B. für eine Felge.

Solche Lagen sind in beiderlei Perspektiven zu erlernen! Lernt man sie nur in der Retrospektive, so ist später ein Umlernen (*Transferproblem*) erforderlich. Von daher ist der Grundsatz abzuleiten, beim Erarbeiten einer Funktionseinheit wenn irgend möglich eine Weiterführung anzuschließen; z. B. sollte das Üben einer Schwungstemme vorwärts oder eine Oberarmkippe am Barren nie mit dem Halten im Stütz enden, sondern möglichst frühzeitig mit einem Rückschwung oder dem Versuch eines Oberarmstandes fortgesetzt werden!

Daß dieser Sachverhalt im Vermittlungsprozeß berücksichtigt werden muß, hat HANEBUTH (1964[4]) immer wieder betont, wenn er forderte: „Bewegungsteile" rhythmisch hintereinanderreihen! Eine Kippe ist nicht mit dem Stütz beendet! Bewegungen hören nie auf!

Zur Prozeßanalyse des Bewegungshandelns und zur Funktionsanalyse seiner Motivation

Dargestellt werden kann die Prozeß-Struktur der Bewegungsproduktion z. B. in der Form des TOTE-Modells (MILLER/GALANTER/PRIBRAM 1960) (vgl. *Abb. 2*).

Wie schon die Handlungstheorie mit ihrer Funktionsanalyse gegenüber der Sequenzanalyse zwischen Ausführung und Ausführungseffekt differenziert, so betont sie hinsichtlich der Prozeßstruktur der Bewegungsproduktion die steuernde und regulative Funktion des Effekts! Nicht der Operations-, sondern der Effektparameter ist als wesentliche Vorgabe für den Bewegungsvollzug anzusehen, so z. B. der Kantengriff, die Entlastung beim Parallelschwung, die Entlastung im Schultergelenk beim Schleudern an den Ringen, der Drehgriff am Schraubverschluß beim Flasche-Öffnen, das Pendeln bei der Kippe am Reck.

Aufgrund der Vorgabe solcher Effekte werden nach der Handlungstheorie ihnen zugeordnete Operationen aktualisiert (vgl. z. B. HACKER, 1973, 106 f; VOLPERT, 1974, 33 f; BERNSTEIN, 1975, 155 ff). Dabei sind alternative Lösungen möglich, die je nach Situationsdiagnose eingesetzt werden können; z. B. kann man sich bei der Schwungstemme am Reck durch eine Felge in den Stütz retten, wenn man merkt, daß man sich zu weit von der Reckstange entfernt.

Wenn nun „die *Erwartung* der Verminderung einer Ist-Soll-Lagen-Diskrepanz *als Konsequenz* eigenen Handelns (hrvg. v. Verf.; FUCHS, 1963, 149) die Bewegungsproduktion bestimmt (vgl. LEIST, 1974, 128 ff., LEIST, 1976), dann tritt, in der Terminologie von GÖHNER (1975, 50) gesprochen, „die funktionelle Notwendigkeit" der einzelnen Funktionsphasen als *Führungsgröße* an die Stelle der normierten Ausführungsvorschrift.

Die *Organisation* dieses Geschehens wird nach der Handlungstheorie von Plänen gesteuert, welche die Ordnung kontrollieren, „in der eine Abfolge von Operationen ausgeführt wird" (MILLER u. a., 1960). Planungseinheiten sind Lage-Operation-Lage-Gefüge. In seiner Funktion entspricht der Plan dem Bewegungsentwurf UNGERERS. Konstitutiv für den Plan aber sind die Prüfkriterien, anhand derer die Ausführung zu kontrollieren ist. Prüfung am Effekt bzw. Resultat der Ausführung heißt aber nicht Prüfung an der normierten Ausführungs-

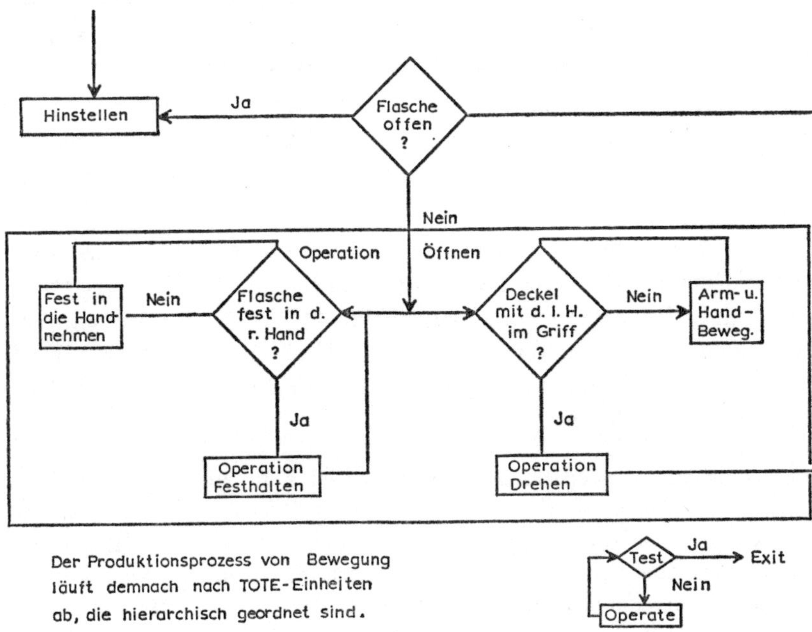

Abb. 2 Differenziertere Modelle haben KAMINSKI *(1973),* HACKER *(1973) und* LAUCKEN *(1976/77) vorgelegt.*

vorschrift! Das Anristen bei der Kippe am Reck ist an der Pendellage zu überprüfen, das Beine-Drehen beim Parallelschwung am Kantengriff, die richtige Oberkörperhaltung bei der Schußfahrt auf Skiern am „Druck vor der Bindung", die richtige Armführung beim Kraul am Druck des Wassers auf bestimmte Körperstellen usw. *Die Prüfung am Effekt* (8) setzt nun ebenso wie seine Antizipation entsprechende Maßstäbe, m.a.W. *Effektrepräsentationen* voraus. Wo der Effekt – und das ist die Regel – nicht einfach visuell erfaßbar und entsprechend bildhaft repräsentierbar ist oder, wie das z. B. bei der Kippe am Reck im Hinblick auf die Oberarmkippe am Barren der Fall ist (vgl. LEIST, 1973, 1974, 1976), wenn eine entsprechende Repräsentation Lernschwierigkeiten mit sich bringen kann, muß man sich auf phänomenale Gegebenheiten der „eigenmotorischen Anschauung“ (MATTIG, 1966) beziehen. Entsprechend ist Ansatzpunkt regulativ wirksamer Intentionen nicht das tatsächlich wirksame Muskelsystem beispielsweise der Hand oder des Arms (als Gliedern des anatomisch-physiologisch aufgefaßten Organismus), sondern die gesehene und propriozeptiv empfundene Hand ... „Die Ansatzpunkte der Bewegungsintentionen liegen im phänomenalen Arm des phänomenalen Ichs; die tatsächlichen innervatorischen Angriffspunkte liegen demgegenüber an den verschiedenen beteiligten Muskeln der Hand, des Unter- und Oberarms sowie des Schultergürtels“ (HACKER, 1973, 291/292).

Hinsichtlich der *Produktionsdynamik* (9) legt die Darstellung UNGERERS von der Sequenzen auslösenden und steuernden Funktion einer Ist-Sollwert-Diskrepanz (vgl. UNGERER, 1973², 120 ff.) eine technologische Interpretation nahe.

Demgegenüber betont die Handlungstheorie tiefgehende Unterschiede zwischen der Dynamik menschlicher Bewegungsproduktion und Steuerungsfunktionen wie der autonomen Wärmeregulation im menschlichen Organismus oder technischer kybernetischer Systeme:

„Die *motivierte Aktivität* der Skelettmuskulatur kann nur gelernt werden unter fortgesetzter *Erfolgskontrolle* ihrer *Ausführung* und ihres *Ausführungseffekts*. Dem entspricht, daß sie zu ihrer *Auslösung* (hrvg. v. Verf.) eine Ausführungserwartung und eine Effekterwartung im Rahmen eines übergeordneten Handlungsprogramms erfordert, sowie einer Ausführungs- und Effektkontrolle bedarf“ (FUCHS, 1963, 681; vgl. auch LEIST, 1974, 1976).

Die Steuerung der Bewegung erfordert „die Erwartung der Verminderung der Ist-Sollagen-Diskrepanz als *Konsequenz* eigenen Handelns“ (FUCHS, 1963, 685). Der Ablauf einer Bewegungsfertigkeit erfordert „die motivierende Gesamtantizipation der Verhaltenseinheit“ und bedarf daher „um zur Ausführung zu gelangen der kognitiven Einordnung in das Programm einer übergreifenden motivierenden Erwartung“ (FUCHS, 1963, 636).

Der *Wert* des gesetzten Zieles und die *Wahrscheinlichkeit* des erfolgreichen Einsatzes zielbezogener Operationen sind demnach entscheidende Faktoren für das Zustandekommen von Bewegungsleistungen. Über sie läßt sich die *Ereignisbilanz* einer erwogenen Handlung abschätzen.

Damit ist mit KRAAK/LINDENLAUB (1975) davon auszugehen, daß nicht ein Ereignis als solches einen Wert oder Unwert besitzt, sondern der mit dem Ereignis erwartete Affekt (vgl. auch LAUCKEN 1976).

Weiter wird immer wieder darauf hingewiesen, daß zwischen dem hedonistischen Wert eines Ereignisses und seiner Auftretenswahrscheinlichkeit keine Unabhängigkeit besteht (vgl. LANGENHEDER, 1975). Für Risikofreudige z. B. besitzt ein Ereignis, dem sie eine relativ geringe Auftretenswahrscheinlichkeit zumessen, allein schon deshalb einen höheren Wert. Die Theorien der Leistungsmotivation (HECKHAUSEN, 1963; ATKINSON, 1975) leben, wie LAUCKEN (1976) feststellt, gleichsam von der unterstellten Kontigenz zwischen hedonistischem Wert und Auftretenswahrscheinlichkeit eines Ereignisses.

Von zentraler Bedeutung für Vollzug und Erwerb von Bewegungshandlungen, erweist sich demnach die *kognitiv-affektive Organisation von Erwartungen.*

Entsprechendes gilt für Konstitution und Veränderung von *Rollenverhalten* beim Sporttreiben.

Der *kognitive* Aspekt dieser Organisation besteht in der Antizipation von Aktionen und Effekten sowie der Antizipation von Affekten (der Aktualisierung des Wissens um Schmerz u. ä.). Der *affektive* Aspekt ist darin zu sehen, daß sich mit Antizipationen Affektionen (Angst- oder Sicherheitsgefühl usw.) einstellen.

Wert-Erwartungstheorie mit Konstrukten wie Situationsdiagnose, Effekterwartung, Wert und subjektive Wahrscheinlichkeit eines Ereignisses usw. sowie *Kausalattribuierungstheorie* mit Konstrukten wie Selbstideal und damit in Zusammenhang zu bringender *Theorie des symbolischen Interaktionismus* stellen nach dem Gesagten die Orientierungsgrundlagen zum Entwurf von ganzheitlichem Unterricht dar. Sie sind durch die *Theorie einsichtigen Lernens* zu ergänzen.

Einsichtiges Lernen, Lernen wie man lernt, kann nun am besten vermittelt werden durch Initiierung von *Problemlösungsprozessen.* Problemlösungsmodelle sind seit langem bekannt und entsprechen mehr oder weniger folgendem aus den Modellen von SIMON (1960) und GALPERIN (1969) zusammengesetztes Modell (vgl. LAUCKEN 1976):

I. Phase der Erkundung
   - Feststellen des Problems
   - Suche relevanter Daten

II. Phase des Entwerfens und Planens
   - Suchen und Formulieren von Hypothesen
   - Entwerfen von problemlösenden Handlungen

III. Phase der Bewertung und Auswahl

IV. Phase der Ausführung
   - Entschluß
   - Ausführung

V. Phase des Prüfens
   - Prüfung des Handlungsresultats im Blick auf die Erwartungen

Ein solches Modell dürfte auch im Hinblick auf Bewegungslernen zu definieren sein. Entsprechende Lehrverfahren hat HANEBUTH (1964[4]) in seiner Kombination von freien und formalen Verfahren entworfen. Neuerdings hat DIECKERT (1976) neue Perspektiven hinsichtlich der Kreativitätskomponente im Problemlösungsprozeß aufgezeigt. Die kognitive Zentrierung des Unterrichts sollte vor allem in der 1. Phase des Lernens von Bewegungshandlungen erfolgen.

Ganzheitliche Bewegungserziehung

Der Unterrichtsschwerpunkt „Bewegungskönnen" läßt sich besonders gut am Lehr-Lernmodell darstellen, das von GÖHNER (1975) hinsichtlich der Kippen am Reck erarbeitet und in entsprechender Form bereits einer empirischen Prüfung unterzogen wurde (vgl. LEIST, 1973, 1976).

Nicht zuletzt sind bei einer solchen Unterrichtskonzeption die Lernenden in die Unterrichtsgestaltung einzubeziehen. Im Hinblick auf die Fertigkeitsebene ist z. B. zu erwarten, daß sie Aufgaben wie die folgende lösen lernen (vgl. CHRISTMANN u. a., 1976): Geht es z. B. im Volleyball darum, bewegliches Spielverhalten auf den Positionen 2 und 4 zu schulen, so sind Schüler in der Lage ein Spiel (3 gegen 3) wie das folgende zu erfinden:

Kleinfeld; Aufstellung hinter der Grundlinie. Spielregeln: Die Aufgabe von X muß im gegenüberliegenden Feld aufkommen. Danach ist von einem der Spieler der Ball zu erlaufen und hochzubaggern. Seine Partner laufen vor und führen das Spiel mit Pritschen weiter. Sie müssen sich nach dem Spiel übers Netz sofort hinter die Grundlinie zurückziehen *(Abb. 3)*.

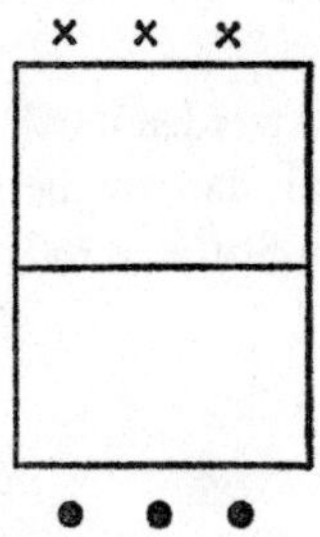

Abb. 3

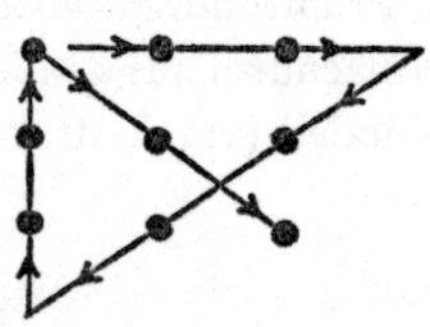

Abb. 4

Um solche Ideen zu Spielorganisationen und Spielregeln zu bekommen, muß man vorhandene Denk- und Vorstellungsmuster durchbrechen. So muß man z. B. davon abkommen, das Spielgeschehen innerhalb des Feldes anzusiedeln. Das Paradigma für ein solches Problem ist mit der bekannten Aufgabe gegeben, folgende neun Punkte durch einen fortlaufenden vierteiligen Linienzug zu verbinden und dabei jeden Punkt nur einmal zu berühren *(Abb. 4)*.

Unterrichtsschwerpunkt „Aufbau von Erwartungen", „Selbstkonzept"

Es geht um die Vermittlung der Hocke vom Reck.

Anweisung zum Ablauf der Stunde

An der 1. Gerätebahn kann nach Belieben aus einem Übungsangebot ausgewählt werden, das Aufhocken/Abspringen, Überhocken, Hechtrolle, Springen in den Stütz/Felgabschwung, Unterschwung usw. umfassen kann.

An der 2. Gerätebahn muß versucht werden, an allen Geräten aus dem Lauf heraus überzuhocken.
An der 3. Gerätebahn wird gezielter auf die Hocke aus dem Stütz am Reck hingearbeitet: Hocke vom Stufenbarren, Hocke aus dem Stütz auf 2 Kästen über eine hingehaltene Stange, Hocke aus dem Stütz am Reck. Die Instruktion betont Funktionszusammenhänge.
Das Aufsuchen der jeweiligen Bahnen ist den Schülern freigestellt. Der Lehrer kann aber Ratschläge geben. Das gleiche gilt für die einzelnen Stationen auf Bahn 3.
Am Ende der Stunde sollen alle Schüler einen Einzel- und einen Zweierdurchlauf auf Bahn 1 als Kür demonstrieren. Auf Bahn 3 kann jeder der will, an einer der Stationen die Hocke versuchen; dabei hat er 3 Versuche, zwischen denen er auch die Stationen wechseln kann (Dieser Demonstrationsteil kann vom Lehrer auch zur Instruktion genutzt werden).

Geräteaufbau:

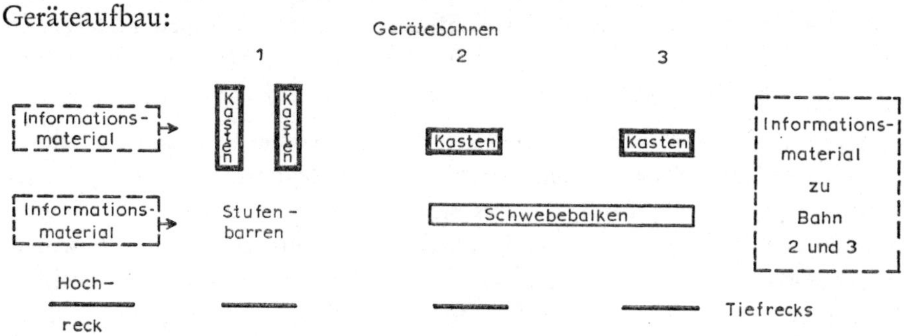

Begründung des Aufbaus

Der gegebene Handlungsspielraum und die beim Durchlaufen von Bahn 1 und 2 zu erwartenden Könnenserlebnisse sollen Anreiz zum freiwilligen Versuch der Hocke auf Bahn 3 liefern und gleichzeitig die subjektive Wahrscheinlichkeit hinsichtlich des Gelingens der Übung erhöhen sowie ein Sicherheitsgefühl aufbauen. Je nach Situation, in der sich die Klasse befindet, kann auch der Wert des Überhockens zu steigern versucht werden. Bei gegebener Motivation, Schwierigkeiten zu überwinden und Bewegungserlebnisse zu gewinnen, könnte die Vorübung „Absprung vom Hochreck auf eine dicke Matte" anreizen, die Hocke von dort oben zu lernen.

– Auch im Hinblick auf das Wasserspringen vom 3-m-Brett müssen Prozesse des Erwartungsaufbaus vom Lehrer thematisiert werden. Um die positive Bilanz der mit dem Sprung antizipierten Ereignisse und ebenso die subjektive Wahrscheinlichkeit in ausreichendem Maße über zielerreichende Mittel zu verfügen beim Schüler zu erhöhen, genügt weder das Winken mit Zuckerbrot und Peitsche noch eine an normierten Ausführungsvorschriften orientierte Instruktion. Da davon auszugehen ist, daß sich die Mehrfachhandlung „Kopfsprung vom 3-m-Brett" sowohl auf das Ziel eines gelungenen Flugs als auch auf „Nicht weh tun" bezieht, dürften Vorübungen vom Beckenrand und 1-m-Brett, in denen es darum geht, aus allen möglichen Lagen in der Luft ins Wasser eintauchen zu lernen, eine Möglichkeit sein, Prozesse der Erhöhung der Ereignisbilanz und des Selbstvertrauens zu initiieren. —

Unterrichtsschwerpunkt „Rollenverhalten"

Die Methodik und Didaktik des Sportunterrichts steht, auch im Zusammenhang mit der Vermittlung sporttypischer Verhaltensweisen, vor einer weiteren analogen Aufgabe, Möglichkeiten zur Steuerung von psychischen Prozessen zu erarbeiten. Gemeint sind *die Prozesse der Rollenübernahme und Neudefinition von Rollen.* Wie kann ein Lehrer vorgehen, wenn er ein Rollenverhalten der Schüler, das dem PARSON*schen Paradigma* entspricht, zugunsten eines Verhaltens nach dem *Paradigma des Interaktionismus* (vgl. HABERMAS, 1970; DIETRICH, 1974; BRUDER, 1972) ändern will?

M. E. muß der Weg des Schülers dahin über Prozesse der *Rollendistanzierung* laufen, ist doch Distanzierung einerseits Voraussetzung zur Durchbrechung starrer Rollenmuster wie z. B. der geschlechtsspezifischen Muster im Sport, andererseits konstitutiver Faktor einer dynamischen Rollendefinition. *Die* zu vermittelnde *Distanz muß kognitiv-affektiv organisiert sein,* sie darf nicht abstrakt bleiben.

Wenn, wie in einem Film der Sesam-Straße, die Interaktion bestimmter traditioneller Rollen dargestellt wird, wenn der Film so angelegt ist, daß die Zuschauer aufgrund ihres gegebenen Rollenmusters sich mit je bestimmten Rollen identifizieren, wenn dann der Film so verläuft, daß die Rollenträger sich in widersprüchliche Aussagen und Verhaltensweisen verwickeln, dann kann dies geeignet sein, den Zuschauer zu einer *kognitiv-affektiven* Infragestellung seines Rollenmusters zu führen.

Stellt sich eine Klasse aus Anlaß eines Schulfestes oder einer Halleneinweihung die Aufgabe, eine Sportvorführung zu machen, dann kann aus diesem Anlaß angeregt werden, auch bestimmte Techniken und Verhaltensweisen zu demonstrieren, sie in übersteigerter Form darzustellen und schließlich daraus z. B. „Volleyball oder Basketball à la West-Side-Story" zu machen.

Mit der Darstellung in Form von Tanz, Ballett, Pantomime, darstellendem Spiel werden *Fertigkeiten und Handlungsstereotypen* aus der *Verflechtung mit einem wettkampf- oder spielregelorientierten Handlungskontext* herausgezogen (10), so daß dessen Normierung und das damit verknüpfte eigene Rollenmuster aufgrund der Gegenüberstellung beiderlei Tuns bewußt gemacht und thematisiert werden kann, nun auch verstärkt auf kognitiver Ebene. Dazu kann u. a. eine adäquat aufgearbeitete Entwicklung z. B. des 800- und 1500-m-Laufs der Frauen herangezogen werden.

Haben die Schüler die Probleme des Rollenverhaltens erkannt und Verhaltensdispositionen im Sinne des symbolischen Interaktionismus erworben, so können auch die problemrelevanten gesellschaftlichen Bedingungen thematisiert werden.

Auseinandersetzung mit starren Rollenmustern aus Anlaß sportlichen Tuns können nun *ihrerseits* helfen, *Lernbarrieren* hinsichtlich Bewegungs- und Spielverhaltensweisen abzubauen, z. B. die Barriere vieler Mädchen, die für das Volleyballspiel mit ihrem Selbstideal nicht zu vereinbarenden Haltungen und Verhaltensweisen einzunehmen.

Fazit

Es ist offensichtlich, daß zur systematischen Erforschung der hier skizzierten Wechselbeziehungen eine Fülle empirischer Forschungsvorhaben ansteht. Das gleiche gilt für die anderen Komponenten der hier dargestellten Rahmentheorie der Bewegungshandlung. Damit ist gleichzeitig der Stellenwert der Konzeption bestimmt. Eines ist festzuhalten:

Problemlösungen können sich im Sportunterricht auf *drei Ebenen* abspielen, auf der Ebene der Perfektion des individuellen Könnens, auf der Ebene des Kooperierenlernens (vgl. LENGERT, 1974) und auf der Ebene der Personalisation.

Eine Besonderheit der Problemlösungen auf der ersten Ebene hat LENGERT (1974, 11 ff.) deutlich gemacht:

Er kennzeichnet den Sport im Hinblick auf die dem Menschen aufgegebene Thematisierung der Motorik als einen „Sonderfall von *ins Spiel gebrachter Bewegungsphantasie*" zur Lösung von Problemen. Diese Problemlösungen führen aber zu keiner *Problemerledigung*; „vielmehr bleiben die Probleme durch ihre Lösungen „ungelöst", d. h. erhalten, sie werden gerade nicht aus der Welt geschafft. *Die Problemlösungen sind unbeschränkt wiederholbar.* Es handelt sich auch insofern um einen Sonderfall von Problemlösungen als jede geglückte Problemlösung den Problemgehalt anreichert. ... Jede geglückte Lösung differenziert die Aufgabe!"

Und ein Sportunterricht, so meine ich, der das Lösen von Problemen der genannten Art zum Thema hat, macht Spaß!

ANMERKUNGEN:

1 Die Praxisferne eines solchen Vorgehens hat HANEBUTH immer wieder aufgewiesen.

2 Über die Anschauungsform, in der das gegeben ist, wird später (S. 3, 5) zu sprechen sein.

3 Bewegung ist aus der Innensicht als Bewegungskönnen im Sinne einer Handlungskompetenz zu verstehen; aus der Außensicht ist Bewegung als Orts-, Positions- und oder Zustandsänderung des Körpers oder seiner Teile definiert (vgl. GÖHNER, 1974).

4 Aus der Innensicht können so elementare Operationen definiert werden über die Spannungs- und Druckänderungen, welche von den Operationen hervorgerufen werden und sie so begrenzen.

5 Die Beispiele Schleudern und Parallelschwung sind in Inhalt und Form in Entsprechung zu GÖHNER (1974, 131 ff.) dargestellt. Abweichend von dessen Darstellung wird hier nicht von *Funktionsphasen* gesprochen, sondern von *Funktionseinheiten* mit den Komponenten *Operation* und *Lage*.

6 Das sollte aber nicht nur im instrumentellen Sinne erfolgen. Vielmehr sollten Befindlichkeiten wie „ein Flug", „ein Schwung", zum eigenständigen Unterrichtsinhalt gemacht werden wie es HANEBUTH in seiner Dissertation konzipiert hat (1939).

7 Rückpendeln aus dem ausgelenkten Sturzhang.

8 Weitere instruktive Ausführungen zum Problem der Effektorientierung finden sich bei KNAUF (Beitrag in diesem Band).

9 Wie wird eine Bewegungsproduktion ausgelöst? Wie wird sie weiter gesteuert?

10 Differentielle Aufhebung bedingter Motivationsdynamik heißt die Devise! Sie impliziert, daß Änderungen des Verhaltens nicht einfach über kognitive Umstrukturierungen zu erreichen sind, vielmehr muß die gesamte *kognitiv-affektive* Erwartungsorganisation geändert werden, ein Gesichtspunkt der meist (z. B. auch im Federballspiel von WERTHEIMER) nicht berücksichtigt wird.

LITERATUR:

ATKINSON, J. C.: An Introduction to Motivation. Princeton 1964 (deutsch 1975).

ATKINSON, R. C. u. a.: Human memory. A proposed system and its control processes. In: Spence, K. W./Spence, J. T. (Eds.), The psychology of learning and motivation. Vol. 2. New York/London 1968.

BERNSTEIN, J. N.: Bewegungsphysiologie. Berlin 1975.

BRUDER, K. J.: Kritik der bürgerlichen Psychologie. Frankfurt 1973.

DIECKERT, J.: Zu einer Methodik der Kreativität. In: Dieckert, J./Leist, K.-H. (Hrsg.), Auf der Suche nach Theorie-Praxis-Modellen. Schorndorf 1976.

DIETRICH, K.: Sportspiele und Interaktion. In: Sportunterricht (1974) 10.

DRIESCH, H.: Relativitätstheorie und Weltanschauung. Leipzig 1923.

DRIESCH, H.: Das Ganze und die Summe. Leipzig 1921.

FUCHS, R.: Funktionsanalyse der Motivation. In: Z. exp. angew. Psychol. 10 (1963).

GALPERIN, P. J. u. a.: Probleme der Lerntheorie. Berlin 1966.

GÖHNER, U.: Zur Strukturanalyse sportmotorischer Fertigkeiten. In: Sportwissenschaft 4 (1974).

GÖHNER, U.: Lehren und Lernen nach Funktionsphasen. In: Sportunterricht (1975) 1, 2.

HABERMAS, J.: Thesen zur Theorie der Sozialisation. In: Familienerziehung, Sozialschicht und Schulerfolg, b:e Tabu. Weinheim 1971.

HANEBUTH, O.: Grundschulung zur sportlichen Leistung. Frankfurt 1964[4].

HANEBUTH, O.: Die Bewegungsgestaltung im deutschen Geräteturnen. Diss. Marburg 1942.

HACKER, W.: Allgemeine Ingenieur- und Betriebspsychologie, Berlin 1973.

HECKHAUSEN, H.: Hoffnung und Furcht in der Leistungsmotivation. Meisenheim 1963.

KAMINSKI, G.: Bewegungshandlung als Bewältigung von Mehrfachausgaben. In: Sportwissenschaft 3 (1973) 2.

KLAGES, L.: Grundlegung der Wissenschaft vom Ausdruck. Bonn 1950[4].

KRAAK/LINDENLAUB: Einstellung und Verhalten. In: Kongreßbericht zur 29. Tagung der deutschen Gesellschaft für Psychologie. Göttingen 1975.

KNAUF, K.: Über die funktionelle Bedeutung der Bewegung im Bereich der Leibesübungen. In: Die Leibeserziehung 20 (1971).

LAUCKEN, U.: Psychologisches Wissen und ... z. B. Curriculum-Konstruktion. In: Laucken, U./Schick, A. (Hrsg.): Beiträge zur Didaktik der Psychologie. Stuttgart 1977 (in Vorb.).

LANGENHEDER, W.: Theorie menschlicher Entscheidungshandlungen. Stuttgart 1975.
LENGERT, R.: Zur Automie des Sports. In: Dieckert, J. (Hrsg.): Freizeitsport. Düsseldorf 1974, 12 ff.
LEIST, K.-H.: Die praktisch-methodische Ausbildung im Rahmen der Sportlehrerausbildung. In: DSLV (Hrsg.). Zur praktisch-methodischen Ausbildung im Rahmen der Sportlehrerausbildung. Kiel 1973.
LEIST, K.-H.: Transfer as effect of a cognitive-affective organisation of skill. In: Transfer and motor learning FIdP (Hrsg.). Brüssel 1973.
LEIST, K.-H.: Transfer beim Erwerb von Bewegungskönnen. In: Sportwissenschaft 4 (1974).
LEIST, K.-H.: Zur Handhabung methodischer Übungsreihen. In: Dieckert, J./Koch, K.: Methodische Übungsreihen im Gerätturnen. Schorndorf 1976[4].
LEIST, K.-H.: Transfer beim Erlernen sportlicher Bewegungshandlungen. Schorndorf (in Vorb.).
MATTIG, U.: Die Anschauung in den Leibesübungen. In: Die Leibeserziehung (1968) 11.
MEAD, G. H.: Geist, Identität und Gesellschaft. Frankfurt 1968.
MEYER, H. L.: Trainingsprogramm zur Lernzielanalyse. Frankfurt 1975[2].
MILLER, G. A./GALANTER, E./PRIBRAM, K. H.: Strategien des Handelns. Stuttgart 1973.
MILLER, G. A. u. a.: Plans and the structur of behavior. New York 1960.
NAGEL, E.: Über die Aussage: „Das Ganze ist mehr als die Summe seiner Teile." In: Topitsch, E. (Hrsg.), Logik der Sozialwissenschaften. Berlin/Göttingen/Heidelberg 1969[5].
NITSCH, H.: Bewegung als Handlung. In: Kongreßbericht zur 29. Jahrestagung der deutschen Gesellschaft für Psychologie. Göttingen 1975.
SCHLICK, M.: Über den Begriff der Ganzheit. In: Topitsch, E. (Hrsg.), Logik der Sozialwissenschaften. Berlin/Göttingen/Heidelberg 1969[5].
SCHMITZ, J. N.: Betrachtungen zur aktuellen Curriculumdiskussion im Sport. In: Sportunterricht 7, 1972.
THOMAS, A. (Hrsg.): Psychologie der Handlung und Bewegung. Psychologia Universalis 1975.
UNGERER, D.: Zur Theorie des sensomotorischen Lernens. Schorndorf 1973[2].
VOLPERT, W.: Sensumotorisches Lernen. Frankfurt 1971.
VOLPERT, W.: Handlungsstrukturanalyse. Köln 1974.
WERTHEIMER, M.: Produktives Denken. Frankfurt 1964[2].
WIEMANN, K.: Gedanken zur Strukturanalyse sportmotorischer Fertigkeiten. In: Dieckert, J./Leist, K.-H. (Hrsg.), Auf der Suche nach Theorie-Praxis-Modellen. Schorndorf 1976.

Klaus Wiemann

Gedanken zur Strukturanalyse sportmotorischer Fertigkeiten

1. Sensomotorisches System und multisensorisches Verhaltensmodell

Wenn im folgenden der Mensch als sensomotorisches System dargestellt wird, so geschieht dies auf der Grundlage der Neurophysiologie, indem die funktionelle Einheit von Sensorium und Motorium als biologisches System betrachtet wird. Zur Planung, Auslösung, Durchführung und Kontrollierung des motorischen Verhaltens benötigt das sensomotorische System „Analysatoren", die möglichst genaue Abbilder

a) der relevanten Konstellationen der mechanischen Umwelt,
b) der Positionen und Positionsveränderungen des Bewegungsapparates und
c) der Intensität der Bewegungsursachen (Kräfte)

liefern.

So bestimmt der optische Analysator die sichtbare Umwelt und seine Veränderung bzgl. des sensomotorischen Systems im Laufe eines motorischen Verhaltens, was Informationen über Positionsveränderungen des sensomotorischen Systems bzgl. der Umwelt liefert. Der somatosensorische Analysator – bestehend aus den Mechanorezeptoren des oberflächlichen und tiefen Bindegewebes, den zugehörigen afferenten Bahnen, den Projektionsfeldern der Großhirnrinde und subkortikalen Integrationszentren – erfüllt gleich mehrere Aufgaben, vornehmlich eine Repräsentation der taktilen mechanischen Umwelt, eine Orientierung über die Position und Positionsveränderung der Glieder des Bewegungsapparates und durch Integration der entsprechenden Sinnesmodalitäten eine Information über die Intensität von (körpereigenen) Kräften und Stützreaktionen. Der Vestibuläranalysator, dessen Bedeutung für die Überwachung motorischer Abläufe immer noch nicht endgültig geklärt ist, versorgt das sensomotorische System mit Informationen über die Lage des Kopfes bzgl. des Schwerefeldes der Erde und über Drehbeschleunigungen des Kopfes. Diese Informationen werden mit Meldungen aus dem somatosensiblen Analysator gekoppelt, um von der Lage und Bewegung des Kopfes einerseits und der Stellung des Kopfes bzgl. des Rumpfes andererseits Rückschlüsse auf die Lage und Bewegung des Gesamtkörpers im Raum zuzulassen.

Von Bedeutung ist, daß die Informationen aus den verschiedenen Analysatoren in der Regel nicht isoliert wahrgenommen, sondern zu einer multisensorischen Wahrnehmung synthetisiert werden (Jung, 1972). Dadurch schafft sich das sensomotorische System ein einheitliches Umweltbild, das als Voraussetzung für eine geplante motorische Aktion gelten muß. Ebenso wird zur Planung einer *neuen* motorischen Aktion – gestützt auf vorangegangene Wahrnehmungen – im Bewußtsein ein multimodales Modell repräsentiert, dessen Komponenten, je nach Aufmerksamkeitbahnung, vorwiegend visueller und somatosensibler Natur sind.

Multimodale motorische Modelle (eigenmotorische Bewegungsbilder) werden durch das sensomotorische System „Mensch" zweitsignalisch mit Zeichen (Superzeichen) belegt, die von einfachsten Gelenkwinkelveränderungen bis zu komplexen Handlungsabläufen hierarchisch geordnet sind, wobei sie aber zunehmend von der aktuellen sensomotorischen Realität abstrahiert sind (Volpert, 1971). Zeichen und Superzeichen, besonders diejenigen einfachster motorischer Grundmuster, enthalten, entsprechend den ihnen zugeordneten multisensorischen Vorstellungsbildern, Informationen der verschiedenen Sinnesmodalitäten. Verbalisierungen wie „die Hand nach vorn stoßen", „die Hand nach vorn schieben", „die Hand nach vorn drücken", „die Hand nach vorn schleudern" informieren nicht nur über räumliche Bedingungen, z. B. über die an der Aktion beteiligten Gliedersysteme des sensomotorischen Systems und über die Bewegungsrichtung, sondern vor allem über dynamische, auf die Wahrnehmung der Somatosensibilität gegründete Prozesse. Mit diesen Informationen sind vornehmlich die Verben beladen, was aus der Gegenüberstellung der Superzeichen von verwandten Tätigkeiten (z. B. schreiten – gehen – wandern – laufen – rennen – sprinten) hervorgeht. Reichen Verben zur Charakterisierung der Dynamik eines Verhaltensaktes nicht aus, kann durch Zuhilfenahme von adverbialen Bestimmungen eine Präzisierung der verbalisierten dynamischen Information erreicht werden. Diese Superzeichen dienen nicht nur dem sensomotorischen System zur Bildung eines zweitsignalischen Verhaltensmodells mit zunehmender Generalisierung und Abstraktion, sondern ihre eigentliche Aufgabe liegt im Kommunikationsprozeß zum interindividuellen Informationsaustausch.

Da alle sensomotorischen Systeme auf gleiche Weise (bzw. mit für diese Fragestellung unerheblichen Differenzen) die Umwelt und die motorischen Aktionen multisensorisch analysieren, ist gewährleistet, daß – bei entsprechender Vorinformation bzw. bei übereinstimmendem Zeicheninventar — eine korrekte Verarbeitung des multisensorischen Informationsgehaltes der Tätigkeitswörter und Umstandsbestimmungen im Kommunikationsprozeß garantiert wird.

Nun werden in der informationstheoretisch begründeten Sensomotorik in programmierten Instruktionen und Basaltexten solche Wörter, die Intensitäten benennen, die also einen wesentlichen Teil der die Somatosensibilität betreffenden Informationen enthalten, vermieden (Ungerer, 1971, 126). Schaller (1973, 361) ergänzt dazu: „Der Basaltext darf nur solche Informationen enthalten, die sich auf den Lernprozeß beziehen." Es ist im folgenden zu prüfen, ob nicht gerade diejenigen Wörter, die dynamische Informationen enthalten, für den

Lernprozeß von Bedeutung sind. In diesem Zusammenhang muß gefragt werden, ob durch eine Analyse sportmotorischer Fertigkeiten nur nach räumlich-zeitlichen Gesichtspunkten ein dem sensomotorischen System unserer Definition (s. o.) adäquates – nämlich ein der Multimodalität der Wahrnehmung entsprechendes – informatives Material gewonnen werden kann.

2. Die räumlich-zeitliche Strukturanalyse sportmotorischer Fertigkeiten

Eine räumlich-zeitliche Strukturanalyse ist ein Verfahren zur Registrierung der sichtbaren – nach den Kategorien Raum und Zeit klassifizierbaren – Positionsveränderungen des menschlichen Körpers bzgl. der Umwelt bzw. einzelner Körperteile bzgl. anderer Körperteile und bzgl. der Umwelt im Laufe einer motorischen Fertigkeit, ein Zergliedern der Fertigkeit in nicht weiter teilbare räumlich-zeitliche Elemente und eine Darstellung der zeitlichen Kopplung der Elemente.

Da die einfachste Methode, einen Bewegungsablauf nach den Kategorien Raum und Zeit zu analysieren, nämlich das Beobachten des motorischen Ablaufs, aufgrund der „Flüchtigkeit" dieser räumlich-zeitlichen Gestalt keine hinreichend exakten und objektiven Ergebnisse liefert, bedient man sich der Kinematographie, die die räumlich-zeitliche Gestalt überdauernd fixiert und auf diese Weise einer eingehenden Analyse zugänglich macht. Grundlage für die Zergliederung der motorischen Fertigkeit in räumlich-zeitliche Elemente ist eine exakte Definition der Maßeinheit „räumlich-zeitliches Element" bzw. „sensomotorische Sequenz".

UNGERER (1971, 120) definiert: „Die sensomotorische Sequenz S ist derjenige Abschnitt einer sensomotorischen Fertigkeit, der durch zwei Raumpunkte markiert ist, an denen ein ausgewählter Punkt der Systemperipherie des Adressaten seine Bewegungsrichtung ändert." Daß diese Definition aus physikalischer Sicht nicht anwendbar ist, haben KRUBER und FUCHS (1973) schon angedeutet, indem sie anmerken, daß ein Punkt bei einer Drehbewegung ständig seine Bewegungseinrichtung ändert und deshalb „eine Kreisbewegung aus einer unendlich großen Zahl von Sequenzen" (S. 134) bestehen müßte. Zusätzlich muß kritisiert werden, daß diese Definition nur für eine zweigliedrige offene ebene kinematische Kette gelten kann. Sobald eine offene kinematische Kette mehr als zwei Glieder beinhaltet und sobald bei einer zweigliedrigen offenen ebenen kinematischen Kette zumindest das proximale Gelenk mehr als einen Freiheitsgrad besitzt, kann das Verhalten eines Punktes der Systemperipherie nicht mehr das Verhalten der proximalen Glieder der Kette bestimmen, was *Abb. 1* verdeutlichen soll.

Da – je nach Fragestellung und Untersuchungsziel – das sensomotorische System oder seine Systemteile im Laufe einer sensomotorischen Fertigkeit zwei- oder mehrgliedrige, offene oder geschlossene, ebene oder räumliche Ketten darstellen können, muß bei einer räumlich-zeitlichen Strukturanalyse das Verhalten eines jeden Gliedes der kinematischen Kette gesondert betrachtet werden. Dieser Umstand ist bei der Definition des *räumlich-zeitlichen Elementes* zu berücksichtigen.

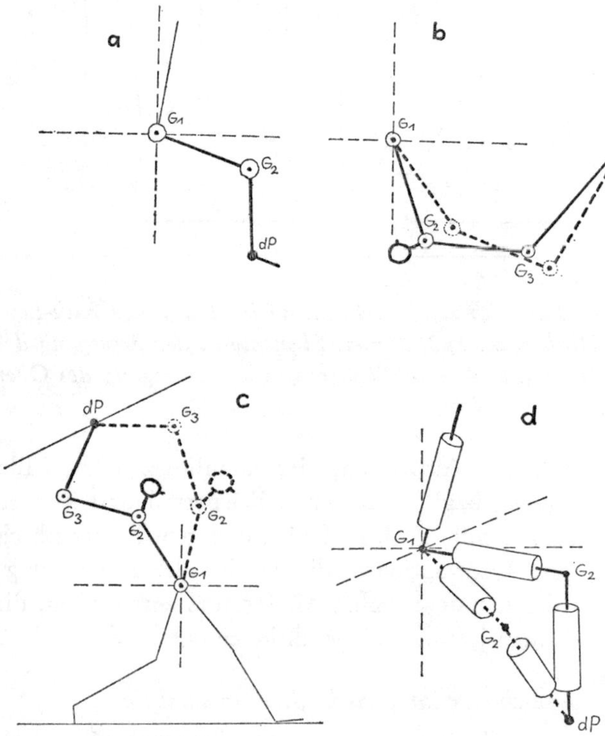

Abb. 1 a) Zweigliedrige offene kinematische Kette des Schwungbeines beim Hitch-Kick; b) dreigliedrige offene ebene kinematische Kette des Körpers beim Schwingen am Reck; c) dreigliedrige offene kinematische Kette beim Sperrwurf; d) zweigliedrige offene räumliche kinematische Kette des Schwungbeines beim Hitch-Kick. dP distaler Punkt der kinematischen Kette (freies Ende). G_1, G_2, G_3,: Gelenke der kinematischen Kette (G_1 = proximales Ende der kinematischen Kette)

Aus diesem Grunde wird hier folgende Definition vorgeschlagen:
Ein räumlich-zeitliches Element einer motorischen Fertigkeit ist derjenige Abschnitt in der Drehbewegung eines Körpergliedes um das zugehörige proximale Gelenk, der durch Stillstand, Änderung des Drehsinnes und/oder Änderung der Gelenkachse begrenzt ist.
Die Anzahl der räumlich-zeitlichen Elemente im Laufe der Kick-Bewegung des Schwungbeines beim Hitch-Kick ergibt sich nach dieser Definition aus *Abb. 2*, wobei vermerkt werden muß, daß die Positionsveränderungen des Rumpfes bzgl. der Umwelt und mögliche Änderungen der Drehachsen im Hüftgelenk – etwa bei einem seitlichen Führen des Oberschenkels nach vorn – noch nicht berücksichtigt sind. Die einzelnen Sequenzen lauten (räumlich-zeitlich), ohne im einzelnen auf die zutreffenden Winkelgrade einzugehen:
1. Strecken des Kniegelenkes.
2. Gleichzeitig beginnt ein Strecken des Hüftgelenkes.
3. Im Zeitpunkt der maximalen Streckung des Hüftgelenkes: Beugen des Kniegelenkes.
4. Beugen des Hüftgelenkes.
5. Im weiteren Verlauf des Beugens des Hüftgelenkes: Strecken des Kniegelenkes.

Mindestens derjenige, der die Kickbewegung schon ausgeführt hat, wird feststel-

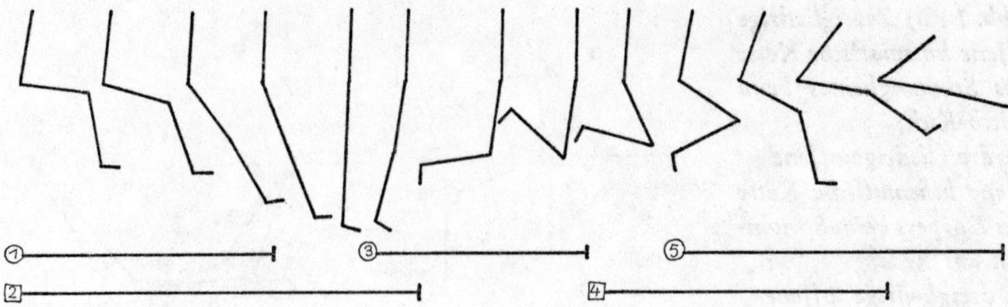

Abb. 2 Räumlich-zeitliche Elemente im Laufe der Kick-Bewegung des Schwungbeines beim Hitch-Kick. 1, 3, 5: r.-z. Elemente in der Bewegung des Unterschenkels bzgl. des Kniegelenkes. 2, 4: r.-z. Elemente in der Bewegung des Oberschenkels bzgl. des Hüftgelenkes

len, daß in der Aufzählung der räumlich-zeitlichen Elemente wesentlich mehr Informationen bzgl. Raum bzw. Körperteil und Zeit stecken, als für die Ausführung notwendig sind. Es fehlen dagegen dynamisch-eigenmotorische Informationen, also Informationen, die den bei der Ausführung eingehenden Wahrnehmungen des somatosensiblen Analysators entsprechen, die jedoch für die Gestaltung der Intensität der Körperaktionen notwendig sind.

3. Dynamisch-eigenmotorische Strukturanalyse

Eine dynamisch-eigenmotorische Strukturanalyse ist ein Verfahren zur Bestimmung der während der Realisierung auftretenden – nach den Kategorien Körperabschnitt und/oder Raum, Intensität und Zeit klassifizierbaren – Wahrnehmungen der beteiligten Analysatoren im Laufe einer motorischen Fertigkeit, ein Zergliedern der Fertigkeit in nicht weiter teilbare dynamisch-eigenmotorische Elemente (= Bewegungsakte) und eine Darstellung der Intensität und der zeitlichen Kopplung der Elemente. Hierbei sind *Bewegungsakte — als nicht weiter zergliederbare Funktionselemente einer motorischen Fertigkeit – solche Abschnitte in der Bewegung eines ausgewählten Körperabschnittes, die durch – von Muskelaktionen hervorgerufenen — Änderungen der Modalität und/oder Qualität innerhalb des Wahrnehmungskomplexes im zutreffenden Körperabschnitt begrenzt sind.*

Die verbale Fassung der subjektiven integrierten multisensorischen Wahrnehmungen während einer Kickbewegung könnte eine folgende Form zeigen: 1. Bewegungsakt: (aus der definierten Ausgangsstellung) kräftiges Schwingen oder Schlagen des Oberschenkels bei entspanntem Knie nach unten hinten. 2. Bewegungsakt: Vorschwingen des Knies und nachfolgendes Vorstrecken des Unterschenkels nach vorne.

In dieser Beschreibung enthalten die Begriffe „kräftig", „schwingen", „schlagen", „vorschwingen", „strecken" die dynamischen Informationen, die den Wahrnehmungen des somatosensiblen Analysators entsprechen. Die räumlichen und zeit-

lichen Informationen sind unschwer zu erkennen. Allerdings ist das anfängliche Strecken des Knies und das Beugen des Knies am Ende des Rückschwunges nicht berücksichtigt. Eine biomechanische und funktional-anatomische Analyse der Kickbewegung wird die Berechtigung dieser Unterlassung verdeutlichen:
Ausgehend von der in *Abb. 3* dargestellten Ausgangsstellung bedarf es lediglich eines einzigen Muskelkontraktionsaktes, nämlich der Kontraktion des M. glutäus, um mehrere räumlich-zeitliche Sequenzen zu verwirklichen. 1. Der Oberschenkel wird nach unten hinten geschwungen. 2. Da die Muskeln des Kniegelenkes entspannt sind, wird aufgrund der Trägheit des Unterschenkels (und besonders auch dann, wenn von der Schwungarbeit der Absprungbewegung im Unterschenkel des Schwungbeines noch ein Rückwärtsdrehimpuls vorhanden ist) das Kniegelenk in die Streckung gezwungen. 3. Wird gegen Ende der Rückschwungbewegung der Oberschenkel im Hüftgelenk kapsulär abgebremst, bleibt der Drehimpuls des Unterschenkels bei entspannten Muskeln des Kniegelenks erhalten und läßt den Unterschenkel nach hinten oben um das Kniegelenk drehen. Die am Ende des 1. Bewegungsaktes erreichte Situation geht fließend in den zweiten Bewegungsakt über, der aus einer Kontraktion des M. iliopsoas und M. rectus femoris besteht *(Abb. 3)*. Durch ihn wird zuerst das Knie (und damit der Ober-

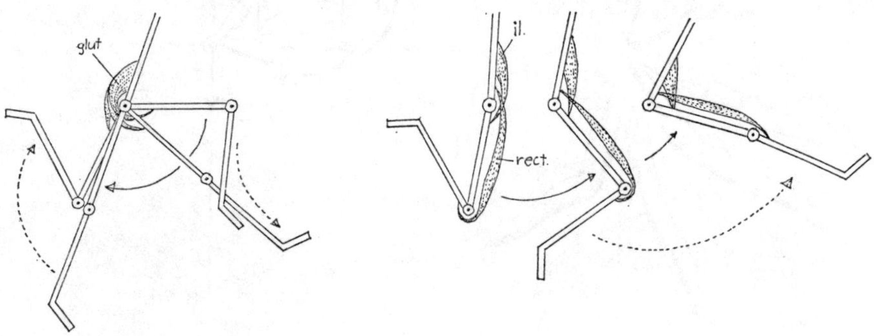

Abb. 3 Muskelaktionen im Verlauf der Kick-Bewegung des Schwungbeines beim Hitch-Kick. glut: M. glutäus maximus. il: M. iliopsoas. rect: M. rectus femoris

schenkel) nach vorn bewegt, wobei durch die Wirkung der Trägheit des Unterschenkels zunächst das Knie gewinkelt bleibt, dann aber, da der M. rectus femoris als zweigelenkiger Muskel auch über das Knie zieht, das Kniegelenk nach vorn gestreckt. Mit dem obigen sollte deutlich gemacht werden, daß die Ergebnisse einer räumlich-zeitlichen und einer dynamisch-eigenmotorischen Strukturanalyse nicht identisch sein müssen.
Zwar hat die räumlich-zeitliche Analyse den Vorteil einer gewissen Objektivität, ihr fehlen aber Informationen, die das sensomotorische System unserer Definition zur Planung eines multimodalen Vorstellungsbildes benötigt. Stattdessen enthält eine auf räumlich-zeitlicher Strukturanalyse beruhende Ausführungsvorschrift zwangsläufig räumlich-zeitliche Informationen, die zur Planung eines multimo-

dalen Vorstellungsbildes überflüssig sind. Wie weit sich diese auf statistischem Wege selektieren lassen, bleibt fragwürdig. Der Nachteil der dynamisch-eigenmotorischen Analyse, die fehlende Objektivität, kann durch interpretierende biomechanische und funktional-anatomische Betrachtung wettgemacht werden.

Abschließend soll ein weiteres Beispiel (solche ließen sich in beliebiger Zahl aufführen) die Diskrepanz zwischen den hier zur Debatte stehenden Analyseverfahren verdeutlichen.

Betrachtet man einen Turner bei der Realisierung einer Ristgriff-Riesenfelge, so wird man bei idealer Ausführung während des ersten Abschnittes der Drehbewegung um rund 110 Grad von der Senkrechten über der Reckstange abwärts *(s. Abb. 4a, Sektor a)* im Hüftgelenk keine Winkeländerung erkennen, was bei

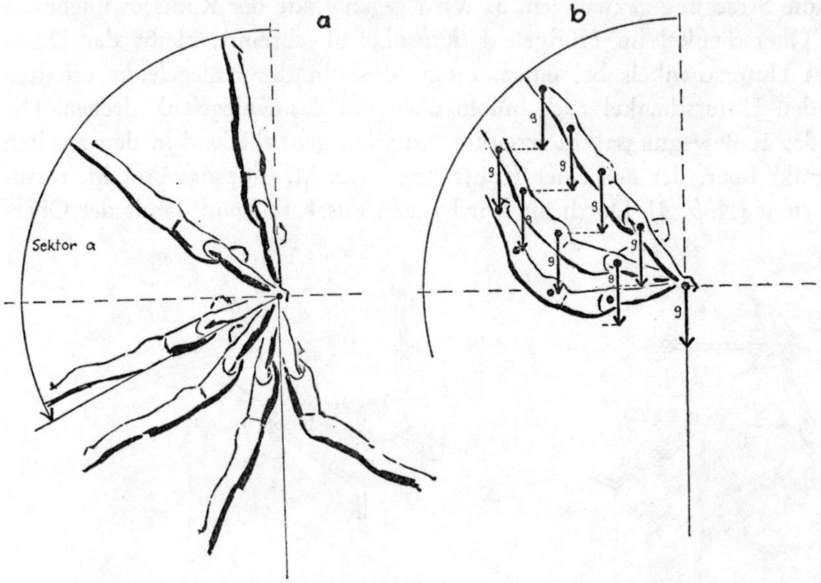

Abb. 4 Ausschnitt aus der Riesenfelge vorlings rückwärts. a) Idealform; b) Wirkung der Erdbeschleunigung bei völlig inaktivem Körper; g: Erdbeschleunigung

einer räumlich-zeitlichen Strukturanalyse entsprechend berücksichtigt werden müßte. Tatsächlich weiß aber der Turner, der den Riesenfelgumschwung richtig ausführen kann, daß er während dieser Phase im Bereich des Hüftgelenkes sehr wohl eine Aktion ausführen muß, die von entscheidender Bedeutung für das Gelingen des Riesenfelgumschwunges ist und dessen multimodales Wahrnehmungs- bzw. Vorstellungsbild mit „Nach-unten-drücken der Fußriste" oder auch „Abwinkeln des Hüftgelenkes" beschrieben werden kann. Dieser subjektive Eindruck besteht auch dann, wenn bei idealer Ausführung der Körper in sich völlig gerade bleibt.

Die Notwendigkeit dieser Aktion läßt sich biomechanisch wie folgt begründen: Befindet sich der Körper des Turners in einem Schräghandstand auf der Reck-

stange *(Abb. 4b, oberste Figur)*, wirkt auf jeden Punkt des Körpers die Erdbeschleunigung mit gleicher Stärke. Die Punkte sind bestrebt, unter der Wirkung der Erdbeschleunigung gleiche Wege nach unten zurückzulegen.
Da aber die gestreckten Arme durch die Hände an der Reckstange „befestigt" sind, die Schulter bis zur Hemmung maximal gestreckt ist, zeigen besonders die Wirbelsäule, das Hüft- und das Kniegelenk das Bestreben, sich zunehmend zu beugen. Um eine für die Ausführung der Riesenfelge unzweckmäßige Hohlkreuzhaltung zu vermeiden, muß der Turner sich dieser Wirkung ständig widersetzen, indem er die oben beschriebene Aktion ausführt und – im Idealfall – hinsichtlich der Intensität so koordiniert, daß der Körper in sich gerade bleibt.
Aufgrund dieser Beispiele muß gefordert werden, daß sich eine Bewegungsanweisung – soll sie zu einer dem äußeren Ablauf adäquaten multimodalen Bewegungsvorstellungen führen – auf eine dynamisch-eigenmotorische Strukturanalyse, die mit biomechanischen und funktional-anatomischen Überlegungen gekoppelt ist, gründen. Eine räumlich-zeitliche Strukturanalyse kann nur durch eine Verbindung mit biomechanischen Betrachtungen falsche oder überflüssige Informationen ausschalten und fehlende Informationen nachliefern.

4. Zum Rhythmus sportmotorischer Fertigkeiten

Die mit biomechanischen Betrachtungen gekoppelte dynamisch-eigenmotorische Strukturanalyse liefert einen weiteren Vorteil: Sie kann dem Adressaten eine Information über den Rhythmus des Bewegungsablaufes bieten, wobei hier unter dem Begriff *„Rhythmus" die Menge der zeitlichen Kopplungen der Intensitätsunterschiede im Krafteinsatz des ganzen Körpers während des Bewegungsvollzuges* verstanden werden soll. Hierbei ist darauf hinzuweisen, daß bei gleichzeitig ablaufenden Aktionen derjenige Krafteinsatz die Gestalt des Rhythmus bestimmt, der aufgrund eigenmotorischer und biomechanischer Analysen für die Realisierung des Ablaufes besonders relevant ist.
Die Wiedergabe eines Bewegungsrhythmus in schriftlicher (und mündlicher) Form muß demnach Informationen über zeitliche und dynamische Merkmale enthalten. Dazu empfiehlt sich die Verwendung von solchen Silben und Wörtern, die einen Bedeutungsbezug auf die korrespondierenden Körperaktionen besitzen. Die zeitliche Information kann durch Verwendung der aus der Musik bekannten Notenschrift, die dynamische Information durch Accent aigus über den Noten geliefert werden. Letztere werden entsprechend der Intensität der Körperaktionen unterschiedlich stark dargestellt. Am Beispiel des Rhythmus des Handstandüberschlages vorwärts am Boden soll dies verdeutlicht werden *(Abb. 5)*.

Da die spezifischen äußeren und inneren biomechanischen Bedingungen einer motorischen Fertigkeit die zeitliche Reihenfolge und die Intensität der Körperaktionen bestimmen, wird der Bewegungsrhythmus durch die biomechanische Situation geprägt. Somit hat die Idealform eines jeden Bewegungsablaufes einen spezifischen Rhythmus, der durch dynamisch-eigenmotorische und/oder biomecha-

Abb. 5

nische Strukturanalysen bestimmt werden kann. Die im Rhythmus enthaltenen Informationen ermöglichen es dem Adressaten, die korrekte zeitliche und dynamische Kopplung der Bewegungsakte der motorischen Fertigkeit zu finden und die Idealform der motorischen Fertigkeit zu realisieren. Damit ist die Bedeutung dynamischer Informationen für den Lernprozeß aufgezeigt.

LITERATUR:

JUNG, R.: Einführung in die Bewegungsphysiologie. In: HAASE, J. u. a., Sensomotorik. Band 14 der Physiologie des Menschen (von GAUER/KRAMER/JUNG). München–Berlin–Wien 1976.

KRUBER, D./FUCHS, E: Programmiertes Lehren und Lernen im Sportunterricht. Schorndorf 1973.

SCHALLER, H.-J.: Strukturanalyse und Basaltexterstellung. In: Sportunterricht 22 (1973) 10, 359–366.

UNGERER, D.: Zur Theorie des sensomotorischen Lernens. Schorndorf 1971.

VOLPERT, W.: Sensomotorisches Lernen. Frankfurt a. M. 1971.

Joachim K. Rühl

Zur Rotationstechnik im Sportcurriculum der reformierten gymnasialen Oberstufe

Einer der HANEBUTHschen Maximen „aus der Praxis für die Praxis“ (HANEBUTH, Vorwort) zu arbeiten, folgend, der sich noch heute viele seiner Schüler verpflichtet fühlen und die auch wesentlich mit dazu beigetragen hat, daß der Schulsport so manchen innovatorischen Impuls erhielt, wurden Untersuchungen und Überlegungen angestellt, ob und wie die Rotationstechnik im Kugelstoßen für den Schulsport fruchtbar gemacht werden könnte; denn sie fehlt seltsamerweise in den meisten Entwürfen von Sportcurricula der reformierten gymnasialen Oberstufe, welche fast alle auf die traditionelle O'Brien-Technik rekurrieren.

Zu diesem Themenkreis hatte – quasi als pilot-study – Herr H.-G. SCHERER im Jahre 1974 unter der Anleitung von Dipl.-Sportl. G. BIRNMEYER und Ass.-Prof. Dr. J. K. RÜHL eine Diplomarbeit mit dem Titel vorgelegt: „Untersuchung der Rotationstechnik beim Kugelstoß im Vergleich zur O'Brien-Technik“, deren wichtigste Ergebnisse im Jahre 1975 publiziert wurden (SCHERER, 2).

Empirisch angelegte Studien der vorgenannten Art sollten heutzutage jeder Einführung neuer Lerninhalte an Schulen vorgeschaltet werden, damit nicht traditionelle Inhalte unreflektiert, resp. nur leicht variiert übernommen oder gar kurzlebige Modetrends in pädagogisch nicht zu verantwortender Weise gleich an den Schülern als späteren Adressaten ausprobiert werden können, wie z. B. der Salto-Weitsprung und die Hay-Technik im Hochsprung.

Aus der o. a. pilot-study konnten folgende Erkenntnisse und Trends gewonnen werden, die mit als Grundlage bei der späteren Umsetzung in die Schulpraxis dienen sollten (SCHERER, 2):

1. Bewegungsqualität und Stoßleistung sind bei der Rotationstechnik weniger konstitutionsabhängig; beide korrelieren mit der Qualität und Stoßleistung in der O'Brien-Technik.
2. Die Stoßleistung in der Rotationstechnik korreliert stark mit der Leistung im Diskuswurf.
3. Die Rotationstechnik ist der O'Brien-Technik in jeglicher Hinsicht ebenbürtig, erfordert jedoch mehr und intensiveres Techniktraining.
4. Als verläßliche Kontrollübungen bieten sich an: Standstöße und Kugelwürfe rückwärts über den Kopf, Bankdrücken und Kniebeugen mit der Scheiben-

hantel. Schnelligkeitstests sind weniger aussagekräftig (40 m fliegend), ebenso der Dreierhop.

Aus diesen Ergebnissen ist zu schließen, daß sich die Rotationstechnik auch für den Schulsport in der Oberstufe eignen müßte.

I. Zur Morphologie der Zielbewegung

Die folgenden Abbildungen Nr. 1—14 zeigen die Technik des deutschen Juniorenmeisters im Kugelstoßen und Diskuswerfen (1974) und Dritten bei den Deutschen Meisterschaften im Diskuswerfen (1975), Wolfgang Klein, Student am Sportwiss. Institut der Hochschule des Saarlandes. Herr Klein ist Linksstoßer; zum besseren Verständnis wurden die Abbildungen seitenversetzt kopiert.

1. Kugelhaltung

Die Kugel wird – wie bei der O'Brien-Technik – auf den Fingerwurzeln gehalten. Sie *muß* Hals oder Kinn berühren. Der Ellenbogen ist leicht angehoben (Nr. 1—5).

2. Ausgangsstellung

Der Stoßer steht am hinteren Kreisrand mit dem Rücken in Stoßrichtung (Nr. 1). Der li. Fuß steht auf oder li. neben der Mittellinie; der re. Fuß steht re. von der Mittellinie des Stoßkreises (Nr. 1/2).

3. Ausholen und Drehsprung

Der Stoßer dreht den Oberkörper auftaktisch nach re., beugt stark bis mittelmäßig ab und verlagert das Gewicht kurzzeitig auf das re. Bein (Nr. 1). Der li. Arm bleibt locker und fast gestreckt; der Schultergürtel ist geschlossen (Nr. 1/2). Der li. Fuß dreht auf dem Ballen neben der oder auf der Mittellinie im Gegen-Uhrzeigersinn nach außen. Das Gewicht verlagert sich nach Beendigung der Ausholbewegung auf das li. Bein (Nr. 2). Der re. Fuß stößt sich vom Boden ab. Das Gesamtgewicht ruht auf dem sich drehenden li. Bein (Nr. 2/3/4). Das re. Bein schwingt in großem weitem Bogen aus einem Unterschenkelkick (Nr. 3—5) vor bis zur Kreismitte, wo es — sich schnell senkend — aufsetzt (Nr. 5). Sobald die Brust in Stoßrichtung zeigt, wird mit dem li. Bein abgesprungen. Dieses li. Bein wird schnell und eng am re. Bein vorbeigezogen, damit die Rotation des Beckengürtels beschleunigt wird (Nr. 5—8), und an den Stoßbalken gesetzt (Nr. 9). Der Oberkörper — mit weit zurückhängender Stoßschulter! — richtet sich dabei langsam auf. Der li. freie Arm wird weit geführt und erst im Ausstoß der Kugel schnell und angewinkelt an die li. Körperseite gezogen und dort fixiert (Nr. 11—13).

4. Stoßauslage

Sie ist mit beidbeinigem Bodenkontakt erreicht (Nr. 9). Der Rücken zeigt in Stoßrichtung. Der Beckengürtel ist der Rotation des Schultergürtels weit vorausgeeilt (Nr. 10) und schafft somit eine echte Verwringung. Der Schultergürtel ist geschlossen.

Abb. 1 *Abb. 2* *Abb. 3* *Abb. 4* *Abb. 5* *Abb. 6* *Abb. 7*

Abb. 8 *Abb. 9* *Abb. 10* *Abb. 11* *Abb. 12* *Abb. 13* *Abb. 14*

5. Ausstoß

Der Stoß beginnt durch Bewegungsübertragung vom re. auf das li. Bein, unterstützt vom Nach-vorne-oben-Heben der re. Körperseite (übertrieben in Nr. 10–11). Das li. Bein stemmt und fixiert dann Hüfte und Knie. Die Stoßschulter wird angehoben, der Ellenbogen bleibt hinter der Kugel, welche mit einer Drehung der Handfläche nach außen gestoßen wird. Der li. Arm fixiert dabei die li. Schulter. Er darf nicht nach hinten durchschwingen; die Hüfte darf nicht nach li. unten gerichtet sein. Stützabstoß ein- oder beidbeinig, resp. Herausspringen der Kugel und Abfangen auf dem re. Bein (Nr. 9–14).

Diese Technik wurde auf der Basis der bisher gewonnenen Erkenntnisse im ersten Halbjahr einer Obersekunda, einer 11.1, eingeführt. Da dieser erste Versuch sehr vielversprechend verlief, lassen sich die folgenden Gesichtspunkte generalisieren.

II. Didaktische und curriculare Kriterien bei der Lernzielbestimmung

Meistens wird ein ganzes Bündel von Lernzielen gleichzeitig verfolgt. Bei der Einführung und Erprobung eines neuen Curriculums bietet sich immer die Möglichkeit an, Lernziele neu zu überdenken, festzuschreiben oder zu verwerfen. In Anbetracht der Tatsache, daß sich kreislaufintensivere und Freizeitsportarten in Zukunft den Schulsport erobern dürften (Sport, S. 79), ist es – auch einmal medientechnisch gesehen – angebracht, exemplarisch in eine sensomotorische Fertigkeit einzuführen, die erheblich über die Alltagsmotorik hinausführt, wenn sie in der Feinform beherrscht wird. Es gilt, eine Neuerung auf der Basis von ausgiebigen Vorversuchen einzuführen sowie bereits Gekonntes (Diskuswurf) auf die

Zielübung und neu Erlerntes in einem späteren Schritt motorisch oder kognitiv auf andere Bereiche zu übertragen.
In der 11.1 bestehen aus folgenden Erwägungen für die Einführung der Rotationstechnik die günstigsten Voraussetzungen:

1. Der organisatorische Aspekt

Die 11.1 befindet sich in der Orientierungsphase, einer Vorstufe zur eigentlichen gymnasialen Oberstufe, mit (länderunterschiedlich) 2–3 Std. Sportpraxis und 1 Std. wahlfreier Sporttheorie. Am Übergang von der 11.1 zur 11.2 hat jeder Schüler die sog. „Leistungsschleuse" zu passieren, in der sich endgültig entscheidet, ob Sport als Leistungskursfach gewählt werden kann oder nicht; denn z. T. ist die Note „gut" Vorbedingung, z. B. beim verkürzten Abitur. Die 11.1 wird noch im geschlossenen Klassenverband und nicht mit den Ausbildungsstufen I-III im Kurssystem unterrichtet. Sie zeigt das gesamte Spektrum vom Akzelerierten bis zum motorisch Retardierten, was eine breitgefächerte Differenzierung in der Lernorganisation erfordert. Daher sollte vermehrt in Klein- und Kleinstgruppen gearbeitet werden, damit *alle* Schüler Gelegenheit erhalten, sich auch im sozialaffektiven Sektor zu bewähren, der häufig nur den besten Schülern vorbehalten bleibt. In der gesondert eingerichteten Theoriestunde lassen sich die Praxis unterstützende Grundsätze der Trainingslehre und eventuell der Biomechanik behandeln.

2. Der interdisziplinäre Aspekt

Spätestens im Physikunterricht der Klasse 10 werden Grundlagen und Gesetzmäßigkeiten der (Bio)-Mechanik (Kinematik, Dynamik) behandelt, die besonders auf der kognitiven Ebene für die Erlernung der Rotationstechnik fruchtbar gemacht werden können: Einsichten in Grundlagen der Translation und Rotation, die Wirkungsweise der Newtonschen Axiome sowie die Relation von Massenträgheitsmoment und Winkelgeschwindigkeit. Sie sind in der Theoriestunde praxisbezogen zu wiederholen und aufzufrischen, um später bei den methodischen Einzelschritten rationell und wirkungsvoll eingesetzt werden zu können.

3. Der Aspekt der Entwicklungsgemäßheit

Der Gesichtspunkt der Entwicklungsgemäßheit ist wohl das bedeutendste Kriterium sportdidaktischer Reflexion schlechthin. Generell ist das sportmotorische Leistungsprofil der 16–17jährigen keinesfalls homogen und entspricht auch nur in den wenigsten Fällen dem kalendarischen Alter. Akzelerierte und Retardierte machen Orientierungen nach unten (bis zu ca. 15 Jahren) und nach oben (bis zu ca. 19 Jahren) erforderlich. Im Alter von 15–19 Jahren besitzt der Jugendliche im Normalfall eine hohe physische Leistungsfähigkeit und eine gute Bewegungsbeherrschung im peripheren Bereich, was für die Rotationstechnik von entscheidender Bedeutung ist. Bei individueller Dosierung sind Methoden des Leistungssports durchaus anwendbar. Wenn in den vorangegangenen Klassen auch nur ein einigermaßen passabler Sportunterricht erteilt wurde, dann hat diese Altersstufe ein ausgeprägtes Bedürfnis nach Leistungsvergleich und Wettkampf.

4. Der motivationale Aspekt

Ein sehr ernstzunehmendes Problem stellt die heterogene Interessenlage dieser Stufe und deren Kanalisierung dar. Über eine vorausgeschickte Diskusschulung läßt sich ein erstes Interesse an der späteren Zielübung wecken, welches dann durch geschickt eingeplante Anfangserfolge verstärkt werden muß. Auf dieser Stufe können als Verstärker angesehen werden:

a) die Möglichkeit, durch Teilnahme an einer technikintensiven Ausbildung eine kreislaufintensive Ausbildung zu umgehen
b) Erfolgserwartungen, die man mit seinen eigenen Anfangsleistungen und der Bewährung einer anderen neuen Technik – des Flops – in der Praxis verbindet
c) Zusicherungen, auf individuelles Lerntempo Rücksicht zu nehmen und vermehrt nach dem individuellen Leistungszuwachs zu bewerten; dann kann sich der schlechteste Schüler am meisten verbessern!
d) die Möglichkeit, bei Bewährung Sport im Leistungskursfach weiterführen und schon jetzt Kredite in die Endnote (Abitur) einbringen zu können
e) die Tatsache, daß immer einige Schüler im Leistungskurs Sport studieren und schon jetzt ihr späteres Berufsfeld richtig kennenlernen wollen
f) eine Kombination von Technikschulung und Krafttraining, welches später auch bei anderen leichtathletischen Disziplinen zum Tragen kommt (Diskus, Speer).

Von ausschlaggebender Bedeutung ist zudem nicht nur die Erzeugung von Motivation, sondern deren Erhaltung während des gesamten Lernprozesses; und dies läßt sich u. a. auch durch die Bereitstellung nicht alltäglicher oder neuer Medien erreichen.

III. Der Einsatz von Medien

Nachdem für die Rotationstechnik weder Kurzprogramme, Lernkarten oder Basaltexte, geschweige denn Medien, wie das CAL im Handel verfügbar sind, die nahezu alle ohnehin den Nachteil gehabt hätten, den Schüler – trotz besserer Einsichten – im Lernprozeß weitgehend zu isolieren und Kommunikation und Interaktion auf ein nicht vertretbares Maß zu reduzieren, muß auf die Selbstherstellung von Super-8-Filmen zurückgegriffen werden.

Von der Zielbewegung werden zunächst aus allen vier Positionen und zusätzlich von oben Filmschlaufen mit der Zielbewegung hergestellt und später auf drei Bilder pro Sekunde im Projektor gedehnt. Über die beschleunigte Wiedergabe (Zeitraffereffekt) lassen sich darüber hinaus im Sinne der Motodiagnostik Kiphardscher Prägung Unebenheiten im Bewegungsfluß besonders gut erkennen.

Analog wird in ansteigenden Könnensstadien ebenfalls von jedem Schüler ein Film hergestellt (Kosten: 9,50 DM) und in Einzelschlaufen zerlegt. Ein mit Maske für Super-8-Filme versehener und mit zwei seitlichen Spulen ausgerüsteter Leitz-

Prado-Diaprojektor eignet sich besonders gut für ein stufenloses, manuelles Vor- und Zurückführen der Filmschlaufen, das jeder Schüler mit seinem eigenen Film selbst vornehmen kann. Eine – allerdings recht lichtschwache – Stillstandprojektion im abgedunkelten Raum ist ebenfalls möglich. Durch Vergleiche mit der vorgegebenen Bewegungsnorm — die gleichzeitig mit einem zweiten Gerät projiziert werden kann – lassen sich Übereinstimmungen und Abweichungen bei jedem einzelnen Schüler diagnostizieren und individuell korrigieren. R. Diezemann hat zusätzlich noch einen schwenkbaren Spiegel vor dem Leitz-Prado für die Projektion an der Hallendecke angebracht, der bei uns jedoch, wegen des Einsatzes eines zweiten Gerätes, keine Verwendung fand. Eigene Filmschlaufen besitzen gegenüber dem Videorekorder den Vorteil größerer Bildschärfe und besserer Bildqualität. Sie sind zudem für die Schüler wesentlich handlicher und nicht störanfällig. Aufnahmen können darüberhinaus auch nicht versehentlich gelöscht werden. Trotzdem sollte der Videorecorder, der in der gymnasialen Oberstufe in der Sportmediothek nicht wegzudenken sein dürfte, zusätzlich bei der Formbewertung eingesetzt werden.

Speziell für die Erlernung der Rotationsbewegung im Kugelstoßen wird der Drehteller benutzt, der meistens zu den Ausstattungsgegenständen der Physikabteilung gehört. Ein gut auf Rollen gelagerter und mit Mittelachse versehener flacher Drehteller, der unschwer in jedem Klempnerbetrieb anzufertigen ist, wird auf einer großen Sperrholzplatte montiert und – wenn möglich – so in die Erde eingelassen, daß die Erdoberfläche und die Telleroberseite ebenerdig abschließen. Später kann der Kugelstoßkreis so versetzt werden, daß, zu Übungszwecken, einmal das li. Bein beim Andrehen auf dem Teller steht, ein anderes Mal das re. Bein nach dem Drehsprung auf den Drehteller aufsetzen muß. Doch dies ist nur in den seltensten Fällen und erst in der Phase der Feinform zu erreichen. Medien der o. a. Art garantieren in den meisten Fällen ein nicht nachlassendes Schülerinteresse über eine längere Zeitspanne hinweg.

IV. Zur Praxis und Lehrmethode

In der Praxis wäre es wenig sinnvoll und viel zu eintönig, wollte man ausschließlich die Rotationstechnik lehren. Es ist selbstverständlich, daß – wie im normalen Sportbetrieb – ständig kompensatorische Spiele eingeschaltet werden müssen. Außerdem ist es ratsam, wie in der Vorstudie, zweigipflig zu arbeiten und ein gezieltes Krafttraining (u. U. mit Einschluß der eingangs aufgeführten Kontrollübungen) parallel laufen zu lassen. Auf diese Weise läßt sich auch die Zeit überbrücken, die für die Entwicklung der Filme angesetzt werden muß. Ein begleitendes Hantel- und Konditionstraining mit primärer Krafterwerbskomponente könnte folgende Übungen enthalten: Taschenmesserklappen mit ansteigender Sandsackbelastung, Bankdrücken schräg und waagerecht, Hangreißen, Kniebeugen mit der Scheibenhantel, Umsetzen und die halbklassische Übung Ständerstoßen.

Auch hier werden, wie bei den Spielen, keine detaillierten Lockerungsübungen aufgezählt, weil dies den Rahmen des Themas sprengen würde.

Mit Hilfe einer Anamnese vorangegangener Leistungen läßt sich das mittlere Maß für die Anfangsdosierung bei jeder Kraftübung bestimmen. Um die Schüler vor Überforderungen und Verletzungen zu bewahren, sind nach jeweils drei Wochen Maximaltests zwischenzuschalten, die dazu dienen, die optimale Trainingsdosierung in Prozent der Maximalleistung neu zu bestimmen (Arndt-Schultzsche Regel). Das Training selbst sollte nach der bekannten Pyramidenmethode erfolgen, um dem Entwicklungsstand eines jeden Schülers gerecht zu werden und ein hohes Maß an Trainings- und Leistungsdifferenzierung zu erzielen. Die Scheibenhantel erlaubt eine Anpassung an jedes Lerntempo. Schon aus haftungsrechtlichen Erwägungen heraus sind doppelseitige und rückwärtige Sicherheitsstellung bei jeglicher Arbeit mit der schweren Scheibenhantel oberstes Gebot.

Die Erarbeitung der Rotationstechnik ist aus kinästhetischen Erwägungen heraus immer der Hantelarbeit voranzustellen. Auch für das Einschleifen der Grobform kann heutzutage keinesfalls auf die Ganzheitsmethode verzichtet werden. Im Gegenteil; sie bildet das konstitutive Element einer Methode, die unter der Bezeichnung „whole-part-whole"-Methode bekannt geworden ist, und eine deduktiv-analytische Zwischenstufe eingeschaltet hat. Sie ist letzten Endes ein Resultat und ein Kompromiß aus dem Ringen der deduktiven und der induktiven Methode um die Vorherrschaft, die sich in der Praxis besonders gut bewährt hat, da sie zunächst eine ganzheitliche grobe Bewegungsbeherrschung erreichen will, auf deren Basis dann Einzelbewegungen korrigiert und erneut in die Schulung des gesamten Bewegungsablaufes zurückgeführt werden. Da sich in der Vorstudie und in Versuchen mit Schulklassen ein positiver Transfer von der Leistung im Diskuswurf auf die Stoßleistung mit der Rotationstechnik ergeben hat, empfiehlt es sich, nach kurzem Aufwärmen, ohne langwierige Vorübungen direkt mit der Drehbewegung zu beginnen. Falls die Klasse die Diskusdrehung nicht in der Grobform beherrscht, sollte eine intensive (zweiwöchige) Diskusschulung der Erarbeitung der Rotationstechnik im Kugelstoßen vorgeschaltet werden. Ansonsten ist folgendermaßen zu verfahren:

1. Übungseinheit

Schleuderballwürfe ohne und später mit Drehung(en). Das Gerät soll mit weit zurückbleibender Wurfschulter geschleppt werden; Dosierung: 15 Würfe. Anschließend wird der Schleuderball kurz gefaßt, jedoch nur, wenn zuvor die Wurfschulter zurückgeblieben war; Dosierung: 15 Würfe. Gelingt es immer noch nicht, die Wurfschulter nachzuziehen, wird auf ein bewährtes Mittel aus der Diskusschulung zurückgegriffen, den 1,00 m bis 1,25 m langen unterarmdicken Baumstamm. Dieser wird mit der li. Hand und abgewinkeltem Arm an der einen Seite in Höhe der li. Schläfe geführt und mit dem re. Arm lang geschleppt. Da das eine Ende immer auf Schläfenhöhe zu bleiben hat, *muß* das andere Ende notgedrungen immer rechts lang geschleppt werden. Als drittes Gerät wird auf den bekannten Diskus zurückgegriffen; Gewicht: 2 kg (sonst wird nicht geschleppt!), Dosierung: 15 Würfe. Das Kugelschocken (Gewicht: 4 kg; Dosierung: 15 Würfe) bildet den Abschluß der Drehungen mit Belastung. Es kann auch in Staffelform über den ganzen Platz erfolgen.

Aufgrund dieser hohen physischen Belastung können anschließend nur noch Mehrfachdrehungen nach re. und li. ohne Gerät angeschlossen werden, welche die Raumorientierung und das Gleichgewichtsempfinden verbessern sollen. Gerade das Gleichgewichtsempfinden ist sehr labil, wird aber ebenso schnell durch wiederholte Übung erneut aufgebaut. Bei den Drehübungen ist primär Wert auf die Steuerungsfunktion des Kopfes zu legen, wie man es besonders gut bei Drehungen im Ballett beobachten kann. Drehungen nach einer Seite sollten anschließend immer durch einige Gegendrehungen neutralisiert werden, sonst kann es passieren, daß sich einige Schüler nachts im Bett zigmal weiter- oder zurückdrehen.

2. Übungseinheit

In der zweiten Übungseinheit wird nur die Grobform des Drehsprungs erarbeitet, und zwar unter Beachtung der praktischen Anwendung der o. a. biomechanischen Prinzipien, vornehmlich der Relation von Massenträgheitsmoment und Winkelgeschwindigkeit (Pirouettenprinzip). Es gilt, aus der Stellung mit dem Rücken in Stoßrichtung nach einer vollen aktiven Umdrehung wieder in diese Stellung zu gelangen, wobei der Beckengürtel dem Schultergürtel jedoch *aktiv* vorausgeeilt, resp. die Wurfschulter (wie in der 1. Übungseinheit) weit zurückgeblieben sein muß, damit eine dynamische Verwringung entsteht (Nr. 1–7).

In dieser Phase läßt sich der Drehteller sehr gut verwenden. Die Schüler stellen sich zunächst beidbeinig auf diesen Teller, werden dann in eine leichte Drehung versetzt und können darauf die Drehgeschwindigkeit durch Annähern und Wegführen der Arme von der Drehachse selbst aktiv regulieren. Das Gleiche läßt sich bei einbeinigem Stand auf der Tellermitte ebenfalls mit dem freien Bein, dem späteren Schwungbein beim Anschwung, erreichen. Nach mehrmaligen Wiederholungen (pro Schüler mindestens 10 bis 20!) geht es vom Drehteller zur Übertragung dieses Prinzips auf den Boden, der eine wesentlich größere Reibung hat. Es ist besonders darauf zu achten, daß die Schüler Schuhe mit konzentrischem Ballenprofil tragen, weil sonst die Belastung im Knie zu hoch wird. Um die erhöhte Reibung zu überwinden, muß das Schwungbein aktiv eingesetzt werden! Auf einem in Stoßrichtung gezogenen Kreidestrich ist der Drehsprung mit weitem freiem Arm und anfangs weitem Kreisbogen des Schwungbeins aus einer explosiven Unterschenkelstreckung (N. 2–5) über ein Kastenoberteil zu üben. Dieser Vergrößerung des Massenträgheitsmoments in der Initialphase (geringe Winkelgeschwindigkeit!) muß eine Erhöhung der Winkelgeschwindigkeit in der zweiten Phase folgen, jedoch primär für die *untere* Körperpartie, denn nur der Beckengürtel soll vorauseilen. Dies kann nur durch ein schnelles An-die-Drehachse-Führen des re., des Schwungbeins, geschehen (Nr. 5–9).

Der freie Arm muß wesentlich langsamer an die Drehachse, hier an den Körper, gezogen und dort später fixiert werden. Anhand des Kreidestrichs und des Aufkommens der Füße kann sich jeder Schüler selbst überprüfen. Im Videorecorder werden dann die Teilbewegungen analysiert und sofort korrigiert.

Diese zweite Übungseinheit ist sehr arbeits- und medienintensiv. Sie muß in der Praxis mehrere Male hintereinander- und später häufig zwischengeschaltet werden, weil es immer wieder Rückschritte gibt. Eine gute Koordination von Einzelsequenzen läßt sich nur durch ständige Repetition des gesamten Bewegungsablaufes erreichen, damit es gelingt, alle störenden Mitbewegungen zu eliminieren. In dieser Einheit ist der Wert guter Vorbilder – es darf auch ruhig wieder einmal der Lehrer selbst sein! – von unschätzbarem Wert. Von vornherein sollte größte Sorgfalt auf die richtige Bewegungsdynamik gelegt werden, die durch ein zu häufiges Verwenden eines Vorbildes in Zeitlupe verfälscht wird.

Als methodische Maßnahme kommt der taktilen Bewegungshilfe besondere Bedeutung zu: damit die Wurfschulter zurückbleibt, muß der Partner den Wurfarm beim Eindrehen halten; wer zu weit springt, erhält Longenhilfe; wer zu kurz springt oder zu passiv, muß ein Kastenoberteil überwinden oder wird geschoben; wer falsch aufsetzt, wird an der Hüfte gehoben und geführt. Gegen Ende dieser Übungseinheit müssen diese Bewegungshilfen jedoch restlos abgebaut sein.

3. Übungseinheit

Die Schüler sollen die Kugel möglichst nahe an der Drehachse führen. Es ist daher zu empfehlen, sofort mit der Männerkugel zu stoßen, die jeden – auch nur beim geringsten Ausweichen nach re. oder li. – sofort dadurch bestraft, daß sie ihn zum Torkeln bringt. Durch häufige Wiederholungen kann jeder selbst spüren, ob er den Fehler wirklich beseitigen konnte oder nicht.

Auf dieser Fertigkeitsstufe ist zu bemerken, daß Schüler Bewegungskorrekturen nur von demjenigen annehmen, der die Zielübung im Hinblick auf technische Ausführung und Stoßleistung besser beherrscht als sie selber. An Bewegungshilfen verbleiben in dieser Einheit lediglich die Verstärkung des Individualrhythmus – sofern dieser dynamisch richtig ist –, die mündliche Korrektur und der Zuruf.

4. Übungseinheit

In der 4. Einheit steht die Schulung des korrekten Ausstoßens der Kugel im Mittelpunkt, bei dem generell keine nennenswerten oder neuen methodischen Maßnahmen angewendet werden müssen. Um die Richtungsstabilität beim Stoßen zu fördern, kann in eine Gasse gestoßen werden, die wesentlich enger als der Sektor ist. Ansonsten ist diese Phase – von der verbesserten Stoßauslage und einem verlängerten Beschleunigungsweg abgesehen – mit der Stoßauslage der bereits beherrschten O'Brien-Technik identisch. Von der schweren Kugel wird auf die 6,25-kg-Kugel übergegangen, die erleichternd wirkt, aber auch die Gefahr in sich birgt, daß stark von der Bewegungsform abgewichen werden kann, solange diese noch nicht gefestigt ist. Notfalls muß auf die schwere Kugel zurückgegriffen werden.

Zur Auflockerung lassen sich mit der leichteren Kugel Staffeln über den ganzen Platz durchführen. Fehler müssen sofort korrigiert werden, damit sich auf dieser labilen Fertigkeitsstufe nichts Falsches einschleift; denn Falsches wird ebenso verfestigt wie Richtiges. Daher ist es erst im Stadium der Festigung einer Bewegung in der Feinform ratsam, vom Üben zum Trainieren überzugehen. Ist erst einmal die Stufe der Feinformung oder gar der Automatisierung durch bewußtes Training erreicht, dann sind kognitive Eingriffe in diesen Automatismus äußerst schwierig, da sich beide gegenseitig nahezu ausschließen. Bei ähnlichen Bewegungen (identical elements) ist ein Umlernen im Sport häufig schwieriger als ein Neulernen. In der 4. Übungseinheit müssen daher oft viele Fehler ausgemerzt werden, die noch mit der O'Brien-Technik erworben wurden: seitliches Abknicken nach li. im Ausstoßen, zu frühes Wegziehen des Stemmbeines, geringes Anheben der Stoßschulter, Abwenden des Kopfes nach li. unten, Durchpendeln des freien Armes nach li. hinten, etc. Da die Verfahren zur Behebung dieser Fehler bekannt sind, brauchen sie an dieser Stelle nicht noch einmal aufgezählt zu werden.

5. Übungseinheit

Die 5. Übungseinheit ist strenggenommen bereits ein Prüfungsabschnitt, in dem eine erste Formbewertung stattfindet. Hier werden Schüler mit gleichen oder ähnlichen Formfehlern zusammengestellt (stilistische Niveaugruppen), die gemeinsam Korrekturen erfahren. Für Schüler ohne diese Fehler wäre ein Verbleiben in der betr. Gruppe mit zu viel Redundanz verbunden. Gegen Ende dieser Übungseinheit werden pro Schüler drei Stöße mit dem Videorecorder aufgenommen und diese nach einem Verfahren, welches Herr Scherer in der pilot-study entwickelt hatte (Scherer, 2; S. 247), nach stilistischen Kriterien aufgeschlüsselt, wobei diese quantifiziert werden können. Die Aufschlüsselung kann nur nachmittags – außerhalb des regulären Unterrichts – erfolgen, da sie zu zeitaufwendig ist. Die Schüler sollten in jedem Falle die Gelegenheit erhalten, bei der Bewertung anwesend zu sein, damit sie die Kriterien für den Bewertungsmaßstab kennenlernen. In der 5. Übungseinheit können auch bereits erste Filmaufnahmen von denjenigen angefertigt werden, die die Zielbewegung einigermaßen beherrschen.

6. Übungseinheit

Auch die 6. Übungseinheit ist ein Prüfungsabschnitt, in dem die erste Leistungsüberprüfung stattfindet. Hier werden Schüler mit annähernd gleichen Stoßleistungen (leistungshomogene Gruppen) zusammengefaßt, die immer bestrebt sind, sich in der Stoßleistung bei drei angesetzten Teststößen gegenseitig zu übertreffen. Wenn alle vorangegangenen Übungseinheiten sachgerecht durchgeführt wurden, dann müssen *alle* Schüler mit der Rotationstechnik größere Weiten erzielen als mit Stößen aus dem Stand. Ungefähr ein Drittel übertrifft erfahrungsgemäß ihre beste Weite mit der O'Brien-Technik (nicht zuletzt auch deshalb, weil diese längere Zeit nicht geübt wurde).

Diese sechs Übungseinheiten sind zeitlich nicht zu begrenzen. Der nächste Schritt darf immer erst dann getan werden, wenn der vorangegangene sicher beherrscht wird. Es gibt Schüler, die kaum je richtig aus der 3. Einheit herauskommen, weil ihr Bewegungsschema zu schnell wieder zerfällt. Sie dürften sich kaum für den Leistungskurs Sport auf der reformierten gymnasialen Oberstufe eignen. Als Grundregel muß bestehen bleiben, daß es vorteilhafter ist, „Rückschritte" in Kauf zu nehmen, als auf nicht gefestigten „Fortschritten" weiter aufzubauen. Zusätzlich zur Auswertung der Bewegungsform mit Hilfe des Videorecorders werden später die Filmaufnahmen jedes einzelnen Schülers mit der Bewegungsnorm, die ebenfalls projiziert wird, verglichen. Schüler mit gleichen Fehlern werden zu stilistischen Niveaugruppen zusammengestellt, deren Fehler in Kleingruppen zu korrigieren sind. Hierbei ist zu beachten, daß nur Stöße auf Weite gefilmt werden; sog. „Demonstrationsstöße" sind ungeeignet, da sie einen völlig anders gearteten zeitlichen und dynamischen Verlauf erkennen lassen.

V. Zusammenfassung

Es wurde versucht zu zeigen, wie man die Rotationstechnik im Kugelstoßen mit in den Kanon der leichtathletischen Disziplinen im Sportcurriculum der reformierten gymnasialen Oberstufe aufnehmen kann, wenn die erforderlichen motorischen und theoretischen Voraussetzungen gründlich parallel erarbeitet und durch ein Konditions- und Krafttraining sowie eine begleitende Einweisung in biomechanische Grundprinzipien gestützt werden.

Beides führt wieder zu einem pädagogischen Grundprinzip zurück, das in der Schule lange Zeit diffamiert wurde, dem Grundprinzip des Leistens. Es ist ein besonderes und bleibendes Verdienst des Jubilars, daß er dieses Prinzip aus der Palette seiner Tätigkeitselemente während seines langen Wirkens als praktizierender Sportler, Erzieher und Wissenschaftler niemals aus dem Blickfeld verloren hat. Es sollte auch in Zukunft wieder Brücken schlagen zu dem wohl einflußreichsten Faktor auf den Schulsport – den Leistungssport außerhalb der Schule, auch wenn sich dies heute so mancher noch nicht eingestehen will.

LITERATUR:

ENDEMANN, F.: Zur Drehtechnik im Kugelstoßen (Übers. eines Art. v. Steve Shenkman aus Athletic Weekly, no. 44, 1972). In: LLA v. 19. 12. 1972.

GEESE, R.: Überlegungen zur Kugelstoß-Drehtechnik. In: LLA v. 28. Mai 1974.

HANEBUTH, O.: Grundschulung zur sportlichen Leistung. Frankfurt/M. 1956[2].

HEGER, W.: Die Drehtechnik beim Kugelstoß. In: Jugend und Sport Heft 2, S. 59–62, Magglingen 1974.

Kerssenbrock, K.: Probleme des Kugelstoßens. In: LLA v. 4. Juni 1974.
Koltai, J.: Entwicklungsmöglichkeiten im Kugelstoßen. In: LLA v. 8. Januar 1974.
Nett, T.: Die Technik beim Stoß und Wurf. Berlin 1962.
Nett, T.: Neue Kugelstoßtechnik? In: LLA v. 3. Mai 1972.
Nett, T.: Technisch nichts Neues in München. In: LLA v. 19. September 1972.
Rühl, J. K.: Zur Rotationstechnik im Kugelstoßen. In: Schriftenreihe zur Praxis der Leibeserziehung und des Sports, Band 103 (hrsg. v. J. Recla/K. Koch). Schorndorf 1976.
Rühl, J. K.: Didaktisch-methodische Kriterien im Sportunterricht bei der Erarbeitung komplizierter Bewegungsabläufe (unveröffentlichter Vortrag, gehalten an der GHS Siegen am 2. 2. 1976).
Scherer, H.-G.: Untersuchung der Rotationstechnik beim Kugelstoß (Baryschnikow) im Vergleich zur O'Brien-Technik und die Bedeutung für die Trainingsmethodik. Diplomarbeit Saarbrücken, Sommertermin 1974.
Scherer, H.-G.: Die Rotationstechnik beim Kugelstoß im Vergleich zur O'Brien-Technik. In: Leistungssport, 5 (1975) 3, 242–253.
SPORT: Empfehlungen für den Kursunterricht des Faches Sport; Sekundarstufe II – Gymnasium (hrsg. v. Kultusministerium des Landes Nordrhein-Westfalen). Düsseldorf 1973[2].

Götz Birnmeyer

Die Entwicklung des Hochschulsports an der Universität des Saarlandes unter der Leitung von Otto Hanebuth in den Jahren 1957-1971

1. Die Entwicklung des freiwilligen Studentensports an den Hochschulen der Bundesrepublik

Um die interne Situation des freiwilligen Studentensports im Saarland aufzuzeigen, bedarf es zunächst einer kurzen Darstellung des bundesweiten Entwicklungsprozesses nach dem 2. Weltkrieg.

Mit dem Wiederaufbau der Institute für Leibesübungen wurde auch der sogenannte „freiwillige Studentensport" erneut ins Leben gerufen. Dabei richteten die Institute zunächst ihr Hauptaugenmerk auf die Sportlehrerausbildung, auf Lehre und Forschung, während der allgemeine Studentensport meist nur als Nebeneinrichtung in Verbindung mit dem Allgemeinen Studentenausschuß mitgeführt wurde. Ausnahmen bildeten hier die Universitäten, an denen keine Sportlehrerausbildung erfolgte, die aber eigens zur organisatorischen Betreuung des Hochschulsports Institute für Leibesübungen einrichteten.

„Inhaltlich knüpfte der Hochschulsport nach dem 2. Weltkrieg an dem sich als unpolitisch verstehenden, an humanistischen Zielsetzungen orientierten Studentensport an" (1). Nach der bewußten totalen „Entmilitarisierung" des Studentensports, verstand er sich zunächst als sportliche Ausbildungsstätte für Studierende, Dozenten und Professoren und über den Wettkampfsport als „Zubringer" für den Hochleistungssport in der Bundesrepublik, wenn er diesem Anspruch auch kaum gerecht werden konnte.

Die Trennung von allgemeinem und wettkampfmäßigem Sport einerseits sowie von Studenten- und Dozenten/Professorensport andererseits, kennzeichnete bis zu Beginn der 60er Jahre den „elitären" Universitätssport mit folgenden Zielvorstellungen: 1. Abbau von innerbetrieblichen Instanzen und 2. Verständnis für den Akademikersport (2).

Mit dem Einsetzen der antiautoritären Phase der Studentenschaft konnten diese Zielvorstellungen jedoch nicht mehr aufrechterhalten werden, da sich zunehmende Widersprüche einstellten. Diese Entwicklung im Studentensport wurde jedoch weniger durch verstärkte politische Aktivitäten der Studenten geprägt, die überdies anfangs nur in geringem Maße die Probleme des Sports an den Hochschulen tangierten, sondern vielmehr durch den zuständigen Dachverband, den Allgemeinen Deutschen Hochschulsportverband (ADH) (3).

So konnte der Anspruch des Studentensports, Basis für den Hochleistungssport zu sein, nicht mehr länger aufrechterhalten werden, da diese Entwicklung innerhalb des DSB eindeutig an den Hochschulen vorbeiging (z. B. Maßnahmen zur Förderung und Intensivierung des Leistungssports als Aufgabe der Spitzenfachverbände). Darüber hinaus setzte bei allen Hochschulbediensteten ein verstärktes Bedürfnis zu breitensportlicher Betätigung ein, um einen Ausgleich zu der alltäglichen Arbeitsbelastung zu erhalten. Diese Forderung hatte zur Folge, daß eine totale Umstrukturierung des Hochschulsports notwendig wurde und die Zielvorstellungen entsprechend ausgeweitet werden mußten, um sie kontinuierlich konkretisieren zu können.

Diese neuen Zielvorstellungen des ADH, die sich inhaltlich und organisatorisch speziell am Arbeitsprozeß der Hochschulangehörigen orientieren, können wie folgt formuliert werden:

1. Erweiterung des Sportangebots für alle Hochschulangehörigen.
2. Hochschulsport als soziale Aufgabe, d. h. betriebsnah (an der Hochschule) und weitgehend kostenlos für die Teilnehmer.
3. Öffnung des Hochschulsports nach außen (Bevölkerung), wenn die inneren, vorwiegend räumlichen und personellen Organisationsprobleme gelöst sind.
4. Veränderung der Sportpraxis im Hinblick auf demokratische Zielvorstellungen (Mitbestimmung) (4).

Um diese Aufgaben und Ziele zu verwirklichen, bedurfte es zunächst einer intensiven Bestandserhebung der regional unterschiedlichen Gegebenheiten (Universitäts- und Landesstruktur; äußere Voraussetznungen, wie Finanzierung und Übungsstätten) sowie einer langsamen und situationsbedingten Umwandlung des Studentensports.

2. Entstehung und Ausweitung des freiwilligen Studentensports an der Universität des Saarlandes

Da das Saarland nach dem 2. Weltkrieg noch nicht an die Bundesrepublik Deutschland angegliedert war, bewahrte auch der Sport zu dieser Zeit seine Eigenständigkeit. Die Universität war bemüht, neben der Einrichtung eines Instituts für Leibeserziehung auch den allgemeinen (freiwilligen) Studentensport durchzuführen. Die zuständigen Lehrkräfte bzw. Leiter wurden anfangs nebenamtlich und kommissarisch eingesetzt, ehe 1952 der erste Leiter des Universitätssports mit der Einrichtung eines Instituts sowie der Durchführung des Studentensports beauftragt wurde. Der Studentensport, im WS 1949/50 erstmals im Vorlesungsverzeichnis angekündigt, wurde „zweigleisig" in Homburg (Medizinische Fakultät) und Saarbrücken durchgeführt und mußte bis zur Fertigstellung der Landessportschule (1955) in provisorisch eingerichtete Übungsräume der Universität ausweichen. Um so erstaunlicher erscheinen daher die hohen Teilnehmerzahlen in den Anfangsjahren (bis zu 25 % der eingeschriebenen Studierenden), was einesteils mit einem starken Nachholbedarf an sportlicher Betätigung in der Nachkriegszeit und fehlenden sportlichen Vereinigungen auf regionaler und lokaler Ebene, andererseits aber auch durch einen noch nicht so intensiven Leistungsdruck in anderen Fächern begründet werden kann. Unverständlich, allein schon aufgrund nicht ausreichend vorhandener Übungsstätten, erscheint deshalb die ab WS 1954/55 erlassene Verpflichtung für alle erst- und zweitsemestrigen Studierenden für das Höhere Lehramt, zwei Semesterwochenstunden Sport im Rahmen des Studentensports zu belegen (5). Parallel zu diesem obligaten Sportunterricht für einen Teil der eingeschriebenen Studierenden wurde für alle Studierenden der „freiwillige Studentensport" angeboten, der Mitte der 60er Jahre in den Begriff „Universitätssport" umgewandelt wurde und nach der Integrierung der einzelnen Fachhochschulen in die Gesamthochschule, sowie durch die Gründung des Sportwissenschaftlichen Instituts 1971, als „Hochschulsport" für alle Mitgliedshochschulen ausgeweitet wurde.

3. Situation des freiwilligen Studentensports bei Übernahme des Instituts für Leibeserziehung durch Hanebuth im Jahr 1957

Im WS 1957 übernahm Otto HANEBUTH als Direktor das Institut für Leibeserziehung mit der Aufgabe, sowohl die Sportlehrerausbildung als auch den freiwilligen Studentensport zu leiten.
In den fünf Jahren seit Bestehen des Instituts konnten die personellen und vor allem räumlichen Probleme noch nicht wesentlich verbessert werden, so daß HANEBUTH zunächst die äußeren Schwierigkeiten bewältigen mußte, um sich anschließend den inhaltlichen Zielvorstellungen widmen zu können.

3.1. Die Situation der Lehrkräfte im freiwilligen Studentensport

Die Aufhebung der verpflichtenden Sportausbildung für die beiden ersten Semester bewirkten naturgemäß einen Rückgang der Teilnehmerzahl. HANEBUTH belebte den Studentensport, indem er neue Sportarten ins Angebot aufnahm, die teilweise von Lehrbeauftragten wahrgenommen wurden, da für die beiden Ausbildungsbereiche nur drei hauptamtliche Lehrkräfte zur Verfügung standen. HANEBUTH war von Beginn seiner Übernahme an bemüht, die unzureichende Stellensituation zu verbessern; dennoch dauerte dieser Prozeß fast vier Jahre, ehe er einigermaßen zufriedenstellend abgeschlossen war.

3.2. Die Situation der Übungsstätten

Erst mit der Übernahme des Instituts wurde HANEBUTH darüber informiert, daß das Institut und die Sportausbildung zwar im Gelände der Landessportschule integriert waren, jedoch nur in Form eines Gästedaseins. Diese negativen äußeren Bedingungen ließen keine optimale Planung des Angebots im freiwilligen Studentensport zu, da meist nur die ungünstigeren Tageszeiten zur Ausübung sportlicher Aktivitäten angeboten werden konnten, eine Situation, die HANEBUTH bereits zu Beginn seiner Tätigkeit veranlaßte, sich bei der Universität für einen notwendigen Hallenneubau einzusetzen, ein Bemühen freilich, das bis 1976 vergeblich blieb. Wegen dieser eingeschränkten Übungssituation konnte sich der freiwillige Studentensport bis heute auch nicht im vorgesehenen Maße entwickeln.

3.3. Das Sportangebot im freiwilligen Studentensport

Neben der kontinuierlichen Ausweitung des Sportangebots,versuchte HANEBUTH die Aktivitäten durch die Einrichtung eines Sporttages zu verstärken. Der Senat der Universität stimmte erstmals im SS 1958 einem vorlesungsfreien „Dies academicus“ zu, um einer großen Anzahl von Studierenden Gelegenheit zu bieten, an sportlichen Wettkämpfen teilzunehmen. Erst im SS 1961 wurde ein weiterer „Sportdies“ bewilligt, nachdem HANEBUTH in den beiden vorangegangenen Jahren einen vom Senat vorgeschlagenen Termin am Wochenende mit der Begründung abgelehnt hatte, nur ein kleiner Teil der Studierenden sei am Wochenende am Studienort präsent. Die Großveranstaltung in universitären Bereich zog schon 1964 weitere kleinere Wettkämpfe in verschiedenen Sportarten nach (z. B. Gerätturnen, Schwimmen) und war für eine relativ große Zahl von Studierenden ein willkommener Anlaß, sich innerhalb der Universität an Wettkämpfen zu beteiligen.

3.4. Zielsetzung des freiwilligen Studentensports

Neben einem wettkampfmäßigen Streben nach Leistungssteigerung (HANEBUTH war zu Beginn der 60er Jahre mehrere Jahre Disziplinchef für Gerätturnen im ADH) vertrat HANEBUTH voranging das sportliche Üben für jedermann, ob breitensportlich oder leistungsmäßig orientiert. Wenn auch noch eine Differenzierung nach Breiten- und Wettkampfsport vorgenommen wurde, so kann HANEBUTH dennoch für sich in Anspruch nehmen, schon lange vor der Zeit der Umstrukturierung des Studentensports Wegbereiter für einen Teil der demokratischen Zielvorstellungen gewesen zu sein, die Anfang der 70er Jahr vom ADH und den Hochschulsportreferaten ins Leben gerufen wurden.

Eine Schwierigkeit der zentralen Leitung ergab sich durch die räumliche Distanz der Medizinischen Fakultät in Homburg. Dieses Problem wurde jedoch durch die Bestellung eines Leiters in Homburg gelöst.

3.5. Zusammenarbeit mit dem Sportreferat

Seitens des Allgemeinen Studentenausschusses wurde auf Vorschlag des Institutsleiters der Sportreferent bestätigt, ein zwar undemokratisches Verfahren, das sich allerdings in der Praxis als optimale Lösung erwies. HANEBUTH zeigte sich bei Problemen des Sportreferats stets aufgeschlossen und löste vor allem Wettkampffragen durch seine langjährige Erfahrung. In die organisatorischen Maßnahmen griff er nur dann hilfreich ein, wenn allzu schwer lösbare Probleme auftraten; dies zeigte sich vor allem bei der in jedem Semester zu erstellenden Stundenplanung in Absprache mit der Landessportschule.

4. Die Entwicklung vom „freiwilligen Studentensport" zum Universitätssport (1961–1967)

Das Sportangebot wurde ab SS 1962 um weitere Sportarten ausgedehnt; hierbei ist vor allem die Rhythmische Gymnastik als neues Angebot zu erwähnen, die HANEBUTH als Voraussetzung jeder spezifischen Sportart und sportlichen Leistung ansieht. Die praktische Durchführung dieser Übungsstunde übernahm HANEBUTH anfangs selbst.

Neben dem Angebot für die Studierenden, richtete HANEBUTH für Dozenten und Professoren separate Übungsstunden ein, die er ebenfalls zum Teil persönlich leitete. Wenn auch diese Sportstunden nicht als allgemeine Veranstaltungen eingerichtet wurden, so stellte diese Maßnahme dennoch einen erneuten Schritt zur Ausweitung des Studentensports dar. Hieraus resultierte auch die Umwandlung des Begriffs „freiwilliger Studentensport" in „Universitätssport". Der „Dies academicus", jeweils im Sommersemester durchgeführt, wurde als Austragungstermin der Universitätsmeisterschaften fester Bestandteil des Universitätssports.

Wenn auch die Vergrößerung des Sportangebots durch den Einsatz von Lehrbeauftragten und wissenschaftlichen Hilfskräften finanziell gut vertreten werden konnte, so wurden die Schwierigkeiten mit der Hallen- und Übungsstättenbelegung immer größer. Während auf der einen Seite die mittlerweile in Staatliche Sportschule umbenannte Landessportschule durch den Landessportverband stärker ausgelastet wurde, mußten auf der anderen Seite alle neu aufgenommenen Sportstudenten ebenfalls in den Belegungsplan aufgenommen werden. Daß die Priorität hierbei eindeutig zuungunsten des Universitätssports ausfallen mußte, versteht sich von selbst. Dies bedeutete in der Praxis, daß lediglich die für die Teilnahme am Universitätssport ungünstigen Zeiten zur Verfügung gestellt wurden, während für die Vereine verständlicherweise die späten Nachmittags- und Abendstunden reserviert blieben. HANEBUTHS unermüdliche Anstrengungen, eine eigene Sporthalle für das Institut zu erhalten, blieben erfolglos. Er wurde immer wieder durch Versprechungen hingehalten, und über die Erstellung von Hallenplänen ging die Entwicklung nicht hinaus. Dennoch konnte diese Zeit als eine sinnvolle Weiterentwicklung des Studentensports angesehen werden, da

1. ein umfangreiches Sportangebot erstellt werden konnte,
2. dadurch der Lehrkörper entsprechend vergrößert wurde und
3. eine neue Zielrichtung des Sports an Universitäten einsetzte.

Gerade die neue Zielsetzung des Universitätssports mit Abbau des Wettkampfsportangebots und Ausweitung des Freizeitsports vor allem in Form von Gymnastik- und Fitneßstunden, die als Folge der von HANEBUTH eingerichteten Rhythmische Gymnastik anzusehen waren, gaben dem Hochschulsport neue Impulse.

5. *Die Situation des Universitätssports in der Phase der Umorientierung (1968–1971)*

Während das Sportangebot in dieser Zeit nur unwesentlich verändert wurde und der Breitensport einen noch größeren Raum einnahm, ergaben sich für den Universitätssport neue Perspektiven mit der Gründung des Sportwissenschaftlichen Instituts als gemeinsame Einrichtung der Hochschule des Saarlandes. Durch die Integration der einzelnen Mitgliedshochschulen in die Gesamthochschule fiel es relativ leicht, den Begriff Universitätssport in Hochschulsport umzuändern. Diese äußere Umwandlung war jedoch auch Folge der inhaltlichen, neuen Zielsetzungen. So strebte der Hochschulsport schon zu Beginn der 70er Jahre eine sportliche Tätigkeit aller Hochschulangehörigen an, eine Forderung, die jedoch erst im SS 1973 erstmals erfüllt werden konnte.

Die einzigen Schwierigkeiten, die es allerdings immer häufiger zu überwinden galt, bestanden in den unzureichenden Übungsstätten, und man konnte unschwer feststellen, daß die Mehrzahl der sportinteressierten Teilnehmer der Hochschule sich durch die ungünstigen Zeiten von sportlicher Betätigung abhalten ließen. Dabei eigneten sich, und dies betonte HANEBUTH immer wieder, die lokalen Voraussetzungen im Universitätsgelände recht gut zur Erstellung von mindestens einer eigenen Übungsstätte.

6. *Stagnation des Hochschulsports*

Als HANEBUTH 1972 die Leitung des Hochschulsports abgab, hinterließ er eine gut organisierte Einrichtung, die zielstrebig auf- und ausgebaut wurde. Dennoch wird der Hochschulsport in Zukunft ohne die erforderlichen räumlichen Verbesserungen nicht die gewünschte positive Entwicklung nehmen und die vom ADH erstellten Ziele verwirklichen können.

ANMERKUNGEN:

1 SCHULKE, H. J.: Reform des Hochschulsports. In: Schriftenreihe zum Hochschulsport, 7 (1974), 2.

2 Vgl. WOPP, CH.: Die Organisation des Hochschulsports in der BRD. In: Schriftenreihe zum Hochschulsport, 5 (1974), 12.

3 Vgl. WOPP: ebd.

4 ADH: Unveröffentlichtes Thesenblatt. o. O., o. I.

5 Vgl. Statut der Universität des Saarlandes: ABL 1950, 461.

Bibliographie der Veröffentlichungen von Prof. Dr. phil. Otto Hanebuth

Zusammengestellt von Dieter Peper

A. Monographien

Die Bewegungsgestaltung im deutschen Geräteturnen. Diss. Marburg 1942.

Grundschulung zur sportlichen Leistung — in der Sicht ganzheitlicher Leibeserziehung. Für die Jugend und ihre Lehrer. Marburg 1949. Erweiterte Auflagen Frankfurt a. M. 1956, 1961, 1964.

Der Rhythmus in den Leibesübungen. Frankfurt a. M. 1961. Spanische Übersetzung: El Ritmo en la Educacion Fisica. Editorial Paidos. Buenos Aires 1968.

Rhythmisches Turnen — eine sportliche Kunst. Frankfurt a. M. 1964.

Gymnastik mit dem Eisenring. Frankfurt a. M. 1967.

B. Beiträge in Sammelwerken

Die Leibesübungen an den Hochschulen. In: Jahrbuch der Turnkunst 1952. Frankfurt a. M. 1951, 174—175.

Der neue Weg der Turnkunst. In: Lebendige Turnkunst — Das Olympiabuch für den Deutschen Turnerbund. Frankfurt a. M. 1952.

Die Gerät-Zwölfkämpfe. In: Jahrbuch der Turnkunst 1954. Frankfurt a. M. 1953, 60—62.

Die Leibesübungen an den Hochschulen. In: Jahrbuch der Turnkunst 1954. Frankfurt a. M. 1953, 191.

Die Gymnastik im Männerturnen. In: Jahrbuch der Turnkunst 1956. Frankfurt a. M. 1955, 87.

Gymnastik der Männer. In: Jahrbuch der Turnkunst 1957. Frankfurt a. M. 1956, 84—87.

Grundausbildung für 15- bis 19jährige Jungen. In: Altrock/Karger, Schule und Leibeserziehung, Band II: Grundausbildung für Jungen und Mädchen. Frankfurt a. M. 1957, 105—151.

Die Gymnaestrada in Zagreb. In: Jahrbuch der Turnkunst 1958. Frankfurt a. M. 1957, 81—82.

Idee und Aufgabe. Gestaltung der Übungsstunde. Schulungsbeispiele. In: Handbuch für Jugendleiter in der deutschen Sportjugend. (Bearb. von Alfons Spiegel). Frankfurt a. M. 1959.

Die Neugestaltung des Männerturnens In: Jahrbuch der Turnkunst 1960. Frankfurt a. M. 1959.

Der Rhythmus in der Praxis der Leibesübungen. In: Ein Beitrag aus Magglingen. (= Schriftenreihe der Eidgenössischen Turn- und Sportschule Magglingen, Nr. 4). Basel 1960, 106—122.

Gymnaestrada — ein olympischer Weg zur turnerischen Erziehung. In: Jahrbuch der Turnkunst 1962. Frankfurt a. M. 1961, 26—30.

Die Leibesübungen und der Rhythmus. In: Sportmedizin (hrsg. von Herbert Groh). Stuttgart 1962, 347—356.

Der Rhythmus in der Lehre und Gestaltung des Kunstturnens. In: Das rhythmische Prinzip in den Leibesübungen, Bericht vom Wissenschaftlichen Kongress des Internationalen Turnerbundes 1961 in Stuttgart. Frankfurt a. M. 1962, 24—38 und 89—104 (französisch), Bildteil 145—150. (Durch ein drucktechnisches Versehen ist der Titel des Beitrages auf S. 24 entstellt wiedergegeben.)

Bewegungslehre. In: Terminologie der Leibeserziehung (Red. Hajo Bernett). (= Beiträge zur Lehre und Forschung der Leibeserziehung, Bd. 11). Schorndorf 1962, 35—44, 4. neubearbeitete Auflage 1968, 40—49.

Rhythmische Gymnastik für jedermann. In: Turnen — die volkstümliche Leibesübung für jedermann (hrsg. vom Deutschen Turnerbund). Celle 1963, 1965, 1969, 87—120.

Leistungsprinzipien und Leistungsformen in den Leibesübungen (Hanebuth/Loew). In: Die Leistung, Bericht vom III. Kongreß für Leibeserziehung 1964 in Wiesbaden (hrsg. vom Ausschuß Deutscher Leibeserzieher). Schorndorf 1964, 200—213.

Das Grundprinzip des Rhythmus und die rhythmischen Bewegungsphänomene. In: Beiträge zur Theorie und Lehre vom Rhythmus (hrsg. von Peter Röthig). (= Theorie der Leibeserziehung. Texte — Quellen — Dokumente, Band 2). Schorndorf 1966, 108—115.

Die Leistungsgrenze in der Sicht methodischer Leistungssteigerung. In: Leistungsgrenze in Gymnastik und Turnen, hrsg. von Hans Groll). Wien 1966, 33—53.

Männergymnastik und rhythmisches Kunstturnen bei der IV. Gymnaestrada. In: Jahrbuch der Turnkunst 1966. Frankfurt a. M. 1966, 20—22.

Das Erlernen sportlicher Bewegungsabläufe in der ersten puberalen Phase. In: Die sportliche Leistung im Jugendalter (hrsg. von Otto Neumann). Frankfurt a. M. 1967, 97—108.

Ausdrucksgestaltung und Gestaltungseindruck im menschlichen Bewegungsleben. In: Die Gestaltung, Bericht vom IV. Kongreß für Leibeserziehung 1967 in Stuttgart (hrsg. vom Ausschuß Deutscher Leibeserzieher). Schorndorf 1967, 93—113.

Möglichkeiten und Grenzen musischer Gymnastik in der Leibeserziehung der männlichen Jugend. In: Gymnastik — Rhythmus — Musik, Salzburger Gymnastik-Kongreß 1970 (hrsg. von Erwin Niedermann). Salzburg, o. J., 48—56.

Rhythmus und Leibeserziehung. In: Grundlagen und Methoden rhythmischer Erziehung (hrsg. von Bünner/Röthig). Stuttgart 1971, 171—198.

Gerätturnen. In: Reclams Sportführer (hrsg. von Erich Beyer). Stuttgart 1971, 147—189.

C. Beiträge in Fachzeitschriften

Untersuchungen zur Bewegungsgestaltung des Kunstturnens. Leibesübungen und körperliche Erziehung. Berlin 1941, H. 9/10.

Schönheit ist Leistung — Ein Männerwort zum Frauenturnen. Der Hessenturner. Turnfest-Sondernummer, 1948, H. 12—14.

Zum Kampf der Wagen und Gesänge. Der Start. Frankfurt a. M. 1949, H. 3.

Ausdrucksgestaltung in der Turnkunst. Sport und Spiel. Schorndorf 1949. H. 7, 16, 17.

Der Sportring — das neue Handgerät für Männergymnastik. Sport, Spiel und Gymnastik. Schorndorf 1949, H. 18.

Niels Bukh wieder in Deutschland — eine Kritik seiner Gymnastik. Sport und Leibeserziehung. Schorndorf 1950, H. 2.

Der Sportring in der Frauengymnastik. Der Turn- und Sportwart. Mülheim/Ruhr 1950, H. 3.

Wege und Umwege in der Leibeserziehung. Bericht über den Kunstpädagogischen Kongreß 1949 in Fulda. Sport und Leibeserziehung. Schorndorf 1950, H. 6.

Grundschulung zur sportlichen Leistung. Sporterziehung und Bewegungsbildung. Celle 1950, H. 6.

Ringe gehen von Hand zu Hand. Ein Beitrag zum Problem der rhythmischen Bewegungserziehung. Sporterziehung und Bewegungsbildung. Celle 1950, H. 11 und 12.

Bestimmt der Hobel die Bewegung des Tischlers? Eine Entgegnung. Sport und Leibeserziehung. Schorndorf 1950, H. 8.

Der Leib als Bildner des Geistes. Fachzeitschrift für Leibeserziehung. Regensburg-Prüfening 1950, H. 12.

Deutscher Zwölfkampf noch gehaltvoller. Deutsches Turnen. Frankfurt a. M. 1951, H. 1, 4.

Gerätturnen im Schulunterricht. Schulsport. Frankfurt a. M. 1951, H. 1, 2 und 3.

Sport und Leibeserziehung. Alle können von ihm lernen — Zu Dr. Rudolf Bodes 70. Geburtstag. Sport und Leibeserziehung. Schorndorf 1951, H. 1.

Der zukünftige Turnstil. Deutsches Turnen. Frankfurt a. M. 1951, H. 8, 3—4.

Rhythmische Männergymnastik. Deutsches Turnen. Frankfurt a. M. 1951, H. 10, 3—4.

Mehrkampf ohne Halbheiten. Deutsches Turnen. Frankfurt a. M. 1951, H. 17, 9.

Einheit in Form und Stil. Betrachtungen zum internationalen Kunstturnen. Deutsches Turnen. Frankfurt a. M. 1952, H. 4, 4—5.

Die andere Seite. (Bericht von den Olympischen Spielen 1952 in Helsinki.) Deutsches Turnen. Frankfurt a. M. 1952, H. 15, 12.

Das Quintett der Turnerinnen. (Bericht von den Olympischen Spielen 1952 in Helsinki.) Deutsches Turnen. Frankfurt a. M. 1952, H. 15, 14.

Mit Medau in Schweden. Schulsport. Frankfurt a. M. 1952, H. 8.

Bahnbrechen oder blind bleiben? Deutsches Turnen. Frankfurt a. M. 1952, H. 18, 5.

Gymnastik mit oder ohne Handgerät? Die Leibeserziehung. Schorndorf 1953, H. 1.

Gestaltetes Kunstturnen. Deutsches Turnen. Frankfurt a. M. 1953, H. 1, 5.

Schaukampf der Gymnastikschulen (Bode, Medau, Loges). Deutsches Turnen. Frankfurt a. M. 1953, H. 15/16, 23.

Olympische Studentenspiele — III. Internationale Hochschulsportwoche 1953 in Dortmund. Olympisches Feuer. Frankfurt a. M. 1953, H. 4.

Deutsche Männergymnastik in Schweden. (Bericht von der Lehrarbeit in Schweden.) Deutsches Turnen. Frankfurt a. M. 1953, H. 19, 10.

Ohne Planmäßigkeit kein Erfolg. Stoffplan für einen 10stündigen Männer-Gymnastiklehrgang. Der Vorturner, Beilage zu Deutsches Turnen. Frankfurt a. M. 1954, Nr. 2, 12.

Kunstturnen — ein Lebensstil. Deutsches Turnen. Frankfurt a. M. 1955, H. 1/2, 20.

Die Leibeserziehung in der Lehrerbildung. Der Aktive. Waldfischbach (Rheinpfalz) 1955, H. 23/24.

Kraft des Leibes und Anmut der Bewegung — Das weite Feld sportlichen Lebens. Das Parlament. Bonn 1955, Nr. 17.

Leibesbildung und Leibeserziehung in systematischer Schau. Leibesübungen. Frankfurt a. M. 1955, H. 7.

Laufen und Springen. 30 Minuten Gymnastik für Jungen. Der Vorturner, Beilage zu Deutsches Turnen. Frankfurt a. M. 1955, Nr. 4, 29.

Gehen — Laufen — Springen — Tragen. 60 Minuten Gymnastik im Kinderturnen. Der Vorturner, Beilage zu Deutsches Turnen. Frankfurt a. M. 1955, Nr. 5, 38.

Laufen und Springen in Rhythmen mit und ohne Musik. 60 Minuten Gymnastik für Jungen und Mädel. Der Vorturner, Beilage zu Deutsches Turnen. Frankfurt a. M. 1955, Nr. 6, 45.

Laufen, Springen, Federn. 60 Minuten Gymnastik für Jungen. Der Vorturner, Beilage zu Deutsches Turnen. Frankfurt a. M. 1955, Nr. 7, 52.

Was der Jungvorturner von der rhythmischen Gymnastik wissen muß. Der Vorturner, Beilage zu Deutsches Turnen. Frankfurt a. M. 1955, Nr. 9, 65—66.

Übungswege in der Gymnastik. Der Vorturner, Beilage zu Deutsches Turnen. Frankfurt a. M. 1955, Nr. 10, 73—74.

Handgeräte-Gymnastik für Jungen. Der Vorturner, Beilage zu Deutsches Turnen. Frankfurt a. M. 1955, Nr. 11, 82—83.

Turnt rhythmisch! Bekannte Übungen in rhythmischer Form. Der Vorturner, Beilage zu Deutsches Turnen. Frankfurt a. M. 1955, Nr. 12, 92.

Das lebensvolle Maß — Rudolf Bode zum 75. Geburtstag und Elly Bode zum 70. Geburtstag. Deutsches Turnen. Frankfurt a. M. 1956, H. 2, 37.

„Constanze" — turne Dich frei. (Betrachtungen zum modernen Frauenturnen.) Deutsches Turnen. Frankfurt a. M. 1956, H. 11, 217.

Ringgymnastik für Jungturner. Der Vorturner, Beilage zu Deutsches Turnen. Frankfurt a. M. 1956, Nr. 1, 5.

Das sollt ihr selber finden. Der Vorturner, Beilage zu Deutsches Turnen. Frankfurt a. M. 1956, Nr. 2, 11.

Freie Sprunggymnastik. Der Vorturner, Beilage zu Deutsches Turnen. Frankfurt a. M. 1956, Nr. 12, 90.

„Sportandum" est . . . Der Heiligenberg. Nachrichten vom Pädagogischen Institut Darmstadt-Jugenheim 1956 und Olympische Jugend. Frankfurt a. M. 1957, H. 1.

Formale Sprunggymnastik. Der Vorturner, Beilage zu Deutsches Turnen. Frankfurt a. M. 1957, Nr. 1, 4.

Kunstturnen und Ausdrucksgestaltung. Deutsches Turnen. Frankfurt a. M. 1957, H. 12, 231.

Gymnaestrada 1957 im Spiegel zeitgemäßer Leibesübung. Deutsches Turnen. Frankfurt a. M. 1957, H. 16, 316—317 und 322—323.

Die Gymnastischen Spiele 1957 in Zagreb. Olympisches Feuer. Frankfurt a. M. 1957, H. 9.

Jugendgemäße Wertung beim Weitspringen und Weitwerfen. Leibesübungen — Leibeserziehung. Wien 1957, H. 4, 13. (Nachdruck aus: Grundschulung zur sportlichen Leistung. Frankfurt a. M. 1956, 48 und 53.)

Die hohe Schule der Gymnastik. Deutsches Turnen. Frankfurt a. M. 1958, H. 14/15, 281.

Die Festgymnastik München 1958. Festblätter Deutsches Turnfest 1958 in München. Beilage zu Deutsches Turnen. Frankfurt a. M. 1958, Folge 12, 37.

Die rhythmische Gymnastik in der männlichen Leibeserziehung (Vortrag gehalten beim Weltkongreß für Leibeserziehung in Brüssel). Leibesübungen. Frankfurt a. M. 1958, H. 9, 3—8.

Deutsches Frauenturnen bricht Bahn. Deutsches Turnen. Frankfurt a. M. 1959, H. 9, 171.

An der Wende des Kunstturnens. (Betrachtungen zu den olympischen Turnwettkämpfen in Rom.) Olympisches Feuer. Frankfurt a. M. 1960, H. 11, 11—12.

Japan vor Deutschland. Deutsches Turnen. Frankfurt a. M. 1960, H. 19, 370—372.

Münchner Festgymnastik, jedoch mit Eisenringen. Praxis der Leibesübungen mit Der Vorturner, Beilage zu Deutsches Turnen. Frankfurt a. M. 1960, Nr. 3, 43—44.

Ringgymnastik. Gymnaestrada 1961 in Stuttgart und Deutsches Turnfest 1963 in Essen. Praxis der Leibesübungen mit der Vorturner. Beilage zu Deutsches Turnen. Frankfurt a. M. 1960, Nr. 12, 182—183.

Probleme der Turnlehrerbildung. Leibesübungen. Frankfurt a. M. 1960, H. 3, 3.

Betrachtungen zur III. Gymnaestrada 1961 in Stuttgart. Olympische Jugend. Frankfurt a. M. 1961, H. 9, 21—25.

Maschinen oder Menschen? Deutsches Turnen. Frankfurt a. M. 1961, H. 15/16, 312.

Stillgestanden. Deutsches Turnen. Frankfurt a. M. 1961, H. 21, 431.

Endlich tut Gymnastik not. Deutsches Turnen. Frankfurt a. M. 1961, H. 20, 407.

Rückschauende Betrachtungen zur III. Gymnestrada 1961 in Stuttgart — auch im Vergleich zu Zagreb 1957. Deutsches Turnen. Frankfurt a. M. 1961, H. 22, 456—457.

Ringkampf um die Ringgymnastik. Deutsches Turnen. Frankfurt a. M. 1961, H. 24, 504—505.

Strukturbild des methodischen Aufbaues der Leibesübungen (Auszug aus: Grundschulung zur sportlichen Leistung). Leibesübungen. Frankfurt a. M. 1961, H. 3, 3—6.

Der Rhythmus in der Lehre und Gestaltung des Kunstturnens (Vortrag III. Gymnaestrada 1961 Stuttgart). Leibesübungen. Frankfurt a. M. 1961, H. 8, 3—12. (Besprechung in: Deutsches Turnen 1961, H. 15/16, 317.)

Zum „Kampf“ mit den „Elementen“. Leibesübungen. Frankfurt a. M. 1961, H. 10, 3—4.

Kunstturnen im Hochschulsport. Deutsches Turnen. Frankfurt a. M. 1962, H. 5, 102—103.

Das deutsche Kunstturnen in Gegenwart und Zukunft (Referat beim Deutschen Turntag 1962 in Münster/Westfalen). Deutsches Turnen. Frankfurt a. M. 1962, H. 13, 295—297.

Trugschlüsse einer polemischen Kunstturnpresse. Deutsches Turnen. Frankfurt a. M. 1962, H. 14, 332—333.

Krafttraining im Leistungssport. Deutsches Turnen. Frankfurt a. M. 1962, H. 22, 508—509.

Abstrakte Mechanik oder lebensvoller Rhythmus? Die Leibeserziehung. Schorndorf 1963, H. 1, 11—15.

Rhythmische Schulung des Kunstturners. Praxis der Leibesübungen mit der Vorturner. Beilage zu Deutsches Turnen, Heft 2. Frankfurt a. M. 1963, Nr. 1, 8—9.

Grundsätze der rhythmischen Bewegungsschulung. Praxis der Leibesübungen mit der Vorturner. Beilage zu Deutsches Turnen, Heft 4. Frankfurt a. M. 1963, Nr. 2, 24—25.

Grundformen und Übungsketten zur rhythmischen Kraft- und Bewegungsschulung des Kunstturners. Praxis der Leibesübungen mit der Vorturner. Beilage zu Deutsches Turnen, Heft 12. Frankfurt a. M. 1963, Nr. 6, 86—88.

Gymnastische Grundformen und Übungsketten des Kunstturnens (Vorführung des Institutes für Leibeserziehung der Universität des Saarlandes beim Deutschen Turnfest in Essen 1963). Praxis der Leibesübungen mit der Vorturner. Beilage zu Deutsches Turnen, Heft 16. Frankfurt a. M. 1963, Nr. 8, 119—122.

Übungsketten an den Geräten und am Boden. Praxis der Leibesübungen mit der Vorturner. Beilage zu Deutsches Turnen, Heft 20. Frankfurt a. M. 1963, Nr. 10, 151—154.

Funktionaler und intentionaler Rhythmus. Die Leibeserziehung. Schorndorf 1964, H. 7, 215—217.

Sur l'existence et le sens du rhythme dans les exercises physiques. Revue de L'Education Physique. 1964, H. 3, 185.

Großraumvorführung des Deutschen Turner-Bundes auf der Gymnaestrada 1965 in Wien. Deutsches Turnen. Frankfurt a. M. 1965, H. 11, 298—299.

Bühnenvorführung des Deutschen Turner-Bundes im Männerturnen auf der Gymnaestrada 1965 in Wien. Deutsches Turnen. Frankfurt a. M. 1965, H. 12, 325.

Probleme zur Gymnaestrada 1965. Deutsches Turnen. Frankfurt a. M. 1965, H.18, 494—497.

Lehrvorführungen in Holland und Belgien. Leibesübungen. Frankfurt a. M. 1966, H. 2, 26.

Die rhythmische Leibeserziehung als Bildungs- und Erziehungsaufgabe. Leibesübungen. Frankfurt a. M. 1966, H. 4, 4—9.

Zur didaktischen Situation in der Leibeserziehung. Die Leibeserziehung. Schorndorf 1966, H. 6, 197—203.

Die Leistungsgrenze in der Sicht methodischer Leistungssteigerung. Die Leibeserziehung. Schorndorf 1966, H. 8, 262—271.

Schöpferische Eigenkraft führt zur Meisterschaft (Auszug aus dem Vortrag: Die Leistungsgrenze in der Sicht methodischer Leistungssteigerung). Jugend und Sport. Magglingen 1967, H. 2, 33 und 35.

IV. Kongreß für Leibeserziehung „Die Gestaltung". Die Leibeserziehung. Schorndorf 1967, H. 5, 171—172.

Betrachtungen zum menschlichen Bewegungsleben. Die Leibeserziehung. Schorndorf 1967, H. 8, 259—263.

Bewegungsgestaltungen an 3 Stufenbarren in Gemeinschaftsformen. Der Turnwart. Beilage zu Deutsches Turnen, Heft 25. Celle 1967, Nr. 12, 186 und Schweizer Turnen. Zürich 1969, H. 6, 132—133.

Rhythmus und Kybernetik. Die Bedeutung rhythmischer Strukturen des sensomotorischen Funktionskreissystem im motorischen Lehr-, Lern- und Leistungsprozeß (Vortrag beim Studentenlehrgang des DTB, April 1969 in Saarbrücken). Leibesübungen. Frankfurt a. M. 1969, H. 6, 8—11.

Sport und Erziehung in der Schule. Eine didaktische Strukturanalyse. Leibesübungen. Frankfurt a. M. 1970, H. 3, 15—18.

Übersicht der Stellungnahmen der Institute für Leibesübungen zu dem AID-MV-Ausbildungskonzept (Zusammengestellt von Hanebuth/Brüggemann). Die Leibeserziehung. Schorndorf 1970, H. 8, 254—259.

Servicio Educativo Argentino (Bericht von den Lehrgängen für Lehrerfortbildung des Verfassers in Argentinien und Brasilien vom 12. 1. bis 28. 2. 1970). Die Leibeserziehung. Schorndorf 1970, H. 8, 273—274.

Karl Feige — 65 Jahre. Die Leibeserziehung. Schorndorf 1970, H. 12, 418—419.
Rudolf Bodes Lebenswerk. Die Leibeserziehung. Schorndorf 1971, H. 7, 238—240.

Im Brennpunkt. Die Leibeserziehung. Schorndorf 1972, H. 4, 113.

Bejubeltes Leistungsfach Sport. Sportunterricht. Schorndorf 1973, H. 3, 95—96.

BRD und DDR im Sport. Betrachtung zu Dietrich Martin „Schulsport in Deutschland" (Schorndorf 1972). Der Turnwart (TuS). Beilage zu Deutsches Turnen, H. 8, Celle 1973, H. 4, 77—78.

Moderne Gymnastik und rhythmische Bewegungslehre (Betrachtungen zum internationalen Gymnastikfest in Ringsted — Dänemark). Der Turnwart (TuS). Beilage zu Deutsches Turnen, Celle 1973, H. 10, 217—219.

Rhythmische Turnkunst. Deutsches Turnen. Celle 1974, H. 24, 522 u. H. 25/26, 547—550.

Gymnaestrada-Impressionen Berlin 1975. Der Turnwart (TuS), Celle 1976, H. 1, 1 (Beil. zu Deutsches Turnen, H. 1) und H. 2, 27—28 (Beil. zu Deutsches Turnen, H. 3).

Vorträge, Lehrgänge, Lehrdemonstrationen

Zusammengestellt von HANSJOCHEN BRÜGGEMANN

Man würde dem Lebenswerk von HANEBUTH nicht gerecht, wenn man neben seinen Veröffentlichungen nicht auch seine Vorträge, Lehrgänge und die für ihn so charakteristischen Lehrdemonstrationen und Großraumvorführungen im In- und Ausland zusammenfassen würde.

I. Vorträge und Lehrgänge

Immer wieder wurde HANEBUTH zu Vorträgen und zur Lehrgangsarbeit insbesondere auch vom Ausland eingeladen. Er wirkte zum Teil wiederholt seit 1952 in folgenden Ländern:

Belgien, Frankreich, Luxemburg, Niederlande, Österreich, Schweiz, Dänemark, Finnland, Norwegen, Schweden, Argentinien, Brasilien.

II. Lehrdemonstrationen

Seine Konzepte didaktischer und methodischer Art sowie seine Bewegungslehre versuchte Hanebuth besonders durch Lehrdemonstrationen und in Großraumvorführungen zu veranschaulichen.

1958

Deutsches Turnfest in München:

Großraumvorführung (DTB)
— Männergymnastik ohne Gerät

1958

Weltkongreß für Leibeserziehung in Brüssel/Belgien:

Vorführung mit Studenten
— rhythmische Gymnastik mit dem Eisenring (2 kg) und ohne Handgerät

1961

III. Gymnaestrada in Stuttgart:

Großraumvorführung (DTB)
— Männergymnastik mit Eisenring
— Rhythmische Reihen an 5 x 5 Kästen und 4 x 4 Barren

Lehrdemonstration (Studenten, Univ. Saarbrücken)
— Kastenspringen
— Rhythmische Gymnastik mit dem Eisenring

1963

Deutsches Turnfest in Essen:

Großraumvorführung (DTB)
— Männergymnastik mit Eisenring

Lehrdemonstration (Studenten, Univ. Saarbrücken)
— Gymnastische Grundformen und Übungsketten für Gerätturnen
— Gymnastische Trainingsform für Leichtathletik

1964

III. ADL-Kongreß „Die Leistung" in Wiesbaden:

Lehrdemonstration (Studenten, Univ. Sarbrücken)
— Leistungsprinzipien und Leistungsformen in den Leibesübungen (Stütz- u. Hochbarren)

1965

IV. Gymnaestrada in Wien/Österreich:

Großraumvorführung (DTB)
— Rhythmische Männergymnastik mit dem Sprungball (3 kg)

Bühnenvorführung (DTB)
— Turnen in rhythmischen Reihen an 4 Barren

Lehrdemonstration (Studenten, Univ. Saarbrücken)
— Bewegungsgestaltung in Gemeinschaftsformen am Kastensteg
— Rhythmische Männergymnastik mit Eisenring (5 kg) und Ball (3 kg)

1965

Lehrvorführungstournee durch Belgien: (Brüssel, Gent, Liège, Charleroi, Tienen, Antwerpen)

Lehrdemonstrationen (Studenten, Univ. Saarbrücken)
— Turnen in Rhythmischen Reihen an Kästen und Barren
— Rhythmische Männergymnastik mit Eisenring und Ball
— Leichtathletische Grundschulung

1966
Internationaler Gymnastikkongreß in Cannes/Frankreich:
Lehrstunden (Studenten d. Univ. Saarbrücken u. Kongreßteiln.)
— Rhythmische Männergymnastik ohne Handgerät, mit Eisenring und Sprungball
— Rhythmisches Turnen an Reck, Barren, Kasten

1967
IV. ADL-Kongreß „Die Gestaltung“ in Stuttgart:
Lehrdemonstration (Studenten, Univ. Saarbrücken)
— Gestaltung an 3 Stufenbarren
— Gruppen- u. Einzelgymnastik mit Eisenring und Ball

1969
V. Gymnaestrada in Basel/Schweiz:
Lehrdemonstration (Studenten, Univ. Saarbrücken)
— Rhythmisches Springen an Kästen
— Rhythmische Männergymnastik mit Eisenring und Sprungball

1969
Internationaler Methodikkongreß für Leibesübungen in Straßburg/Frankreich:
Lehrdemonstration (Studenten, Univ. Saarbrücken)
— Rhythmisches Springen an Kästen
— Rhythmische Männergymnastik mit Eisenring und Sprungball

1970
Gymnastikkongreß „Gymnastik, Rhythmus, Musik“ in Salzburg/Österreich:
Lehrdemonstration (Schulklassen aus Salzburg)
— Rhythmische Sprungschulung an Bänken und kleinen Kästen
Lehrdemonstration (Studenten aus Salzburg)
— Rhythmische Männergymnastik mit Eisenring

1971
ÖTB-Turnfest in Linz/Österreich:
Lehrdemonstration (Studenten, Univ. Saarbrücken)
— Rhythmische Männergymnastik mit Eisenring und Sprungball
— Rhythmische Reihen an 4 Stützbarren

1973
Gymnastikfestival in Ringsted/Dänemark:
Lehrstunde mit Festteilnehmern
— Rhythmische Männergymnastik ohne Handgerät

1973
Deutsches Turnfest in Stuttgart:
Lehrdemonstration (Studenten, Univ. Saarbrücken)
— Rhythmisch und methodisch verwandte Übungsentwicklung an leistungssteigernden Gerätebahnen

1975
VI. Gymnaestrada in Berlin:
Lehrdemonstration mit freiwilligen Gymnaestradateilnehmern
— Springen in rhythmisch-methodischen Reihen an 4 x 4 Kastenbahnen

1976
ÖTB-Turnfest in Salzburg/Österr. Lehrdemonstration (Studenten, Hochschule d. Saarlandes)
— Rhythmische Männergymnastik „Bälle fliegen und springen“

Ehrenämter auf Bundesebene

Disziplinchef Gerätturnen im Allgemeinen Deutschen Hochschulsportverband (ADH).

Beratendes Mitglied des Ausschusses Deutscher Leibeserzieher (ADL).

Referent für Zusammenarbeit mit dem Deutschen Sportbund in der Gruppe der Leibeserzieher im Arbeitskreis Pädagogischer Hochschulen und Initiator und Gründer dieser Gruppe.

Mitarbeiter des Arbeitskreises I für Ausbildung, Fortbildung und Gewinnung von Leibeserziehern in der Ständigen Konferenz der Kultusminister.

Obmann für Männergymnastik des Deutschen Turnerbundes (DTB).

Mitglied des Bundeslehrstabes des Deutschen Leichtathletikverbandes (DLV) und Trainer für Weit- und Dreisprung.

Mitglied des Mänerturnausschusses im Deutschen Turnerbund.

Mitglied des Kunstturnausschusses im Deutschen Turnerbund.

Vorsitzender des Fachbeirates Kunstturnen im Deutschen Turnerbnud.

Mitglied im NOK-Ausschuß zur wissenschaftlichen und methodischen Förderung des Leistungssportes.

Sachbearbeiter für Schulsport im Deutschen Komitee der Fédération Internationale d'Education Physique.

Vorsitzender der Arbeitsgemeinschaft der Direktoren der Institute für Leibesübungen (AID). Als solcher deligiertes Mitglied in Ausschüssen des Deutschen Sportbundes (DSB).

Mitglied des Redaktionsausschusses der Schriftenreihe „Beiträge zur Lehre und Forschung im Sport“, herausgegeben vom Ausschuß Deutscher Leibeserzieher (ADL).

Bibliographien der Mitarbeiter

BERNETT, HAJO

Jg. 1921, Institutsdirektor (1967), Lehrstuhl am Sportwissenschaftlichen Institut der Universität Bonn (1969). Von 1969 bis 1972 Mitarbeiter Otto Hanebuths im Vorstand der Arbeitsgemeinschaft der Institutsdirektoren (AID), von 1968 bis 1974 Zusammenarbeit in der Redaktion der ADL-Schriftenreihe ‚Beiträge zur Lehre und Forschung der Leibeserziehung‘.

BIRNMEYER, GÖTZ

1940; Studium Leibeserziehung, Romanistik in Saarbrücken 1963–66; Diplomsportlehrer-Examen in Mainz 1967; Wissenschaftlicher Mitarbeiter am Institut für Leibeserziehung in Saarbrücken seit 1967.
Seit 1967 häufige Assistenz bei Hanebuth in praktischen und theoretischen Lehrveranstaltungen, ab 1972 Übernahme des vorher von Hanebuth geleiteten Hochschulsports.

BRÜGGEMANN, HANSJOCHEN

1938; Studium in Marburg und Saarbrücken; 1969 Staatsexamen in Leibeserziehung, Erziehungswissenschaften und Germanistik in Saarbrücken; 1970 Assessorenexamen in Kaiserslautern; seit 1970 Akad. Rat/Oberrat am Institut für Leibesübungen, dann Sportwissenschaftlichen Institut der Hochschule des Saarlandes.
Kontakt mit Hanebuth anfangs als Student, später als wiss. Mitarbeiter; starke Prägung im Hinblick auf eigene Arbeitsschwerpunkte, angeregte Fachdiskussionen und enge Zusammenarbeit bei Lehrgängen und Lehrdemonstrationen.

CHRISTMANN, ERICH

1945; Studium Leibeserziehung, Anglistik; 1971 Prüfung für Diplomsportlehrer, 1972 Staatsexamen in Saarbrücken, 1973 Assessorenexamen in Saarbrücken; Schulpraxis; 1975 Akademischer Rat am Sportwissenschaftlichen Institut Saarbrücken.
Studium bei Otto Hanebuth, Teilnahme an Lehrdemonstrationen im In- und Ausland unter seiner Leitung.

DECKER, ROBERT

1931 Luxemburg; Sportlehrerstudium Universität Nancy, Frankreich; Schulpraxis; seit 1967 Professor für Education physique am Pädagogischen Institut in Walferdingen/Luxemburg.
Mehrmalige Begegnungen mit Hanebuth bei internationalen Veranstaltungen, besonders im Raume Saarland-Lothringen; 1963 Einladung Hanebuths nach Luxemburg zu Lehr-

gang mit Vortrag über die rhythmische Lehrweise. Seither gute nachbarlich-freundschaftliche Beziehungen.

Dieckert, Jürgen

1935; Studium Leibeserziehung, Germanistik, Philosophie, Soziologie, Pädagogik; 1960 Staatsexamen in Göttingen, 1962 Assessorenexamen in Saarbrücken, 1968 Promotion in Saarbrücken; seit 1968 Lehrstuhl für Sportwissenschaft zunächst Päd. Hochschule, dann Universität Oldenburg.
1960–1968 Wissenschaftlicher Mitarbeiter bei Otto Hanebuth. Intensive „Lehrjahre" beim Aufbau des Instituts für Leibeserziehung, bei Umsetzung von Hanebuths didaktischer Konzeption und Bewegungslehre in der Sportlehrerausbildung und bei Lehrdemonstrationen anläßlich von Großveranstaltungen.

Dietrich, Knut

1936; Studium am Pädagogischen Institut Jugenheim von 1956–1959; anschließend Schuldienst an der Gesamtschule Wolfhagen; ab 1961 Assistent für Leibesübung am Pädagogischen Institut in Jugenheim. 1963 bis 1973 pädagogischer Mitarbeiter im Seminar für Leibeserziehung an der Universität Frankfurt. Zweitstudium an der Universität Frankfurt (Pädagogik, Volkskunde, Theorie der Leibeserziehung), 1971 Promotion in Erziehungswissenschaft; ab 1973 ordentlicher Professor für Sportpädagogik an der Universität Hamburg.
Begegnung mit Hanebuth als Student in Jugenheim.

Engel, Rudolf

1931; 1952 Lehrer-Prüfung; Zweitstudium Leibeserziehung, Geographie, Französisch in Saarbrücken; 1964 Staatsexamen, 1967 Assessorenexamen; Schulpraxis; Wiss. Ass. an PH Saarland; Professur Leibeserziehung an Gesamthochschule Wuppertal.
Akademischer Schüler Hanebuths (1958–1964), Gedankenaustausch und Zusammenarbeit zur Zeit der Saarbrücker Assistenz (1964–1967). Aus Hanebuths Ansatz der rhythmischen Bewegungslehre, der Männer-Gymnastik und seiner freien, „voremanzipatorischen" Unterrichtskonzeption erwuchsen wesentliche Schwerpunkte eigener fachwissenschaftlichen Weiterarbeit.

Geissler, Alfred

1909; 1932 Volksschullehrerexamen an Päd. Akademie Altona; Zweitstudium an Hochschule für Leibesübungen in Spandau; 1933 Sportlehrerexamen; Drittstudium Leibeserziehung, Geographie, Geologie in Berlin und Greifswald; Staatsexamen und Promotion 1939.
Seit 1933 im Hochschuldienst: als Assistent, Wiss. Ass., Studienrat, Wissenschaftlicher Rat, Dozent, Oberstudienrat i. H.; Prof. an den Hochschulen: Preuß. Hochschule f. Leibesübg., Universitäten Berlin, Greifswald, Hamburg; Päd. Institut in Jugenheim/Bergstr.; Universität Frankfurt; Schuldienst: Herder-Gymnasium Berlin-Charlottenburg (Lehrauftrag), Referendar am Gymnasium in Greifswald, Studienrat am Wilhelm-Gymnasium in Hamburg. 1939–1947 Kriegsdienst und Gefangenschaft.

Begegnungen mit Otto Hanebuth: bei Deutschen Hochschulmeisterschaften im Geräteturnen als Mannschaftsführer; bei Kongressen und Tagungen; bei Lehrgängen; wurde sein Nachfolger am Päd. Institut in Jugenheim; hatten viele gemeinsamen Interessen und didaktische Übereinstimmungen.

Karl, Herbert

1946; Studium der Leibeserziehung, Geschichte, Archäologie, Erziehungswissenschaft in Saarbrücken; 1971 Diplom Sportwissenschaft; 1975 Promotion Geschichte in Saarbrücken; 1972–1976 Wiss. Ass. in Göttingen, ab 1976 Dozent für Sportpädagogik an der Universität Frankfurt.
1967–1971 Schüler Hanebuths in Saarbrücken. 1970–1972 wiss. Hilfskraft am Sportwissenschaftlichen Institut Saarbrücken.
Beeinflußt durch Hanebuths rhythmische Lehrweise Arbeit an einem Gymnastikkonzept für Männer, das *alle* Bereiche der rhythmisch-motorischen Qualifikationen umfassen soll.

Knauf, Karl

1930; Lehrerstudium, 1. und 2. Lehrerprüfung; Zweitstudium an der Universität Frankfurt/M. in Pädagogik, Leibeserziehung und Philosophie; 1954–57 Schuldienst in Hessen, 1957–62 Assistent am Pädagogischen Institut Darmstadt in Jugenheim; 1963–64 Pädagogischer Mitarbeiter an der A. f. E. der Univ. Frankfurt; 1964 Dozent für Leibeserziehung an der Comenius-Hochschule Saarbrücken; seit 1972 Professor für Sportpädagogik am Institut der Hochschule des Saarlandes.
1951–54 Wahlfachstudent von Hanebuth am PI Jugenheim, 1957/58 sein erster Assistent, seit 1970 wieder gemeinsam tätig; enge Zusammenarbeit vor allem auf dem Gebiet der Bewegungslehre und Didaktik; er ist für mich, einem Hanebuthschüler „der ersten Stunde", Kollege und Mentor zugleich.

Koch, Karl

1917; Studium der Leibesübungen und Geographie in Berlin und Leipzig. Nach Krieg und Gefangenschaft (Offizier, Sportoffizier, Fluglehrer) Abschluß mit Fakultas für das höhere Lehramt; Zusatzstudium in Psychologie. 1948–1952 an der Humboldt-Oberschule in Nordhausen – ab 1953 Oberassistent an der DHfK in Leipzig (bei Prof. Dr. Meinel) – 1955 Dozentur und bis 1957 Leiter der Fachrichtung Diplomsportlehrer an der DHfK – Mitglied des Wissenschaftlichen Rates. Seit 1958 in Hamburg; derzeit Dozent am Institut für Lehrerfortbildung und Fachleiter (Sport) am Staatlichen Studienseminar. Herausgeber und Redakteur der „Schriftenreihe zur Praxis der Leibeserziehung und des Sports" im Verlag Karl Hofmann; Verfasser zahlreicher Lehrhilfen, in denen vielfach Otto Hanebuths Ansatz einer rhythmischen Bewegungsschulung praktisch realisiert wurde.

Koch, Peter

1946; Studium: Leibeserziehung, Romanistik, Soziologie; 1970 Diplom. Sportlehrerexamen in Saarbrücken; 1971 Staatsexamen in Romanistik in Saarbrücken; seit 1970 wissenschaftl. Mitarbeiter am Sportwissenschaftl. Institut der Universität des Saarlandes.
Schüler Hanebuths von 1960 bis 1965, anschließend gemeinsame Veranstaltungen im Bereich der Bewegungslehre und Trainingslehre, die ebenso wie die zahlreichen Diskussionen

sehr wertvolle Anregungen und Hilfen für die eigene Arbeit, vorwiegend im Bereich der Trainingslehre, vermittelten.

Krauss, Detlef

1934; Studium der Rechtswissenschaft in Göttingen und Freiburg. 1956 erste juristische Staatsprüfung. 1961 zweite juristische Staatsprüfung, Promotion in Göttingen. 1970 Habilitation in München (Strafrecht, Strafprozeßrecht, Kriminologie, Methodenlehre). 1970 Professur für Strafrecht, Strafprozeßrecht und Rechtstheorie an der Universität des Saarlandes. Seit 1972 an Aufbau und Selbstverwaltung des Sportwissenschaftlichen Instituts beteiligt. 1975/76 Lehrauftrag „Sportrecht" am SWI, Mitglied des Institutsrates.

Kruber, Dieter

1939; Ausbildung als Volksschullehrer an der PH Kaiserslautern; erste und zweite Lehrerprüfung; zwischen 1961 und 1968 Studium Leibeserziehung, Pädagogik, Geographie, Philosophie und Psychologie an der Universität Saarbrücken; 1967 Staatsexamen für das höhere Lehramt; 1969 Promotion in Pädagogik; später zunächst Oberlehrer, dann Wiss. Assistent, dann Professor an der Erziehungswissenschaftlichen Hochschule Rheinland-Pfalz. Schüler Otto Hanebuths zwischen 1961 und 1968. Versuch der Umsetzung einiger Gedanken der Hanebuthschen Sportkonzeption in Veröffentlichungen zur Unterrichtsgestaltung; erste Schritte als Buch-Autor nicht zuletzt durch die freundliche Empfehlung Otto Hanebuths.

Leist, Karl-Heinz

1940; Studium Leibeserziehung, Mathematik, Physik; 1961–1963 Gymnasiallehrer in der Schweiz; 1966 Staatsexamen in Saarbrücken, 1968 Assessorenexamen in Saarbrücken; 1968–1969 Studienassessor in Saarbrücken; 1969–1974 Akademischer Rat bzw. Oberrat an dem Institut für Leibeserziehung der Universität des Saarlandes; 1971 Aufnahme des Studiums am neuen Erziehungswissenschaftlichen Institut der Universität des Saarlandes mit den Nebenfächern Psychologie und Pädagogische Psychologie; seit 1974 Professor an der Universität Oldenburg.
Schüler Hanebuths während der Studienzeit zwischen 1959 und 1966, anschließend Mitarbeit am Institut im Rahmen von Lehraufträgen, von 1969–1974 Mitarbeiter, gemeinsame Veranstaltungen im Bereich der Bewegungslehre und Didaktik; mannigfache Diskussionen und Gespräche, aber auch fachliche Auseinandersetzungen mit Hanebuth regten zu den jetzigen Arbeitsschwerpunkten an.

Loew, Ella

1925; 1947 Sportlehrerin; 1949 Gymnastiklehrerin; Lehrtätigkeit am Staatlichen Lehrerinnenseminar; 1959–1964 Zweitstudium Leibeserziehung, Geographie; 1964 Dozentin an der PH Saarbrücken; derzeit Akad. Oberrätin am Sportwissenschaftlichen Institut der Hochschule des Saarlandes. Seit 1955 Lehrauftrag für Gymnastik am damaligen IfL Saarbrücken. Seit 1957 Zusammenarbeit mit Otto Hanebuth, die insbesondere von der Auffassung seiner rhythmischen Lehrweise geprägt war und in gemeinsamen Vorführungen und Lehrdemonstrationen im In- und Ausland Widerhall fand.

Paschen, Konrad

1909 Hamburg; Studium München und Hamburg; 1933–1936 Hilfsassistent am IfL Hamburg; 1936–1939 Lehrer am Lyzeum Alpinum in Zuoz/Engadin/Schweiz. 1953 Dozent am Pädagogischen Institut Universität Hamburg; 1964 Professor; 1967 Professor und Direktor des IfL Hamburg; 1971 pensioniert, ab 1972 Lehrbeauftragter. 1954 mit Hanebuth die heutige FLPH gegründet.

Peper, Dieter

1934; Studium Leibeserziehung und Germanistik in Göttingen, Innsbruck und Freiburg; 1962 Staatsexamen in Göttingen, 1964 Assessorenexamen in Saarbrücken; seit 1962 als Assistent, Akademischer Rat, Oberrat und seit 1974 Akademischer Direktor am Institut für Leibeserziehung bzw. Sportwissenschaftlichen Institut, seit 1972 stellvertretender Direktor. Zweitstudium Erziehungswissenschaft und Pädagogische Psychologie, noch nicht abgeschlossen.
1962–1972 Mitarbeiter unter Hanebuths Institutsleitung. Intensive Auseinandersetzung mit Hanebuths Rhythmus-Lehre und ihrer didaktischen Anwendung. Aktive Teilnahme an vielen von Hanebuth geleiteten Exkursionen und Lehrdemonstrationen.

Röthig, Peter

1928, Studium der Leibeserziehung, Geographie, Philosophie; 1954 Staatsexamen; 1957 Assessor-Examen; Zweitstudium in Pädagogik und Psychologie; 1966 Promotion in Pädagogik; ab 1955 wiss. Ass.; später Akad. Rat am IfL der FU Berlin und Uni Tübingen; 1969 Direktor des IfL der FU Berlin; 1971 a. o. Professor, ab 1972 Lehrstuhl für Sportpädagogik an der Universität Frankfurt/Main.
Rege Korrespondenz und private Diskussionen mit Otto Hanebuth über Probleme der Rhythmusforschung und Rhythmustheorie; Zusammenarbeit im AID-Vorstand von 1969–1972.

Rühl, Joachim K.

1939; Studium der Leibeserziehung, Anglistik/Amerikanistik, Philosophie, Pädagogik; 1964 Staatsexamen in Saarbrücken; 1966 Assessorexamen in Koblenz, anschließend Wiss. Assistent am Anglistischen Institut der Universität des Saarlandes; 1969 Promotion in Saarbrücken; seit 1972/73 Assistenzprofessor am Sportwiss. Institut der Hochschule des Saarlandes.
1958–1964 Student in Saarbrücken; ab 1972/73 Kollege Hanebuths. Die Stellung des Instituts und seines Direktors innerhalb der Universität, das unbeirrbare Eintreten Hanebuths für seine weit über die Lande hinaus anerkannte fachwissenschaftliche Konzeption sowie deren praktische Umsetzung für die Ausbildung von Sportwissenschaftlern waren und sind Anregung, Vorbild und Verpflichtung zugleich.

Schmitz, Josef Nikolaus

1918; Studium der Pädagogik, Philosophie, Soziologie, Hygiene und Sportwissenschaft; 1940 Staatsexamen für das Lehramt an Volksschulen; 1949 Examen als Diplomsportlehrer; 1963 Promotion zum Dr. phil. in Saarbrücken; nach Lehrtätigkeit an Volks-, Real- und Oberschulen 1956 Dozent an der PH Vechta (Oldenburg), 1959 an der PH Saarbrücken,

1964 Professor auf Lebenszeit, 1967–1971 Rektor der PH Saarbrücken, seit 1971 Lehrtätigkeit am Sportwissenschaftlichen Institut der Hochschule des Saarlandes.
Zur Zeit Direktor des Sportwissenschaftlichen Instituts der Hochschule des Saarlandes, an dem Hanebuth seit Auflösung des Instituts für Leibeserziehung der Universität des Saarlandes tätig ist.

WIEMANN, KLAUS

1934; Studium Leibeserziehung und Biologie; 1958 Diplom der Deutschen Sporthochschule Köln; 1961 Staatsexamen Biologie in Köln; 1964 Assessorexamen; Schulpraxis; seit 1967 Lehrtätigkeit am Institut für Sportwissenschaft in Bochum (Biomechanik); 1975 Promotion in Frankfurt.
Seit 1962 schriftlicher Gedankenaustausch und persönlicher Kontakt mit Hanebuth bei Lehrvorträgen (Saarbrücken) und Kongressen (Stuttgart).